高等职业教育“十四五”规划教材

养殖企业经营管理

第2版

孙月华　张慧玲　主编

中国农业大学出版社
·北京·

内 容 简 介

本教材以实际应用知识和实践操作为主，按照“项目导向、任务驱动”的教学方法，基于工作过程设定了畜产品市场调查、养殖企业经营预测、养殖企业经营决策、养殖企业经营计划、养殖企业合同管理、养殖企业生产要素的利用与管理、畜产品质量安全管理、畜产品物流管理、养殖企业经济核算与经营效果分析、养殖企业客户关系管理等教学内容。具体编写结构以工作项目为基础，分设“先导案例”“学习目标”“学习内容”“思政角”“案例分析”“考核评价”六个教学组织单元，并以“码上学习”的方式渗透了养殖企业各工作岗位应遵守的法律法规、制度和技术标准等相关知识拓展。

本教材文字精练，图文并茂，通俗易懂，现代职业教育特色鲜明，既可作为教师和学生开展“校企合作、工学结合”人才培养模式的特色教材，又可作为养殖企业经营管理人员的培训教材，还可作为广大畜牧兽医工作者短期培训、技术服务和继续学习的参考用书。

图书在版编目(CIP)数据

养殖企业经营管理 / 孙月华，张慧玲主编. --2 版. --北京：中国农业大学出版社，2023.2(2024.1 重印)

ISBN 978-7-5655-2950-4

Ⅰ.①养…　Ⅱ.①孙…②张…　Ⅲ.①养殖业—农业企业管理—企业经营管理—高等职业教育—教材　Ⅳ.①F307.36

中国国家版本馆 CIP 数据核字(2023)第 022517 号

书　　名　养殖企业经营管理　　第 2 版
作　　者　孙月华　张慧玲　主编

策划编辑　康昊婷　　　　**责任编辑**　康昊婷
封面设计　李尘工作室　郑　川
出版发行　中国农业大学出版社
社　　址　北京市海淀区圆明园西路 2 号　　　　**邮政编码**　100193
电　　话　发行部 010-62733489，1190　　　　读者服务部 010-62732336
　　　　　　编辑部 010-62732617，2618　　　　出　版　部 010-62733440
网　　址　http://www.caupress.cn　　　　**E-mail** cbsszs@cau.edu.cn
经　　销　新华书店
印　　刷　涿州市星河印刷有限公司
版　　次　2023 年 2 月第 2 版　　2024 年 1 月第 2 次印刷
规　　格　185 mm×260 mm　　16 开本　　16.5 印张　　450 千字
定　　价　52.00 元

编审人员

主　编　孙月华（甘肃畜牧工程职业技术学院）
　　　　张慧玲（甘肃畜牧工程职业技术学院）

副主编　郑万来（甘肃畜牧工程职业技术学院）
　　　　孙凡花（黑龙江农业职业技术学院）
　　　　张　玺（甘肃畜牧工程职业技术学院）

编　者　（按姓氏笔画排序）
　　　　尤婷婷（宁夏晓鸣农牧股份有限公司）
　　　　田　方（宁夏中卫正通农牧科技有限公司）
　　　　师晓娟（甘肃畜牧工程职业技术学院）
　　　　孙凡花（黑龙江农业职业技术学院）
　　　　孙月华（甘肃畜牧工程职业技术学院）
　　　　李晓婷（甘肃畜牧工程职业技术学院）
　　　　张　玺（甘肃畜牧工程职业技术学院）
　　　　张慧玲（甘肃畜牧工程职业技术学院）
　　　　郑万来（甘肃畜牧工程职业技术学院）
　　　　曹云飞（包头德康农牧有限公司）

主　审　史兆国（甘肃农业大学）
　　　　李和国（甘肃畜牧工程职业技术学院）

前 言

党的二十大报告指出，实施科教兴国战略，强化现代化建设人才支撑。《国家职业教育改革实施方案》(简称“职教二十条”)中指出，要“及时将新技术、新工艺、新规范纳入教学标准和教学内容”，并且应“每3年修订1次教材，其中专业教材随信息技术发展和产业升级情况及时动态更新”。《职业院校教材管理办法》(2019)要求“打造精品教材，切实提高教材建设水平”。

为响应国家号召，更好地满足新形势下高等职业教育畜牧兽医专业群“养殖企业经营管理”课程的教学需要，编者对2015年出版的《养殖企业经营管理》进行了修订。修订中融入了党的二十大精神，将“食品安全、高质量发展、知法懂法、爱岗敬业”等思政元素和“立德树人”的育人思想贯穿课程教学环节，增强大学生服务农业农村现代化、服务乡村振兴的社会责任感和使命感。根据《中华人民共和国民法典》和《企业会计准则》(2022年版)对项目五和项目九进行了重新编写；对其他项目内容进行了修订。在编写形式方面，本书在沿用第1版部分编写模式的基础上，增加了“先导案例”“思政角”和数字化资源“码上学习”三部分内容，删除了“知识拓展”和“知识链接”两部分内容。

本教材由孙月华、张慧玲担任主编，郑万来、孙凡花、张玺担任副主编。孙月华编写项目五、项目六、项目八和项目九；张慧玲编写绪论和项目二；郑万来、孙凡花编写项目七；师晓娟编写项目三、项目四和项目十；张玺编写项目一。本书凝聚了编者“养殖企业经营管理”课程的教学经验，吸收了《养殖企业经营管理》(第1版)的大部分成果。企业专家曹云飞、田方、尤婷婷提供了教材编写的相关资料；李晓婷收集整理了“码上学习”的相关资料。史兆国、李和国担任主审，对书稿提出了许多宝贵意见和建议，提高了本教材的质量，在此一并深表谢意。

在编写本书的过程中，参考了大量的文献资料，引用了一些专家学者的研究成果和一些公司的案例资料，在此对这些文献作者及公司表示崇高的敬意和诚挚的谢意。

由于编者水平有限，书中难免存在错误和疏漏之处，敬请广大读者批评指正。

编 者

2022年11月

目　录

绪　论

一、课程简介

“养殖企业经营管理”是养殖企业经营管理人员需要学习和掌握的基本知识和基本理论，是畜牧兽医专业群学生在掌握本专业生产性基础知识之后或同步学习的一门紧密联系生产实际的专业必修课，它包括畜产品市场调查、养殖企业经营预测、养殖企业经营决策、养殖企业经营计划、养殖企业合同管理、养殖企业生产要素的利用与管理、畜产品质量安全管理、畜产品物流管理、养殖企业经济核算与经营效果分析、养殖企业客户关系管理 10 个部分。

畜产品市场调查主要阐明畜产品市场的特征、畜产品市场需求的特点、畜产品市场供给的特点、市场供求平衡的规律、市场调查的含义和意义、市场调查的原则和内容、市场调查的方法。学习的最终目的是通过收集和整理与畜产品市场有关的信息和资料，对畜产品市场的深入而细致的调查分析，为养殖企业经营预测提供客观的依据。

养殖企业经营预测主要阐明经营预测的概念和意义、经营预测的内容、经营预测的原则、经营预测的定性方法和定量方法。学习的最终目的是在对畜产品市场调查的基础上，选择运用经营预测的定性分析和定量分析的方法，对与养殖企业经营有关的未来状况进行预测和分析，为养殖企业做出科学而合理的经营决策和编制经营计划提供重要的依据。

养殖企业经营决策主要阐明经营决策的概念和意义、经营决策的内容、经营决策的原则、经营决策的方法。学习的最终目的是在对畜产品市场调查和经营预测的基础上，选择运用经营决策的定性分析和定量分析的方法，选择最优或合理而满意方案，作为企业的行动纲领，为企业的发展明确了奋斗目标和前进方向。

养殖企业经营计划主要阐明计划管理的意义、计划体系及其内容、计划指标体系、主要年度生产计划的编制方法。学习的最终目的是落实经营决策的目标，通过编制各种经营计划，合理利用人力、物力、财力，做到根据畜产品市场需求安排生产，即以需定产。

养殖企业合同管理主要阐明合同的订立、合同的效力、合同的履行、合同的保全、合同的变更和转让、合同的权利义务终止、合同的消灭以及违约责任。学习的最终目的是通过对合同科学正确地管理，实现养殖企业依法经营管理的目的。

养殖企业生产要素的利用与管理主要阐明人力资源、信息、技术、时间、资金概念及特点、合理利用人力资源的途径、合理利用信息和时间的途径、提高领导艺术的途径、筹资的渠道、筹集的方式。学习的最终目的是合理而有效地利用各种生产要素，根据市场需求组织生产，尽可能以最小的投入取得最大的产出。

畜产品质量安全管理主要阐明畜产品质量安全的概念及主要影响因素、畜产品不安全的危害、饲料及兽药对畜产品质量安全的影响、畜产品安全生产的环节。学习的最终目的是提高养殖企业经营管理人员对畜产品质量安全的意识和认识，加强对畜产品安全生产的监管工作，为消费者提供安全放心的各类畜产品。

畜产品物流管理主要阐明现代物流的概念与类型、运输的概念与功能、仓储的概念与功能、包装的概念与功能、肉类及蛋类的贮藏技术与保鲜技术。学习的最终目的是将畜产品安全迅速地从生产者、供应者手中转移到消费者手中，满足市场需求，降低物流成本，提高企业竞争力，达到保值、增值、创造效益的目的。

养殖企业经济核算与经营效果分析主要阐明资产、成本、利润的概念、经济核算和经营效果分析的内容、企业资产核算的方法、畜产品成本核算的方法、企业利润核算的方法、经营效果分析的方法。学习的最终目的是树立和提高经营管理人员经济核算和经营效果分析的理念和认识，加强畜产品生产成本核算，提出增收节支和改善经营管理的措施，以实现企业经营目标——追求利润最大化。

养殖企业客户关系管理主要阐明客户关系管理产生的原因、客户关系管理的内涵和意义、客户关系管理的内容、客户关系管理的策略。学习的最终目的是使企业与客户保持良好、稳定的关系，提高客户的满意度与忠诚度，降低企业的交易成本，为企业带来源源不断的利润。

二、课程性质

"养殖企业经营管理"是一门实践性、应用性很强的课程。本课程以辩证唯物主义为指导，密切关注当前政治经济与法律环境，科学阐明养殖企业经营管理的规律及其运用；引导学生理论学习与实践技能训练相结合，强化实训，注重培养学生分析问题解决问题的能力。另外，"养殖企业经营管理"是一门集经济学、管理学、养殖生产技术科学、数学、统计学、会计学、财务管理学等多学科为一体的交叉学科，因此，在学习过程中，除了注意上述学习方法之外，还应注意学好数学、统计学等方面的知识（函数、微分、线性代数、回归分析等），具备计算机方面的基本知识及基本操作技能，还应有政治经济基础理论方面的知识。为了学好这门课程，学生还应注意课外知识的吸收，善于利用各种媒体（报纸、杂志、互联网、电视、广播等）来吸收有关经营管理方面的知识，不断丰富自己的头脑，具备解决实际工作中有关经营、管理等方面问题的能力。

三、课程内容

本课程以培养高质量的技术技能人才为目标，以畜牧兽医专业群养殖企业经营管理方面的岗位能力需求为导向，结合行业发展现状和养殖企业发展特点及具体情况，坚持适度、够用、实用及学生认知规律和同质化原则，以过程性知识为主、陈述性知识为辅。

在课程内容编排上，尽量按照学习过程中学生认知心理顺序，与专业所对应的典型职业工作顺序，或对实际的多个职业工作过程来序化知识，将陈述性知识与过程性知识整合、理论知识与实践知识整合，课程内容不再是静态的学科体系的显性理论知识的复制与再现，而是着眼于动态的行动体系的隐性知识生成与构建，更符合职业教育课程开发的全新理念。

本课程在内容的设计上，充分体现"以工作过程为基础"的课程理念，以理论讲授、课堂讨论和案例分析为主要教学形式，依据教学内容的同质性和技术技能的相似性，进行归类和教学设计，划分为 10 个项目，39 个任务。

每一项目又设“先导案例”“学习目标”“学习内容”“思政角”“案例分析”“考核评价”六个教学组织单元以及“码上学习”知识拓展。每一项目以任务的形式展开叙述，并渗透了养殖企业各工作岗位应遵守的相关法律法规、制度和技术标准等。

四、课程目标

掌握养殖企业经营管理的基本知识，能够：

(1)展开畜产品市场调查，撰写市场调查报告。

(2)选择运用科学的方法，进行经营预测。

(3)运用定性定量的方法，进行经营决策。

(4)运用平衡法，编制畜群配种分娩计划、周转计划。

(5)遵循签订合同的原则，模拟编制和签订一份畜禽买卖合同。

(6)运用激励原理，提高企业员工的劳动积极性。

(7)根据影响畜产品质量安全的主要因素，加强畜产品质量安全的监管。

(8)调查周边畜产品物流企业的运营状况，分析加强畜产品运输或仓储合理化的措施。

(9)运用畜产品成本核算的方法，核算养猪业产品成本。

(10)运用客户投诉的知识，设计和策划有效处理客户投诉的解决方案。

项目一
畜产品市场调查

【先导案例】

自古以来，畜牧业就与国计民生息息相关，是我国农村发展的支柱产业。为推进畜牧兽医行业高质量发展，结合我国当前畜牧业发展形势，2021 年 12 月，农业农村部印发了《“十四五”全国畜牧兽医行业发展规划》（以下简称《规划》），对下一个五年畜牧业的发展作出系统安排。

一、“十四五”期间重点打造“2＋4”现代畜牧产业体系

我国人口众多，是世界上公认的畜牧大国。在“十四五”期间，畜牧业发展将迎来重要的历史机遇。对稳产保供提出了更高的要求。在《规划》中重点提出，到 2025 年，全国畜牧业现代化建设取得重大进展，构建“2＋4”现代畜牧业产业体系——生猪、家禽 2 个万亿级产业，奶畜、肉牛肉羊、特色畜禽、饲草 4 个千亿级产业。例如，确保猪肉自给率保持在 95％左右，猪肉产能维持在 5 500 万 t 左右，生猪养殖业产能达到 1.5 万亿元以上；禽肉、禽蛋产量分别稳定在 2 200 万 t 和 3 500 万 t，家禽养殖业产值达到 1 万亿元以上；牛肉、羊肉产量分别稳定在 680 万 t 和 500 万 t 左右，肉牛和肉羊养殖产值达到 9 000 亿元。

二、在政策支持下，中小养殖户可以做些什么？

（一）根据区域特点顺势发展

以生猪养殖为例，在《规划》中，根据各区域经济社会发展水平和资源环境承载能力明确了生猪的调出区、主销区、产销平衡区。调出区主要目标是提升产业水平，实现稳产增收，例如两湖、河南、广西、河北、黑辽吉等地。主销区主要引导中大型企业建设养殖基地，确保一定的自给率，例如广东、江浙沪、京津地区。而产销平衡区的目标是适度规模经营，确保基本自给。

对于中小养殖户来说，不但要把自己的猪给养好，同时要根据自己所在区域进行灵活变通，否则很容易陷入信息不通畅的困境中，到头来付出和收入不成正比。

（二）提升畜禽养殖管理水平

目前，我国的畜禽养殖以中小农牧企业和散户居多，养殖户存在技术落后、管理水平不足等问题。在国家政策的调控下，大力培育龙头企业和养猪专业合作社，鼓励龙头企业发挥带头作用，与中小养殖户建立利益连接，这一举措可以引导中小养殖户改造基础设施条件，提高养殖水平，进而提高市场竞争能力。

【学习目标】

了解与养殖企业经营管理有关的概念、经营与管理的关系；熟悉畜产品市场及市场机制；掌握畜产品市场调查的原则、程序、方法。

【学习内容】

任务一　企业与养殖企业概述

养殖企业所生产的肉、蛋、奶、皮、毛等动物性产品，是人们基本生活资料的重要来源，在国民经济中具有重要的地位与作用。对于养殖企业的工作者来说，不但要学会和掌握先进的养殖科学技术，还要熟悉和掌握与养殖企业经营管理有关的科学理念、基本原理、基础知识，才能在工作中更好地发挥作用。

一、企业的概念和分类

（一）企业的概念

企业是投资者依法设立，以营利为目的，从事商品经营活动、实行自主经营和自负盈亏的社会组织。其特征如下。

1. 组织性

企业不同于个人、家庭，它是一种有名称、组织机构、规章制度的正式组织；是由企业所有者和员工主要通过契约关系自由地（至少在形式上）组合而形成的一种开放的社会组织。

2. 经济性

企业作为一种社会组织，不同于行政、军事、政党、社团组织和教育、科研、文艺、体育、医药卫生、慈善等组织，它首先是经济组织，以经济活动为中心，实行全面的经济核算，追求并致力于不断提高经济效益。

3. 商品性

企业作为经济组织，又不同于自给自足的自然经济组织，而是商品经济组织、商品生产者或经营者、市场主体，其经济活动是面向、围绕市场进行的。企业是“以商品生产商品”，而且企业自身（企业的有形、无形资产）也是商品，企业产权可以有偿转让，企业是“生产商品的商品”。

4. 营利性

企业作为商品经济组织，却不同于以城乡个体户为典型的小商品经济组织，它是发达商品经济，即市场经济的基本单位，是以赢取利润为直接目的，利用生产、经营某种商品的手段，通过资本经营，追求资本增值和利润最大化。

5. 独立性

企业还是一种在法律和经济上都具有独立性的组织，对外依法独立享有民事权利，独立承担民事义务、民事责任。它拥有独立的、边界清晰的产权，具有完全的经济行为能力和独立的经济利益，实行独立的经济核算，能够自决、自治、自律、自立，实行自我约束、自我激励、自我改造、自我积累、自我发展。

（二）企业的分类

对企业进行分类的目的是明确各种企业的特质及其法律地位，以规范各类企业的行为，维护社会经济秩序。目前，我国企业依据不同的分类标准，可以分为不同的类型。

1. 按企业财产所有制形式划分

按企业财产所有制形式划分可以分为全民所有制企业、集体所有制企业、外商投资企业（包括中外合资经营企业、中外合作经营企业和外商独资企业）、私营企业及混合所有制企业。这种分类方法有利于明确企业财产所有权的归属，同时便于国家对不同经济性质的企业采取不同的经济政策和管理办法。

2. 按企业规模划分

按企业规模划分可以分为大型企业、中型企业、小型企业。

3. 按企业组织形式划分

按企业组织形式划分可以分为个人独资企业、合伙企业、公司制企业。这种划分方法便于国家宏观管理。

4. 按企业法律地位划分

按企业法律地位划分可以分为法人企业和非法人企业。这种划分可以明确企业的法律地位和法律资格，便于国家管理，同时便于企业间的经济交往。

二、养殖企业经营管理的一般特性

（一）相关概念

1. 养殖企业

养殖企业是指从事畜产品生产和交换活动，实行自主经营、独立核算、自负盈亏，以盈利为目的的经济组织或基本经营单位。市场经济中企业是市场的主体，根据其营利性及自身特点，决定了企业运作的重心是经营管理。

2. 经营

经营是指企业在一定的社会制度和环境条件下，有目的地将劳动力与生产资料结合起来，进行产品的生产与交换或提供劳务的动态活动过程。经营是商品经济特有的范畴。市场经济条件下，生产者不仅要用最经济有效的方法把产品生产出来，还要从事市场流通过程的活动，以最有利的条件将产品销售出去，以获得最大化的利润。

3. 管理

管理是指为企业实现一定经营目标而采取的组织协调方法和组织活动。管理具有明确的目的性、特定的范围、界限或权限，管理的主体（即谁进行管理）应该是明确的。管理体现在企业生产经营中的各个方面，于是形成了市场管理、生产管理、要素管理、财务管理、物流管理、客户管理等。

4. 养殖企业经营管理

养殖企业经营管理就是指畜产品的生产经营者为了达到一定的经营目标，对经营要素的结合与经营过程的运转(供应—生产—销售—分配)进行决策、计划、组织、指挥、协调、控制等全部工作的总称。其主要是合理确定生产方针和核算制度，科学安排生产项目和生产计划，科学管理和有效运用各种生产资源，合理组织生产，制订正确的营销策略、有效监督调控生产过程等。

(二)经营与管理的关系

企业的经营与管理是两个不同的概念，它们既有区别又有联系。

1. 经营与管理的区别

企业运营都会包括经营和管理这两个主要环节。经营是指企业进行市场活动的行为，而管理是指企业理顺工作流程、发现问题的行为。经营是对外的，追求从企业外部获取资源和建立影响；管理是对内的，强调对内部资源的整合和建立秩序。经营追求的是效益，要资源，要赚钱；管理追求的是效率，要节流，要控制成本。经营是扩张性的，要积极进取，抓住机会，胆子要大；管理是收敛性的，要谨慎稳妥，要评估和控制风险。

2. 经营与管理的联系

经营与管理是密不可分的，好比企业中的阳与阴，人类社会共同生活中的“他”与“她”，必须共生共存，在相互矛盾中寻求相互统一，光明中必须有阴影，而阴影中必须有光明；经营与管理是相互依赖的，忽视管理的经营是不能长久、不能持续的。忽视经营的管理是没有活力的，是僵化的；经营管理是相互渗透的，经营是龙头，管理是基础，管理必须为经营服务，只有管理跟上了，经营才可能继续往前进，经营前进后，又会对管理水平提出更高的要求。所以，企业发展的规律就是经营—管理—经营—管理交替前进。如果撇开管理只抓经营是行不通的，管理扯后腿，经营就前进不了。相反地，撇开经营，只抓管理，就会原地踏步甚至倒退。

(三)经营管理的职能

经营管理职能包括 5 个方面的内容，即战略职能、决策职能、开发职能、财务职能和公共关系职能。

1. 战略职能

战略职能是企业经营管理的首要职能。因为企业所面对的经营环境是一个非常复杂的环境。影响这个环境的因素很多，变化很快，而且竞争激烈。在这样一个环境里，企业欲求长期稳定的生存与发展，就必须高瞻远瞩，审时度势，随机应变。经营管理的战略职能包括五项内容：经营环境分析、制订战略目标、选择战略重点、制订战略方针和对策、制订战略实施规划。

2. 决策职能

经营职能的中心内容是决策。企业经营的优劣与成败，完全取决于决策职能。决策正确，企业的优势能够得到充分的发挥，扬长避短，在风险经营环境中以独特的经营方式取得压倒的优势；决策失误，将使企业长期陷于困境之中。

3. 开发职能

开发不仅仅限于人、财、物，经营管理的开发职能的重点在于产品的开发、市场的开发、技术的开发以及能力的开发。企业要在激烈的市场竞争中稳操胜券，企业就必须拥有一流的人才，一流的技术，制造一流的产品，创造出一流的市场竞争力。只有企业在技术、人才、产品、服务、市场适应性方面都出类拔萃，企业才能在瞬息万变的市场竞争中，得心应手，应付自如。

4. 财务职能

财务过程是指资金的筹措、运用与增值的过程。财务职能集中表现为资金筹措职能、资金运用职能、增值价值分配职能以及经营分析职能。企业经营的战略职能、决策职能、开发职能，都必须以财务职能为基础，并通过财务职能做出最终的评价。

5. 公共关系职能

企业同它赖以存在的社会经济系统的诸环节保持协调，这种同外部环境保持协调的职能，被称为社会关系职能或公共关系职能。

公共关系的内容包括：企业与投资者的关系、与往来厂商的关系、与竞争者的关系、与客户的关系、与职工的关系、与地区社会居民的关系、与公共团体的关系、与政府机关的关系。

三、养殖业经济再生产的特点

要搞好养殖企业经营管理，必须认识和掌握养殖业经济再生产的特点。

（一）养殖业的经济再生产过程与自然再生产过程总是交织在一起

养殖业的生产对象是有生命的畜禽，每种畜禽依靠其特有的新陈代谢机能，通过生长、发育、繁殖等一系列生命活动，不断更新其后代的过程，称为养殖业自然再生产。以追求经济效益的最大化为经营目标，养殖业总产品、劳动力和生产关系的生产不断反复和更新，称为养殖业经济再生产。二者总是密切交织在一起，互不离分，养殖业经济再生产指导着自然再生产活动有序进行，而自然再生产随着经济再生产的变化而不断变化。因此，要求养殖企业不但要按自然规律组织生产经营，同时，还要求按照经济规律进行生产管理，以取得良好的经济效益和生态效益。

（二）养殖业是以第一性生产为基础的第二性生产

第一性生产是指饲草饲料生产（即草料生产），第二性生产是指家畜家禽生产（即畜禽生产），因此，发展养殖业必须重视第一性生产。

（三）养殖业生产的周期长，产品提供具有间歇性，而饲养管理具有连续性

养殖业生产周期一般较长，产品具有鲜活性，在整个生产周期中要投入大量的劳动力和资本，只有在生产周期结束时才能获得收入，实现资本的回收。从生产时间分析，比如奶牛泌乳有高产期、低产期和干乳期；蛋鸡有产蛋期和休产期等。因此，要求企业要注意均衡生产，在生产中要求选用优良品种，采用科学饲养管理，延长生产时间，缩短繁殖周期，提高畜禽的产品率，提高劳动者素质，并搞好产品的加工、贮存、运输、销售等工作。

（四）养殖业生产的转化性

养殖业将植物能转化为动物能。饲料在生产成本中占有很大的比例，因此，养殖业生产管

理的主要任务之一，是提高饲料转化率。

（五）养殖业生产的双重性

作为繁殖用的母畜、种畜、奶畜是劳动手段和生产资料，而作为肉畜、肉禽则又是劳动产品和消费资料，具有双重性特点。因此，养殖业生产，既要满足社会对生活消费品需要，又要保证企业自身再生产的需要。

（六）养殖业对自然条件具有特别的依赖性

养殖企业要适应自然条件，利用自然条件，保护生态条件，维持生态平衡，才能促进养殖业大发展。

任务二　畜产品市场

养殖企业为了做到以销定产，以便更好地满足广大消费者对畜产品的需求，生产经营者必须了解畜产品市场，做好市场调查与市场预测，合理决策，降低生产成本，提高企业经济效益。

一、畜产品市场的概念

（一）市场的概念

市场是随着社会分工和社会生产的发展而形成与发展起来的，是一种以商品交换为内容的经济联系形式，是连接生产和消费的桥梁与纽带。

随着商品经济的发展，对市场的认识也是不断发展的，市场属于历史的范畴，因此，可以从不同的角度定义市场。

1. 狭义的市场

狭义的市场是指商品交换或商品流通的场所。这种场所不仅为生产者和消费者提供了一个彼此相聚进行交易活动的场地，还包括设立在该场地上服务于商品流通的经济组织和管理机构。随着市场经济的日益发展，商品供应的数量、品种、范围日趋增大而复杂，交易手续日益便捷，沟通工具日益先进，打破了交易场所、交易时间的局限性，出现了更为广泛的市场。

2. 广义的市场

广义的市场是指一切商品交换关系的总和。它包括生产者之间、生产者与经营者之间、生产者与消费者之间、经营者与消费者之间所发生的全部交换关系的总和，在交换中反映了人与人之间的关系。可见，现代市场的含义已不再单指商品交换和商品流通的场所，它已发展成为资源配置、商品流通、供求平衡、利益协调的一种有效手段。

3. 从企业市场的角度来理解市场

市场是指某种产品或劳务的所有现实购买者和潜在购买者需求的总和。养殖企业是卖方，消费者是买方，卖方集合被称为产业，买方集合被称为市场。简单地说市场就等于需求，它是需求的总和，需求包括现实需求和潜在需求。

(二)市场的三要素

市场包含三个主要因素:有某种需要的人、为满足这种需要的购买能力和购买欲望。我们可用一个公式来表示:

市场=人口+购买力+购买欲望

市场的这三个构成要素是相互制约、缺一不可的,只有将三者结合起来才能构成现实有效的市场。潜在市场指随着经济的发展和消费水平提高以及经过努力可以转化为现实市场的市场。人口的多少、购买力的大小、购买欲望的强弱决定了市场的规模。对于一个国家或地区来说,如果人口多,但收入低,购买力也低,市场规模就会小。同样,如果收入很高,但人口很少,市场规模也会小;但是有了人口和购买力,如果商品不适应消费者的需要,也就不能引起消费者的购买欲望。人口的多少与日常基本消费品的销量相联系,购买力的高低与高档消费品的销量相联系,购买欲望与人的个性相联系。

(三)市场的功能

畜产品市场是我国整体市场体系的组成部分,它与其他市场一样,具有以下功能。

1. 交换功能

交换是商品的根本属性。畜产品生产者拥有产品所有权,但他们不需要这么多的产品,而消费者需要畜产品,他们又不拥有产品的所有权。借助于市场交换,各取所需,各得其所。

2. 竞争功能

竞争性是市场的本质属性。市场是竞争的场所,表现为畜产品的质量竞争、价格竞争以及服务竞争等。通过竞争给企业和劳动者带来压力和动力,促进社会分工和技术进步,加强经营管理,提高产品质量,降低成本,改进服务态度,以便在市场竞争中取得优胜地位。

3. 供给功能

畜产品市场与消费存在着时间、空间、形态上的矛盾,通过营销组织的贮运、屠宰、加工,使产品以适当的时间、地点和形式提供给消费者,还提供产品标准化、融通资金、承担风险、沟通信息等营销工作,为畜产品交换提供便利。

4. 导向功能

通过市场供求与价格导向,使畜产品生产、计划、技术、劳力以及消费都朝着市场需求方向调整与发展,从而起到调节畜产品商品供求矛盾,引导公平竞争,实现优胜劣汰,推动要素优化组合,促进生产发展的作用。

5. 价值增值功能

某些商品通过市场交换不但能转移和实现商品价值,而且能够使商品价值实现增值。如通过异地运输调节商品供需的地域矛盾,创造或增加商品的地域效用;通过商品贮存和加工,调节商品供需的时间矛盾,创造或增加商品的时间效用和形态效用,实现商品价值增值。

6. 调节功能

市场是实现畜产品供求平衡的调节器。生产的目的是满足人们的消费需求,市场是连接二者的桥梁。市场上的产品客观上要求供给与需求相适应,但畜产品的产销、供求之间又经常处于不平衡状态,这样,市场就起着自发调节供求平衡的作用。当市场上某种畜产品供不应求时,价格就会上升,从而刺激生产,抑制消费;当市场上某种畜产品供过于求时,价格就会下降,从而刺激消费,抑制生产。通过这种调节,使得畜产品产销、供求之间达到平衡。

(四)市场机制

市场机制,也称市场运行机制或市场调节机制,指在市场竞争过程中,通过供求动态变化信号导致市场价格波动;而市场价格的波动,反过来又影响和调节着市场供求关系,所以供求关系、价格和竞争是构成市场机制的主要要素。其中价格是市场机制的核心。

1. 供求关系

参加市场竞争的各个主体,即商品的供给者和需求者,市场主体之间的关系首先表现为供求关系。没有供求关系,商品不会自己来到市场上,也不会自动地发生交换行为。市场主体之间的供求关系,又是通过商品和货币之间的关系表现出来的。作为交换对象的商品和货币便构成市场客体,它们之间的这种相互关系是市场机制赖以存在和运转的基础。

2. 价格

价格是构成市场机制的另一要素。价格是商品与货币的交换比例,市场上最重要的信息是价格,市场上供求关系是通过价格来表现、衡量和调节的。

3. 竞争

竞争是构成市场机制的又一个要素。竞争是商品生产者之间互相争取各自利益的斗争。在供求双方的竞争中,多以价格变动形式表现出来。

二、畜产品市场的分类

(一)按购买者的购买目的和身份分类

按购买者的购买目的和身份将市场分为消费者市场和组织市场。消费者市场是指为满足自身需要而购买的一切个人和家庭构成的市场。组织市场是指一切为了自身生产、转售或转租或者用于组织消费而采购的一切组织构成的市场,主要包括生产者市场、中间商市场和政府市场。

(二)按市场组成结构分类

按市场组成结构将总体市场按照一定的标准加以区分,可以按照畜产品类别、地理位置、人文特点等进行划分。

1. 按畜产品类别划分

一般分为肉类市场、蛋类市场、奶类市场、毛皮类市场等。

2. 按地理位置划分

一般分为城市市场、农村市场、国内市场、国际市场等。

3. 按人文特点划分

按性别和年龄分为妇女市场、儿童市场、老年人市场,按职业和收入分为工薪阶层市场、高收入群体市场等。

(三)按市场形成特点分类

按市场形成特点将市场分为产地市场、中心集散市场、消费地市场。产地市场是指在畜产品产地直接收集或收购的市场,它分布于各牧区的集镇,是定期或不定期的小型分散市场。中心集散市场一般分布于大的集中产区、消费区、加工区或交通枢纽点,包括地区性的集散市场与全国性的集散市场。消费地市场主要分布在大中城市、工矿区等人口稠密的地区。许多消费地市场与中心集散市场结合在一起。

(四)按市场状况来分类

按市场状况将市场分为买方市场和卖方市场。买方市场是指在商品供过于求的条件下,买方掌握着市场交易主动权的一种市场形态。卖方市场是与买方市场相对称的,是指供给小于需求、商品价格有上涨趋势,卖方在交易上处于有利地位的市场。

(五)按商品流通环节分类

按商品流通环节将市场分为批发市场和零售市场。批发市场是指向再销售者、产业和事业用户销售商品和服务的商业市场。零售市场是指把商品和服务直接卖给最终消费者的商业市场。

三、畜产品市场需求、供给与价格

在市场经济条件下,消费需求是第一位的,生产供给是第二位的。消费需求开拓着市场,并为生产供给提供动力和内容。供给和需求状况是企业经营的方向和晴雨表。

(一)畜产品市场需求

1. 畜产品市场需求的概念

畜产品市场需求是指人们在一定时期,按不同的市场价格水平购买某种畜产品的能力。根据需求满足的程度,畜产品需求可分为现实需求和潜在需求。潜在需求是现实需求的基础,一旦条件成熟,潜在需求就会转化为现实需求。

畜产品需求可分为生产需求和生活需求。生产需求是指生产过程中物化劳动和活劳动的消耗。在这里除去活劳动消耗,畜产品生产需求仅指以畜产品为原料的生产者的物化劳动的消耗。生活需求是指人们为了满足个人生活需要而对各种物质和精神产品的消费,畜产品是人们必不可少的消费资料。

2. 畜产品需求的特点

(1)畜产品需求的普遍性和大量性。畜产品是人们生活中必需的消费品,大部分畜产品属于“生存资料”,直接满足人类的吃、穿、用等生活基本需要。随着生活水平的提高,膳食结构的改善,消费观念的改变,畜产品的需求量迅速增长。

(2)畜产品需求的连续性和季节性。畜产品特别是肉、蛋、奶等食品,已成为许多家庭的日常生活必需品,需求弹性小,即使价格上涨,也很少影响消费的连续性。在我国,受消费习惯和气候变化的影响，在不同的季节对畜产品需求的种类和数量不同，呈现出某种周期性的变化。如在春节期间，畜产品需求量大增，夏季需求量减少。

(3)畜产品需求的多样性和替代性。由于人们的性别、年龄、民族和生活习俗不同，收入和文化水平不同，因而不同的人对畜产品的需求种类和需求量不尽相同，即使是同一个人在不同时间和不同地点的需求也不一样。如有的人喜欢吃猪肉，有的人喜欢吃羊肉，有的人喜欢喝牛奶，有的人喜欢吃鸡蛋。兴趣和爱好的差别形成了整个社会对畜产品需求的多样化。这种多样化又增大了畜产品需求的复杂性。畜产品营养价值高，可供人类直接利用，对于季节性较强或价格过高的产品，就会选择另一种产品来替代，如肉价高了，可选择蛋、鱼、奶等。

(4)畜产品需求的层次性和发展性。需求的层次性主要是由于人们收入水平的差异性所引起。虽然大多数畜产品属于人们的生活必需品，是任何一个需求层次都离不了的消费品，但是由于其品种、质量不同，加工层次不同，都可以使畜产品处于不同的需求层次。畜产品需求还具有发展性的特点，即随着生产的发展和消费者收入水平的提高，人们对畜产品的要求也在不断地发展变化。

(5)畜产品需求的地域性和诱导性。我国是一个多民族和多温带国家，在不同的地域，由于气候差异和风俗习惯的差异，对畜产品的需求种类有着较大差别。这种因民族居住集中程度和气候的地带性所导致的对畜产品需求的不同性，使畜产品需求呈现明显的地域性。畜产品需求的弹性较大，选择性强，可通过广告宣传、营业推广等促销手段进行开导、启发和诱导，增强消费者对某一畜产品的购买欲望，使潜在需求变成现实需求。

3. 影响市场需求的因素

(1)价格因素。同样的商品有不同的价格，消费者会选择价格低的购买。在一般情况下，商品的价格和需求量之间总是表现为一种反向变动关系，即一种商品的价格越高，市场可能的需求量越少；价格越低，市场可能的需求量越大。因此，某种产品价格的高低直接关系到该产品市场需求量的大小，降低价格有利于扩大市场需求量。

(2)非价格因素。非价格因素指除了价格以外对需求量产生影响的因素。随着经济的发展，消费者收入水平的提高，非价格因素对需求量的影响越来越明显。

①人口因素。消费人口是影响畜产品需求的首要因素。畜产品是生活必需品，其需求量和人口数量息息相关。就一般趋势而言，畜产品的社会需求量随着人口的增加而增加。

②消费者的收入。对大多数商品来说，消费者的收入越高，可能的需求量就越大，但对不同的商品来说，影响程度不同，一些低档商品的需求量反而会因人们收入的上升而下降。

③消费偏好。广告宣传等可以使消费者在心理上对某种产品产生偏好，增加需求量。品牌忠诚者对品牌产品具有明显的消费偏好。

④消费者对价格变动的预期。在市场价格出现变动时，消费者如果预期今后价格会上升，就可能提前购买，扩大了当前的需求量；反之，如果消费者认为价格在不远的将来可能下降，就会推迟购买，减少了当前的需求量。

⑤相关产品的购买量。一种产品的需求量增加，会导致另一种产品的需求量减少，这就是市场的替代效应，两种产品互为替代品，如鲜奶和奶粉。而当一种产品的需求量增加时，另一种产品的需求量也随之增加，这称为市场互补效应，如鸡苗与种蛋。

4. 需求弹性

(1)畜产品需求的价格弹性(简称价格弹性)。畜产品价格变动会引起畜产品需求量的变动。畜产品需求的价格弹性表明畜产品需求量对其价格变化的反映程度，一般用需求价格弹性系数，即需求量的变动率同商品价格变动率之比来表示。需求价格弹性系数用以衡量价格变动1%时所引起的需求量变动的百分比。公式为：

需求价格弹性系数＝需求量变动率/价格变动率

即
$$E_D=(\Delta Q_D/\bar{Q}_D)/(\Delta P/\bar{P})$$

其中
$$\bar{Q}_D=(Q_{D1}+Q_{D2})/2 \qquad \bar{P}=(P_1+P_2)/2$$
$$\Delta Q_D=Q_{D2}-Q_{D1} \qquad \Delta P=P_2-P_1$$

式中：E_D 为需求价格弹性系数；Q_D 为需求量；ΔQ_D 为需求量的增量；P 为价格；ΔP 为价格的增量；Q_{D1} 为变化前的需求量；Q_{D2} 为变化后的需求量；P_1 为变化前的价格；P_2 为变化后的价格。

在通常情况下，需求量与价格呈反向变动，因此畜产品需求价格弹性系数一般为负值。为便于比较，一般取其绝对值。

当 $|E_D|>1$ 时，表明需求富有弹性；当 $|E_D|<1$ 表明需求缺乏弹性，$|E_D|=0$ 为无弹性；当 $|E_D|=1$ 为单位弹性。一般说来，畜产品需求价格弹性系数由小到大的顺序依次为：粮食、蔬菜、猪肉、牛奶、牛羊肉、皮毛加工产品。

(2)畜产品需求的收入弹性。畜产品需求的收入弹性表示需求量对消费者收入变动的反应敏感程度。一般用需求收入弹性系数，即需求量变动率与消费者收入变动率之比来表示，以用来衡量当收入变动1%时，所引起需求量变动的百分比。公式为：

畜产品需求收入弹性系数 E_I＝畜产品需求量变动率/收入变动率

畜产品需求收入弹性与需求价格弹性相似，弹性由小到大一般依次是猪肉、鲜奶、牛羊肉、家禽和蜂产品。

(二)畜产品市场供给

1. 市场供给的概念

市场供给是指卖方或生产者在一定时间内，按各种可能的市场价格水平，愿意并且能够提供给市场出售的产品的数量。按照这个定义，供给必须具备两个条件：一是有出售的愿望，二是有供给能力，两者缺一不可。

2. 畜产品供给的特点

(1)不稳定性。粮食产量与粮价的稳定性，在很大程度上决定着养殖企业生产，特别是猪禽生产的稳定性。

(2)季节性。由于畜禽的生物学特性，饲料生产的季节性，形成了畜禽生产和供给的季节性。

(3)地区性。受各地的饲料资源、畜牧地区类型、经济发展水平和市场环境条件影响，养殖企业生产与供给表现出一定的地区性。

(4)小规模与分散性。不少地区的养殖业仍以家庭经营为主，畜产品来自千家万户，受土地、饲料、资金、场地限制，饲养规模小，相对分散。

(5)时效性。鲜活畜产品不耐贮藏,易腐烂变质,难以远距离运输,在供应上具有很强的时效性,使得畜产品的销售变得刻不容缓,极具挑战性。

(6)二重性。农牧民既是畜产品的生产者,也是畜产品的消费者,其畜产品生产的总量、自食量和商品量左右着市场供给量的多少。

3.影响畜产品市场供给的因素

(1)生产因素。生产和供给是两个相互联系但又截然不同的概念。生产是供给的源泉和物质基础,没有生产,就谈不上供给。畜产品供给总量的多少,首先,取决于畜牧业生产的发展水平,只有养殖业普遍地、迅速地发展,其产品在满足自身消费需求后,才会有更多的剩余产品供给市场出售,即增加市场供给量;其次,决定于生产资源的投入量和技术水平,二者是实现高产、优质、高效、安全、生态养殖业的关键;最后,看成本、价格与收益的比较,在高产、优质的前提下,如果产品成本低,收益大,加快生产发展,增加有效供给就有了效益保证。

(2)价格因素。价格影响市场供给表现在两方面:一是受市场上畜产品购销价格影响;二是受成本价格,特别是饲料原料价格的影响。

①畜产品购销价格。在既定的时期,既定的市场条件下,当其他因素不变时,价格与供给量呈同方向变动的关系,即畜产品购销价格上涨,供给就会增加;价格下跌,供给就会减少。

②价格周期。价格周期是指畜产品价格从一个高峰到另一个高峰的时间间隔。形成间隔的原因是市场价格对畜产品生产的调节具有一定的滞后性。由于价格信号在反馈指导生产时,一方面生产者无法打破畜禽生产的自然再生产规律,另一方面生产经营者在调节自己的行动时,没有相应的信息能表明其他生产经营者对价格信号所做出的反应,这就使畜产品的生产经营者带有某种自发性和盲目性,迫使供给量往往处于波动之中,也给价格带来了某种周期性变化。

③替代产品的价格。如果可以替代某一畜产品的产品价格上涨,则这种替代品的供给就会增加,而被替代的畜产品的供给就会减少;如果畜产品价格和替代品价格都上升,而替代品的价格上升幅度大于被替代品价格上升幅度,则替代品的供给仍增加,而被替代品的供给会减少。

④预期价格和效益。如果畜产品生产者预测到某种畜产品未来会涨价,效益会增加,在可以贮存和保鲜的情况下,生产者就会缩减现在的供给而增加未来的供给,或者扩大生产规模,直接增加未来的供给。

⑤饲料原料价格。当饲料原料价格上涨,或以饲料原料为基础的配合饲料价格上涨时,如果市场上畜产品购销价格不变或上涨幅度小于饲料原料价格上涨幅度,生产者就会缩小生产规模,减少市场供给;反之,如果饲料原料价格上涨幅度小于畜产品购销价格上涨幅度,市场供给量仍会出现增加的趋势。

(3)畜产品进出口贸易量。在市场供给总量不断增加,特别是少数畜产品出现供过于求的情况下,增加畜产品出口量,既能缓解国内市场供求矛盾,又能增加出口创汇。反之,在国内市场供给不足的情况下,通过增加进口量,则能补充市场有效供给,保证加工和消费的基本需求。

(4)畜产品的商品率。在畜产品生产总量一定的条件下,生产单位用于生产消费和生活消费少了,那么市场商品供给量就会增加;反之亦然。

(5)畜产品的储备能力。所谓储备能力,一是指饲料、肉类、羊毛等实物的储备量;二是指储备基金。畜产品的储备是畜产品供给的调节器和蓄水池,它可以消除畜产品的消费和生产在时间上与空间上的不一致性。

4. 畜产品供给弹性

畜产品供给弹性是指畜产品供给量对影响其变动的各种因素变化的反应程度，通常指供给价格弹性。畜产品供给弹性用来表示某种畜产品的供给量对其价格变化的反应程度，用供给弹性系数来表示。

供给弹性系数是指畜产品供给量变动率与其价格变动率之比。用来衡量当某畜产品的价格变动1%，所引起的该畜产品供应量变动的百分比。计算公式为：

畜产品供给价格弹性系数＝供给量变动率/价格变动率

即
$$E_s=(\Delta Q_s/\bar{Q}_s)/(\Delta P/\bar{P})$$

其中
$$\bar{Q}_s=(Q_{s1}+Q_{s2})/2 \qquad \bar{P}=(P_1+P_2)/2$$
$$\Delta Q=Q_{s2}-Q_{s1} \qquad \Delta P=P_2-P_1$$

式中：E_s 为畜产品供给价格弹性系数；Q_s 为供给量；ΔQ_s 为供给量的增量；P 为价格；ΔP 为价格的增量；Q_{s1} 为变化前的供给量；Q_{s2} 为变化后的供给量；P_1 为变化前的价格；P_2 为变化后的价格。

通常情况下，畜产品的供应量与其价格呈正向变动，因此畜产品供给价格弹性系数一般为正值。

根据供给价格弹性系数的大小，可以把供给弹性划分为如下类型：$|E_s|>1$ 为富有弹性，$|E_s|<1$ 为缺乏弹性，$|E_s|=0$ 为无弹性，$|E_s|=1$ 为单位弹性，$E_s=\infty$ 为完全弹性。

一般来说，畜产品供给价格弹性系数由大到小的顺序依次为：鸡蛋、鸡肉、猪肉、牛羊肉，而畜产品供给价格弹性系数大于粮食的。而同样的价格变动，畜产品的供给价格弹性一般往往大于其需求价格弹性。这也是畜产品市场往往呈现出比较剧烈的波动和周期性的原因之一，如生猪价格的周期性波动。

（三）畜产品市场供求关系

1. 畜产品的一般供求关系

畜产品的供给与需求是市场经济最基本的概念。供给与需求之间是一种对立统一的辩证关系，如果相互都能适应，就会达到协调与平衡，反之，就会产生矛盾。这种矛盾主要表现在供求总量、供求结构、供求地区和供求时间四个方面。

(1)供求总量上的矛盾。主要是生产发展与消费上的差距致使生产总量和消费总量产生的不一致，或供过于求或供不应求而产生的矛盾。

(2)供求结构上的矛盾。畜产品供求之间不仅总量上有矛盾，而且在品种结构上会产生矛盾，即畜产品供给的种类、品种与畜产品需求的种类、品种不一致而引起的供求矛盾。

(3)供求地区上的矛盾。其源于产地、销地与流通等因素。产地过分集中，必须通过流通渠道才能将产品运到销地。流通过程中任何一个环节，如运输或采购有问题，地区上的供求矛盾就可能发生。

(4)供求时间上的矛盾。其源于生产时间、供应时间与消费时间的不一致。

2. 畜产品供求矛盾的运动形式

畜产品供求矛盾的运动形式表现为供过于求、供不应求和供求平衡三种状态。当畜产品供过于求时，形成买方市场，此时对买方有利，当生产者无利可图时，就会有一部分从业者放弃（或减少）该产品的生产；随着供给量的减少，会逐渐形成供不应求的局面，形成卖方市场，主动权掌握在经营者手里，对卖方有利，高利润又吸引了一部分新的从业者或使原有生产者扩大生产，畜产品供求再次向供过于求状态运动；当供过于求向供不应求运动或反向运动时，都会出现暂时的平衡，即市场上供应量与需求量相等或在一定的时间内供应量与需求量在增减幅度上保持同方向同比率变动，价格相对稳定，畜产品供求平衡。

3. 畜产品供求规律

畜产品供求运动是供给与需求这一对矛盾运动的统一体，运动的总趋势是朝着总体平衡的方向发展。在市场经济条件下，畜产品市场价格与市场供求之间的互相决定、互相制约和互相作用的运动状态是不以人们的意志为转移的客观规律。由于价格杠杆的调节作用，供求矛盾运动总是以“不平衡→平衡→不平衡→平衡”的形式反复出现，总趋势是向供求平衡方向发展的，这是畜产品供求矛盾的规律性。实际上，市场供求状况不平衡是经常的，而平衡是偶然的。

（四）均衡价格

均衡价格是指一种商品需求量与供给量相等时的价格，这时该商品的需求价格与供给价格相等。在均衡价格水平下的相等的供求数量被称为均衡数量。从几何意义上说，一种商品的均衡价格出现在该商品的市场需求曲线和市场供给曲线相交的交点上，该交点被称为均衡点，如图 1-1 所示。图中 Q 为供给量或需求量，P 为供给价格或需求价格，S 为供给曲线，D 为需求曲线，E 点为均衡点即市场上的需求量和供给量相等的状态，也被称为市场出清的状态。

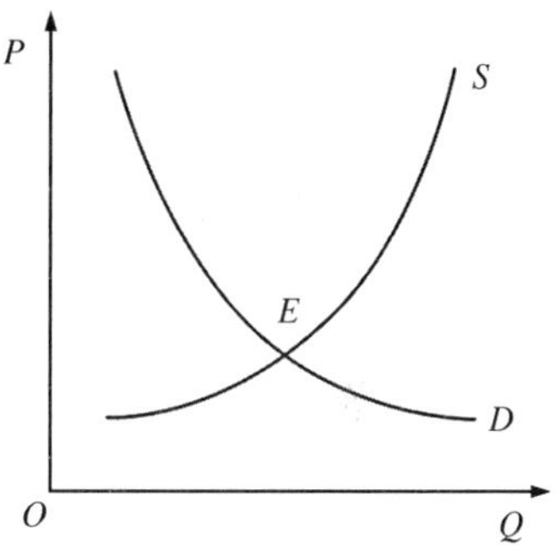

图 1-1　供给与需求的均衡点

任务三　畜产品市场调查

畜产品市场调查是一种以满足消费者对畜产品需求为目的的了解市场、认识市场的重要经济活动，是养殖企业所有经营管理活动的起点，在市场经济条件下市场调查显得十分重要。

一、市场调查的概念和意义

（一）概念

市场调查就是指运用科学的方法，有目的地、系统地搜集、记录、整理有关市场信息和资料，分析市场情况，了解市场的现状及其发展趋势，为市场预测和经营决策提供客观的、正确的资料。

这个概念包含了几层含义：其一，市场调查是一种有目的、有意识地认识市场的活动；其二，市场调查的具体对象是市场体系，即市场主体（家庭个人、政府、企业）、市场客体（消费品和生产要素）、市场媒体（货币、价格、信息）等。其中需要指出，调查的重点对象是消费者市场；其三，市场调查需要借助一套科学方法，其中包括观察调查法、询问调查法、问卷设计、实验设计，也包括抽样调查的技术等；其四，市场调查是为企业的市场预测和经营决策服务的；其五，市场调查的任务是收集、记录市场信息和资料。

（二）意义

1. 有助于更好地吸收国内外先进经验和最新技术，改进企业的生产技术，提高管理水平

当今世界，科技发展迅速，新发明、新创造、新技术和新产品层出不穷，日新月异。这种技术的进步自然会在商品市场上以产品的形式反映出来。通过市场调查，可以得到有助于企业及时地了解市场经济动态和科技信息的资料信息，为企业提供最新的市场情报和生产技术情报，以便更好地学习和汲取同行业的先进经验和最新技术，改进企业的生产技术，提高人员的技术水平，提高企业的管理水平，从而提高产品的质量，加速产品的更新换代，增强产品和企业的竞争力，保障企业的生存和发展。

2. 为企业管理部门和有关负责人提供决策依据

任何一个企业都只有在对市场情况有了实际了解的情况下，才能有针对性地制订市场营销策略和企业经营发展策略。在企业管理部门和有关人员要针对某些问题进行决策时，如进行产品策略、价格策略、分销策略、广告和促销策略的制订，通常要了解的情况和考虑的问题是多方面的，主要有：本企业产品在什么市场上销售较好，有发展潜力；在哪个具体的市场上预期可销售数量是多少；如何才能扩大企业产品的销售量；如何掌握产品的销售价格；如何制订产品价格，才能保证在销售和利润两方面都能上去；怎样组织产品推销，销售费用又将是多少等。这些问题都只有通过具体的市场调查，才可以得到具体的答复，而且只有通过市场调查得来的具体答案才能作为企业决策的依据。否则，就会形成盲目的和脱离实际的决策，而盲目则往往意味着失败和损失。

3. 增强企业的竞争力和生存能力

市场竞争由于现代化社会大生产的发展和技术水平的进步，而变得日益激烈。市场情况在不断地发生变化，而促使市场发生变化的原因，不外乎产品、价格、分销、广告、推销等市场因素和有关政治、经济、文化、地理条件等市场环境因素。这两种因素往往又是相互联系和相互影响的，而且不断地发生变化。因此，企业为适应这种变化，就只有通过广泛的市场调查，及时地了解各种市场因素和市场环境因素的变化，从而有针对性地采取措施，通过对市场因素，如价格、产品结构、广告等的调整，去应付市场竞争。对于企业来说，能否及时了解市场变化情况，并适时适当地采取应变措施，是企业能否取胜的关键。

二、市场调查的原则和内容

（一）市场调查的原则

市场调查是通过收集、分类、筛选资料，为企业生产经营提供正确依据的活动，必须遵循以下原则。

1. 时效性原则

在现代市场经营中，时间就是机遇，丧失机遇，会导致整个经营策略和活动失败；抓住机遇，则为成功铺平了道路。市场调查的时效性就表现为应及时捕捉和抓住市场上任何有用的情报、信息，及时分析、及时反馈，为企业在经营过程中适时地制订和调整策略创造条件。

2. 准确性原则

由市场调查工作收集到的信息，经过整理、分析得出调查结论，供企业决策之用。因此，市场调查收集到的资料，必须体现准确性原则，对调查资料的分析必须实事求是，尊重客观实际，切忌以主观臆造来代替科学的分析。同样，片面、以偏概全也是不可取的。要使企业的经营活动在正确的轨道上运行，就必须要有准确的信息作为依据，才能瞄准市场，看清问题，抓住时机。

3. 系统性原则

市场调查的系统性表现为应全面收集有关企业生产和经营方面的信息资料。市场现象不是孤立、静止存在的。市场现象与政治、经济、文化、风俗、法律等社会现象之间，有着千丝万缕的联系；市场现象随着时间、地点、条件的变化而不断发生着变化。在进行市场调查时，必须对相互联系的各种影响因素和市场现象的发展变化全过程进行全面、系统的调查。

4. 科学性原则

市场调查不是简单地搜集情报、信息的活动，为了在时间和经费有限的情况下，获得更多、更准确的资料和信息，就必须对调查的过程进行科学的安排，要以科学的知识理论为基础，要应用科学的方法。

5. 经济性原则

市场调查是一件费时费力费财的活动。它不仅需要人的体力和脑力的支出，同时还要利用一定的物质手段，以确保调查工作顺利进行和调查结果的准确。由于各企业的财力情况不同，因此需要根据自己的实力去确定调查费用的支出，并制定相应的调查方案，力争以较少的投入取得最好的效果。

（二）市场调查的内容

市场调查的内容涉及企业生产经营活动的整个过程，主要包括以下方面。

1. 市场环境调查

市场环境调查主要包括经济环境、政治环境、社会文化环境、科学环境和自然地理环境等。具体的调查内容可以是市场的购买力水平，经济结构，国家的方针，政策和法律法规，风俗习惯，科学发展动态，气候等各种影响市场营销的因素。

2. 市场需求调查

市场需求调查主要包括消费者需求量调查、消费者收入调查、消费结构调查、消费者行为调查，包括消费者为什么购买、购买什么、购买数量、购买频率、购买时间、购买方式、购买习惯、购买偏好和购买后的评价等。

3. 市场供给调查

市场供给调查主要包括产品生产能力调查、产品实体调查等。具体为某一产品市场可以提供的产品数量、质量、功能、型号、品牌等，生产供应企业的情况等。

4. 市场营销因素调查

市场营销因素调查主要包括产品、价格、渠道和促销的调查。产品的调查主要有了解市场上新产品开发的情况、设计的情况、消费者使用的情况、消费者的评价、产品生命周期阶段、产品的组合情况等。产品的价格调查主要有了解消费者对价格的接受情况，对价格策略的反应等。渠道调查主要包括了解渠道的结构、中间商的情况、消费者对中间商的满意情况等。促销活动调查主要包括各种促销活动的效果，如广告实施的效果、人员推销的效果、营业推广的效果和对外宣传的市场反应等。

5. 市场竞争情况调查

市场竞争情况调查主要包括调查了解同行业或相近行业的各企业的经济实力、技术和管理方面的基本情况；竞争性产品销售和市场占有情况、竞争者的主要竞争策略；竞争性产品的品质、性能、用途、包装、价格、交货期限以及其他附加利益等；还有如竞争企业的一些经济技术指标、人员培训法、重要人才进出情况、新产品的开发计划等，做到知己知彼，通过调查帮助企业确定竞争策略。

三、市场调查的程序

市场调查不仅是一个个单独的或相互关联的信息收集或加工处理活动，也是由许多不同阶段、不同活动构成的有目的的动态过程。具体过程包括：明确调查目标、设计调查方案、制订调查工作计划、组织实地调查、调查资料的整理和分析、撰写调查报告。

(一)明确调查目标

进行市场调查时，首先要明确市场调查的目标，按照企业的不同需要，市场调查的目标有所不同，企业实施经营战略时，必须调查宏观市场环境的发展变化趋势，尤其要调查所处行业未来的发展状况；企业制定市场营销策略时，要调查市场需求状况、市场竞争状况、消费者购买行为和营销要素情况；当企业在经营中遇到了问题，这时应针对存在的问题和产生的原因进行市场调查。

(二)设计调查方案

一个完善的市场调查方案一般包括以下几方面内容。

1. 调查目的和要求

根据市场调查目标，在调查方案中列出本次市场调查的具体目的和要求。例如：本次市场调查的目的是了解某产品的消费者购买行为和消费偏好情况等。

2. 调查对象

市场调查的对象一般为消费者、零售商、批发商，零售商和批发商为经销该产品的商家，消费者一般为使用该产品的消费群体。在以消费者为调查对象时，要注意到有时某一产品的购买者和使用者不一致，如对婴儿奶粉的调查，其调查对象应为孩子的母亲。

3. 调查内容

调查内容是收集资料的依据，是为实现调查目标服务的，可根据市场调查的目的确定具体的调查内容。如调查消费者行为时，可按消费者购买、使用、使用后评价三个方面列出调查的具体内容项目。调查内容的确定要全面、具体，条理清晰、简练，避免面面俱到，内容过多，过于烦琐，避免把与调查目的无关的内容列入其中。

4. 调查表

调查表是市场调查的基本工具，调查表的设计质量直接影响到市场调查的质量。设计调查表要注意以下几点。

(1)调查表的设计要与调查主题密切相关，重点突出，避免出现可有可无的问题。

(2)调查表中的问题要容易让被调查者接受，避免出现被调查者不愿回答或令被调查者难堪的问题。

(3)调查表中的问题次序要条理清楚，顺理成章，符合逻辑顺序，一般可遵循容易回答的问题放在前面，较难回答的问题放在中间，敏感性问题放在最后；封闭式问题在前，开放式问题在后的原则。

(4)调查表的内容要简明，尽量使用简单、直接、无偏见的词汇，保证被调查者能在较短的时间内完成调查表。

5. 调查地区范围

调查地区范围应与企业产品销售范围相一致，当在某一城市做市场调查时，调查范围不可能遍及城市的每一个地方，一般可根据城市的人口分布情况，在城市中划定若干个小范围调查区域，将总样本按比例分配到各个区域，在各个区域内实施访问调查。这样可相对缩小调查范围，减少实地访问工作量，提高调查工作效率，减少费用。

6. 样本的抽取

调查样本要在调查对象中抽取，样本的抽取数量可根据市场调查的准确程度的要求确定，市场调查结果准确度要求越高，抽取样本数量应越多，但调查费用也越高，一般可根据市场调查结果的用途情况确定适宜的样本数量。

7. 资料的收集和整理方法

市场调查中，常用的资料收集方法有调查法、观察法和实验法。资料的整理方法一般可采用统计学中的方法，利用 Excel 工作表格，可以很方便地对调查表进行统计处理，获得大量的统计数据。

(三)制订调查工作计划

1. 组织领导及人员配备

建立市场调查项目的组织领导机构，可由企业的市场部或企划部来负责调查项目的组织领导工作，针对调查项目成立市场调查小组，负责项目的具体组织实施工作。

2. 访问员的招聘及培训

根据调查项目中完成全部问卷实地访问的时间来确定每个访问员 1 d 可完成的问卷数

量，核定需招聘访问员的人数。对访问员须进行必要的培训，培训内容包括：访问调查的基本方法和技巧；调查产品的基本情况；实地调查的工作计划；调查的要求及要注意的事项。

3. 工作进度

将市场调查项目整个进行过程安排一个时间表，确定各阶段的工作内容及所需时间。

4. 费用预算

市场调查的费用预算主要有调查表设计印刷费；访问员培训费；访问员劳务费、礼品费；调查表统计处理费用等。

（四）组织实地调查

市场调查的各项准备工作完成后，开始进行问卷的实地调查工作，组织实地调查要做好两方面工作。

1. 做好实地调查的组织领导工作

实地调查是一项较为复杂烦琐的工作。要按照事先划定的调查区域确定每个区域调查样本的数量，访问员的人数，每位访问员应访问样本的数量及访问路线，每个调查区域配备一名督导人员；明确调查人员及访问人员的工作任务和工作职责，做到工作任务落实到位，工作目标责任明确。

2. 做好实地调查的协调、控制工作

调查组织人员要及时掌握实地调查的工作进度完成情况，协调好各个访问员间的工作进度；要及时了解访问员在访问中遇到的问题，帮助解决，对于调查中遇到的共性问题，提出统一的解决办法。

（五）调查资料的整理和分析

实地调查结束后，即进入调查资料的整理和分析阶段，收集好已填写的调查表后，由调查人员对调查表进行逐份检查，剔除不合格的调查表，然后将合格调查表统一编号，以便于调查数据的统计。调查数据的统计可利用 Excel 电子表格软件完成；将调查数据输入计算机后，经 Excel 软件运行后，即可获得已列成表格的大量的统计数据，利用上述统计结果，就可以按照调查目的的要求，针对调查内容进行全面的分析工作。

（六）撰写调查报告

撰写调查报告是市场调查的最后一项工作内容，市场调查工作的成果将体现在最后的调查报告中，调查报告将提交给企业决策者，作为企业制定经营决策的依据。市场调查报告要按规范的格式撰写，一个完整的市场调查报告格式由题目、目录、概要、正文、结论和建议、附件等组成。

四、市场调查的方法

市场调查内容涉及方方面面，调查方法各种各样。如按调查样本产生的方式，可分为普查、重点调查、典型调查、抽样调查等；按收集资料的方式，可分为文案调研法和实地调研法；按调查区域范围大小，可分为全面调查和局部调查等。具有代表性而又实用的调查方法：文案调研法和实地调研法。

(一)文案调研法

文案调研法是指收集、整理并研究与调查项目有关的资料的方法。文案调研的资料是第二手资料。文案调研可为实地调研打下基础。一般地说,实地调研的成本比文案调研的成本要高。较大规模的调研项目,通常先进行文案调研,为实地调研提供必要的背景资料。

1. 第二手资料获得的主要途径

(1)本企业的市场信息系统。如果本企业已建立了自己的信息系统,则会储存大量的生产经营与管理的各种资料。

(2)本企业的记录。如果本企业还没有建立市场信息系统,则会保存某些方面的资料和记录,如客户的名单及简要情况等。

(3)行业协会或商会。可以为调研人员提供会员名单、会员经营情况和发展情况等。

(4)政府机构和国际组织。此类机构和组织会出版大量的市场信息,是第二手资料的重要来源。

(5)大众媒体。市场调研人员通过广播、电视、报纸、杂志以及网络等媒体获得信息。

(6)专业调查机构。如一些咨询公司、营销调查公司等。它们收集整理的资料应用价值很高,但费用也很高。

(7)银行。它可提供有关公司的资信情况、金融贸易等的信息。

(8)消费者组织。该组织经常查验企业的产品,并进行消费者调查,可以提供这些方面的信息。

(9)竞争者。竞争者的产品说明书、年度财务报告、价格目录、中间商名单等公开信息资料,也是市场调研人员的资料来源。

2. 第二手资料获取的基本要求

(1)时效性。第二手资料不能是过时的信息资料,否则,会影响企业的经营决策。

(2)公正性。第二手资料不能带有资料提供者的偏见。

(3)可靠性。市场调研人员获取的第二手资料应有较高的准确性和可靠性。

(二)实地调研法

实地调研法是指市场调研人员亲自收集第一手资料的方法。实地调研的方法较多,可归纳为以下几种。

1. 访问法

访问法又称询问法。它以询问的方法作为调研的手段,把所要调查的内容以面谈、书面、电话等形式向访问者提出,来获取所需的资料。根据调研人员与被访问者接触方式不同,该法又具体分为以下四种。

(1)人员访问。人员访问是指市场调研人员直接与被访者进行面谈,调研人员面对面向被访者提出各种问题,并当面进行记录。人员访问的主要优点有:①真实性,人员访问所获得的资料真实性较高,内容较具体、准确,回答率也较高;②灵活性,可根据面谈情况变换提问方式,或者自由发问,可作笔录,也可录音、录像;③直观性,当面交谈可直接了解被访者的态度,可较准确地判断所获资料的可信度;④启发性,访问人员与被访者面对面交谈,可相互启发,并对所调查的问题作进一步探讨;⑤激励性,某些被访者通过充分发表自己的见解,心理得到了一种满足,所以人员访问对他们有一定的激励性。人员访问的主要缺点有:费用较高;访问人员访问水平会影响调查结果等。

(2)邮寄调查。邮寄调查指市场调研人员把设计好的调查问卷邮寄给被调查者,请被调查者填好答案后在规定的时间内寄回。该法的主要优点有:调查范围较广泛;费用较低;被调查者有较充分的时间回答问题;利用设计好的调查问卷可避免营销调研人员的个人偏见。该法的主要缺点有:调查表的回收率低、回答的问题可能不全、可靠性较难评价。

(3)电话调查。电话调查是指市场调研人员通过电话向被调查者询问调查内容及征求意见的方法。该法的优点是方便、迅速、及时。该法的缺点是难以询问较复杂的问题。

(4)网上调查。市场调研人员可通过互联网进行调查。该法的优点是速度快、费用低、范围广,不受时间和空间的限制。该法的缺点是受网络建设及网络普及情况的影响较大。

2. 观察法

观察法是指市场调查人员直接到调查现场进行观察或用仪器进行记录的调查方法。该法又具体分为以下三种方法。

(1)直接观察。由调研人员直接到现场观察,观察消费者的购买需要和购买行为;观察商品的购销情况等。如牛奶加工厂的市场调研人员亲自观察消费者选购奶制品的情况,发现引起消费者注意的是什么因素,以便改进。

(2)痕迹观察。即观察记录调查对象在一定时间内的痕迹,再从这些痕迹中找出所需的市场信息。

(3)行为记录法。观察法的主要优点是:调查结果更加客观。缺点是:观察到的事实发生现场情况不能说明其原因、动机和意见。

3. 实验法

实验法指通过实验对比来取得市场营销调研资料的方法,它是一种较好的方法,又称"市场实验"。

市场实验是先在特定时间和地区小规模地进行,从有代表性的"实验市场"中了解到市场反应,从实验结果中发现问题,总结经验,再进行大范围推广。如要想分析价格和包装对销量的影响,就可进行市场实验,对影响销量的几个因素,只对价格和包装两个因素作变动,其他因素保持不变,进行一定范围内的市场试销,从销量的变动中就可知道价格和包装的影响情况。该法的优点是:可有控制地分析某些市场变量之间是否存在因果关系,以及自变量的变动对因变量的影响程度,而且该法所获得的数据、资料较客观可靠。缺点是:市场中可变因素难以把握,实验所需时间较长,费用开支也较大。

上述三种市场调查方法,在应用时应视调查的问题和调查的目标而定。一般要调查消费者的态度,可采用询问法;要调查消费者的注意点,可采用观察法;要调查某一营销因素对消费者的影响力度,可采用实验法。

【思政角】

“兽药没有人用药品好，所以购买人药给动物使用”

检查人员在对一家养殖企业兽药库进行检查时，发现其中有部分人用药品掺杂其中，比如人用的地塞米松。企业相关人员表示，觉得人用药品肯定比兽药好，所以在功能效应相似并且价格差不多的情况下，购买人用药品供动物使用。

人药兽用是违法行为。法律依据：《兽药管理条例》第六十二条。违反本条例规定，未按照国家有关兽药安全使用规定使用兽药的、未建立用药记录或者记录不完整真实的，或者使用禁止使用的药品和其他化合物的，或者将人用药品用于动物的，责令其立即改正，并对饲喂了违禁药物及其他化合物的动物及其产品进行无害化处理；对违法单位处1万元以上5万元以下罚款；给他人造成损失的，依法承担赔偿责任。

【案例分析】

“一杯牛奶强壮一个民族”

一、案例介绍

2021年5—7月，全国人大常委会畜牧法执法检查组分别赴内蒙古、吉林、湖南、四川、云南、青海等6个省(区)开展检查。检查组深入34个市县区，实地检查16家种畜禽场、30家养殖场(户)、7家动物疫病防控单位、8家畜禽粪污处理单位、10家畜禽产品加工销售企业、4家投入品生产销售企业，实现了对畜禽育种、养殖、加工、销售、粪污处理全链条的覆盖，广泛听取行业从业人员、科研人员、农业综合执法人员对贯彻实施畜牧法的意见和建议。此次执法检查是畜牧法自2005年颁布实施以来，全国人大常委会第二次对该法开展执法检查。执法检查组由全国人大常委会副委员长吉炳轩、万鄂湘、武维华担任组长，全国人大农业与农村委员会主任委员陈锡文担任副组长，成员由全国人大常委会委员、农业农村委组成人员、部分全国人大代表共24人组成。

2021年8月18日，十三届全国人大常委会第三十次会议听取了全国人大常委会副委员长武维华作的关于检查畜牧法实施情况的报告。介绍中提到，《中华人民共和国畜牧法》颁布实施以来，国务院及地方各级政府全面贯彻落实畜牧法，坚持用法治思维规范生产秩序，完善工作体系，加大政策扶持力度，加快推进畜牧业供给侧结构性改革，着力提升畜禽产品综合生产能力，推动畜牧业持续健康发展。我国作为世界畜牧业发展大国之一，肉、蛋总产量位居世界第一，奶类产量更是位居世界第四位，其中肉产量占全球总产量的26%，蛋产量占全球总产量的比例甚至高达40%。

在各大政策扶持之下，畜牧业的发展会蒸蒸日上。观察思考关于检查畜牧法实施情况的报告，不难发现，随着人们物质生活水平的不断提高，人们开始日益关注自身的饮食结构，对于畜产品的重视程度也越来越高。俗语有云“一杯牛奶强健一个民族”，牛奶是有助于保证人体健康的比较理想的安全食品，同时牛奶中含有丰富的营养成分，这些都有助于提高我们的健康水平。当代大学生一直都走在时尚消费的前沿，在牛奶消费这一领域也不会少了大学生这一特殊群体。在以上两个大背景下，调查小组对本校大学生这一特殊消费群体进行了深入的调查。调查结果如下:①本校大学生消费群体在牛奶消费方面,伊利、蒙牛等品牌基本占据了我校大学生牛奶消费的全部领域。②我校大学生对于经常饮用的牛奶品牌有一定的忠诚度。③大学生对于牛奶的质量十分关注,对于产品的包装和价格也很关注。④对于牛奶产品的各种促销手段和宣传广告,大学生更加关注通过电视媒介传播出来的信息,对于其他媒介传播的销售信息,大学生一般都不太关注。⑤大学生平均每月在牛奶方面的消费数量并不算太多,有很大的开发空间。⑥大学生购买牛奶的渠道主要是通过开设在学校之中的便利商店。⑦大学生对于饮用牛奶的好处了解并不多。

问题:1. 调查小组应从哪些方面调查和了解大学生的牛奶消费情况?

2. 根据调查结果,对我国奶制品行业未来的发展有哪些建议?

二、案例分析

(一)调查内容

调查小组要全面深入了解当代大学生的牛奶消费情况,须从以下方面进行调查。

1. 消费行为调查

消费行为调查包括:①大学生消费群体的消费习惯和动机,例如大学生的牛奶消费偏好(品牌偏好、购买地点偏好等);②大学生牛奶消费群体的总体数量和平均每名大学生的每月牛奶消费数量(即每人每月购买多少袋牛奶)。

2. 产品调查

产品调查包括:①产品质量、价格、包装等各要素对引发大学生群体购买行为的影响程度,并分析各种产品要素对于大学生牛奶消费影响的重要度,由高到低进行排列;②大学生消费群体对于牛奶消费的主要品牌。

3. 品牌影响度调查

品牌影响度调查包括:①大学生购买牛奶时,牛奶的品牌对大学生购买决策的影响程度;②大学生消费群体对于牛奶品牌的认知程度和忠诚度。

4. 市场营销策略调查

市场营销策略调查包括:①大学生对于各种促销手段的敏感程度;②广告对大学生群体的影响程度及有效诉求点。

(二)对奶制品行业未来发展的建议

1. 存在问题

通过调查与分析,总结出我国奶制品行业有如下两点问题。

①一些奶制品企业为了追求高利润,不惜以人们的健康为代价,存在一些欺骗消费者的行为。

②各个奶制品企业,为了扩大自己的经营范围,打击竞争对手,恶意向外发布虚假信息,诋毁竞争对手的企业形象,毁坏竞争对手产品的信誉,这种恶性竞争不利于公平竞争和本行业的发展,表面上看自己的业绩是上涨了,但实际上本企业的发展水平并没有提高,更有甚者还会

出现倒退的趋势。

2. 建议

综合上述问题和大学生这个特殊消费群体的消费特征和其自身的基本特点，对于奶制品企业的发展提出如下几点建议。

①迎合大学生的消费习惯，进一步开发高校市场。从长远的角度来看，大学生牛奶市场存在极大的利润空间和较好的发展前景。虽然大学生现在受经济等客观因素的制约，看起来无利可图，如果企业能在他们还是学生的时候就开始关注该潜在目标客户群体，通过各种有效的措施使他们成长为企业的长期顾客，培养他们的品牌忠诚度，那么将这个看起来不起眼的消费群体，将会给企业带来长期的、巨大的经济效益。

②丰富营销策略，充分利用广告宣传。通过不同场合、不同形式、重复或多次地传达企业和产品的信息，从而提高大学生对企业及产品的喜爱程度。企业还可以通过体验性试喝、赠送礼品、优惠、现场展示、降价促销等方式，或通过公益事件、负责任的善后处理方式等增强大学生消费者对企业或产品的良好情感，在大学生心中树立良好的品牌形象，提高企业和产品的知名度、美誉度。

③保证品质、传递品质。对品牌而言，品质是最基础，是最核心的要素，特别是涉及人们生命健康安全的乳制品，消费者对其的敏感度不言而喻。因此，乳制品企业要想开拓大学生市场，必须确保产品质量。

④塑造品牌形象，培养购买忠诚度。拥有品牌就拥有市场，就可以获得消费者的忠诚。开发大学生市场，让大学生消费者充分接触产品，进行品牌口味的培养使其形成消费偏好，培养自己的潜在消费者。

⑤做好自己的工作。只有这样自己的企业才能够长久地存活下去，才能够更好地发展自己、壮大自己。

【考核评价】

一、考核题目

假定某大型配合饲料加工企业欲在养殖业规模比较大的某乡镇新建一家分厂，主要目标市场是该乡镇的畜禽养殖大户。为了降低经营风险，需要对该乡镇周边饲料市场竞争情况以及目标顾客的购买心理和购买行为开展一次深入的市场调查。请你为该饲料加工企业设计一份详细的市场调研方案。

二、考核标准

设计调研方案时应重点考虑以下关键问题。

①调查的背景和主题。

②调查对象：调查针对的对象是谁？

③调查的主要内容：围绕调查主题展开的主要调查内容是什么？注意内容罗列时应层次清晰。

④调查方式：采用全面调查还是抽样调查？如果采用抽样调查，是采用随机抽样还是非随

机抽样？具体采用哪种抽样组织形式？

⑤调查方法：采用文案调查还是实地调查？如果采用实地调查，具体是用访问法、观察法还是实验法？各种方法如何开展？注意不同调查方法所针对的调查内容有区别。

⑥调查进度安排及人员分工协作部署：分几个阶段开展工作？各阶段的主要工作是什么？哪些人员参与？人员互相之间如何分工协作？

⑦经费预算：调查的经费开支可能包含哪些项目？预期费用多少？

【码上学习】

市场调查报告的格式与写法

兽药管理条例

项目二
养殖企业经营预测

【先导案例】

“这头牛状态还不错”“这头牛吃得有点少，一会儿要检查一下”……在某奶业集团合作牧场，工作人员在办公室凭借一部手机，就能精确全面地掌握每一头牛的健康状态。

依靠专属化的奶牛电子档案对奶牛进行精细化、个性化的管控，借助大数据技术精准地识别出每头牛的类型和状态，只是内蒙古乳企进行数字化赋能的开端。

目前，国际上对“智能工厂”的定义可解读为：生产程序不需人工管理，零件和机器之间可以相互“交流”，大幅度提高生产效率，减少错误率。零件会“告诉”设备以下信息：何时造出来的，被送到哪里去，哪种参数来处理。机器将按需自动调整，加工零件。而在内蒙古的乳企，这样的愿景已成为现实。

如果说数字化生产是乳企的自我强大，那么以数字化赋能消费者，则是和谐供需关系，践行“大食物观”的生动表现。

企业通过大数据洞察消费者的新需求、新趋势，通过算法预测未来可能流行的产品口味、营养功能，同时实时关注来自不同地区、不同年龄、不同圈层人群对产品的反馈评价，进而优化产品和服务品质。

“从前，工厂生产什么，消费者就购买什么，如今，消费者喜欢什么，我们就生产什么。数字化赋能消费者，让我们拉近了与消费者的距离、建立了更紧密的消费者沟通渠道，因而我们能够真正根据消费者的偏好来生产产品。”某奶业集团的液奶某生产工厂总经理说。

在完成对畜产品的调查之后，下一个环节就是对畜产品市场的预测了，本章我们将学习有关畜产品市场经营预测的相关内容。

【学习目标】

了解养殖企业经营预测的意义与作用；理解养殖企业经营预测的概念；熟悉养殖企业经营预测的类型与内容；掌握养殖企业经营预测的定性方法与定量方法。

【学习内容】

任务一　养殖企业经营预测的概念

养殖企业经过周密而细致的市场调查，收集了有关畜产品市场供求关系、价格变动、竞争状况等多个方面的信息和资料，企业经营者应用这些信息和资料对与养殖企业经营有关的未来进行估计和推测，即经营预测。经营预测的结果，为进一步的企业经营决策提供客观依据和可靠保证。

一、经营预测的概念

1. 预测

预测最简单易懂的说法是如下这样一个模式：已知→未知，过去、现在→将来。即预测就是根据过去和现在估计和推断未来。

2. 经营预测

经营预测就是在对畜产品市场调查的基础上，运用科学的方法，根据企业现有的经济条件和掌握的历史资料以及客观事物的内在联系，对企业生产经营活动的未来发展趋势及其状况所进行的预计和推算，为经营决策提供可靠的依据。预测为决策服务，是为了提高管理的科学水平，减少决策的盲目性，企业需要通过预测来把握经济发展或者未来市场变化的有关动态，减少未来的不确定性，降低决策可能遇到的风险，使决策目标得以顺利实现。

二、经营预测的基本要素

要理解和认识经营预测，必须把握预测的四个基本要素。

1. 信息

信息是客观事物特性和变化的表征和反映，存在于各类载体，是市场预测的主要工作对象、工作基础和成果反映。

2. 方法

方法是指在预测的过程中进行质和量的分析时所采用的各种手段，预测的方法按照不同的标准可以分成不同的类别。

3. 分析

根据预测方法得出预测结论之后，还必须进行两个方面的分析：一是在理论上要分析预测结果是否符合经济理论和统计分析的条件；二是在实践上对预测误差进行精确性分析，并对预测结果的可靠性进行评价。

4. 判断

对预测结果采用与否，或对预测结果依据相关经济和市场动态所作的修正需要判断，同时对信息资料、预测方法的选择也需要判断。判断是预测技术中重要的因素。

三、经营预测的意义

1. 经营预测是经营决策的基础

企业生产经营活动的各个阶段、各个生产环节都存在着决策问题。任何企业都面临生产技术、产品品种的选择及其经济效益的评价等许多复杂的问题。对此，若无细致周密的调查和科学的预测作为基础，就难以优选出合理、经济、可行的方案，就很难做出正确的决策。

2. 经营预测是企业制订经营计划的前提与依据

企业制订经营计划不能单凭当前的状况和过去的资料，正如俗语所说："人无远虑，必有近忧。"所以，要想使经营工作更加富有成效，还需把握企业内外部条件的变化，以及企业有关产品的发展趋势、生命周期以及市场需求的变化发展趋势。而欲达此目的，就得运用各种科学的方法进行深入、细致的分析和科学的预测。

3. 经营预测可以把握规律与趋势

市场预测的中心问题就是掌握市场发展变化规律的问题，把握其未来发展趋势的问题。科学的预测可以帮助人们按照事物的发展规律办事，并充分发挥人的主观能动性，减少企业经营活动中的盲目性和经营的风险。因此，预测也能提高企业的适应性和竞争力，帮助企业真正按市场需求组织生产和销售，从而更好地满足市场需求。

4. 经营预测有利于企业的经营管理与经济效益的提高

追求经济效益的最大化是企业生产经营活动的根本，提高经济效益是经营管理的目标。而搞好企业经营管理的条件之一就是积极做好市场预测工作。

任务二　养殖企业经营预测的种类和内容

一、经营预测的种类

根据预测任务的不同，按照一定的特征可以将市场预测分为不同的种类，常用的有以下两种。

1. 按时间的长短可分为长期预测、中期预测、短期预测

长期预测是对 5 年以上企业经营发展前景的预测，为制订长期远景规划提供依据。

中期预测是对 1 年以上 5 年以下企业经营发展前景的预测，为制订 5 年以下的计划提供依据。

短期预测是对 3 个月以上 1 年以下企业经营发展的预测，为制订年度、季度计划提供依据。

2. 按预测的方法分可分为定性预测、定量预测

(1)定性预测。主要以预测者的知识、经验，以及对事物的性质、特点、历史延续状况的综合分析为依据，进行非数量化分析，并据以判断其未来发展趋势和方向的预测方法。其优点是预测时间短、费用少、简便易行，实用性强。缺点是预测结果可能不够准确，可靠程度较差。

(2)定量预测。即在大量、系统占有资料的基础上，通过建立和应用数量统计方法，依据各种数据，对事物进行数量分析，并据以判断其未来的发展趋势和方向的预测方法。其优点是避免人为因素的干扰和预测者主观臆想的影响，所得的结论比较客观。缺点是对一些重要因素难以量化，而且对资料本身的科学性及对预测人员的素质要求较高。

二、经营预测的内容

养殖企业经营预测的内容十分广泛，主要内容如下。

1. 畜牧业行业发展趋势的预测

作为养殖企业，应当预测国家在农业方面的投资比例、国民经济增长速度、畜牧业发展速度等。

2. 畜产品市场需求预测

指对畜产品购买力及其投向的预测，包括居民对畜产品需求的种类、数量、质量及其变化以及居民的购买力、投向及其变化，对畜产品市场需求的满足程度等的预测。

3. 市场占有率预测

市场占有率指本企业某种产品的销售量或销售额占市场同类产品的全部销售量或销售额的百分比。在市场总需求不变的情况下，一家企业市场占有率的提高就意味着另外几家企业市场占有率的降低。所以市场占有率的变化可以反映出企业产品销售量的增减、企业产品竞争能力的大小、企业信誉度的提高和知名度的变化。进行市场占有率的预测，可以使企业更加准确把握市场形势，并采取相应的对策。

4. 科技发展预测

对新技术、新工艺、新材料的发展对产品供给和需求的影响做出预测。对科技发展的预测，能够指导企业加强产品管理，调整产品结构，研究和开发新产品，使企业保持发展的后劲。

5. 资源预测

对原料（如饲料及原料玉米、豆粕等）、水源、能源等资源供应的保证程度、发展趋势以及价格变动情况做出预测，这是企业确定生产规模的重要条件。

6. 成本预测

成本预测是指运用一定的科学方法，对未来成本水平及其变化趋势做出科学的估计。通过成本预测，掌握未来的成本水平及其变动趋势，有助于减少决策的盲目性，使经营管理者易于选择最优方案，做出正确决策。

7. 利润预测

利润预测是对公司未来某一时期可实现的利润的预计和测算。它是按影响公司利润变动的各种因素，预测公司将来所能达到的利润水平，或按实现目标利润的要求，预测需要达到的销售量或销售额。

任务三　养殖企业经营预测的程序和方法

一、经营预测的程序

为了提高畜牧业经营预测工作的质量，并取得较为理想的效果，应遵循一定的程序。

1. 确定预测目标

主要是确定预测对象、预测目的、预测时间和预测范围。预测对象是指预测何种产品；预测目的是指预测销售量（销售额）或市场总需求量，或收益等；预测时间是指起止时间和每个阶段的时间及所要达到的目标；预测范围是指某一地区，是全国，还是国外。

2. 收集和整理有关资料

根据预测目标，广泛收集需要的历史资料和现实资料。为了保证资料的准确性和有用性，还要对资料进行必要的加工整理，找出其变化的规律性。对不完整的或不适用的要进行调整和剔除。

3. 选择预测方法

预测方法很多，总的说包括定性和定量两大类。同一预测对象，不同的预测方法所得到的预测结果可能不同，准确率也不一样。对预测目标做出预测推断，主要根据预测者的经验判断或利用统计、数学方法建立预测模型。预测的模型有时间关系模型和相关关系模型。因此，对同一预测目标，应允许同时运用多种预测方法进行预测，以便相互比较、分析和修正，使得预测结果更加准确。

4. 评价预测值

对于算出的初步预测值要进行多方面的评价与检验，估计预测值的误差，误差越大，预测的可靠性就越小。检验和评价预测值的方法通常采用理论检验、资料检验和专家检验等。

5. 撰写预测报告

报告内容主要包括预测的目标、方法、预测值、对预测值的评价分析，并提出建设性意见，供决策者参考。

二、经营预测的方法

（一）定性预测法

1. 购买者意向调查预测法

这种方法是通过调查的方式，向用户或消费者了解对商品的需求情况，综合后当作预测结果。调查的时候，可以采用多种多样的方式，如用户座谈会、召开订货会、产品展销、派人走访或打电话等。调查的内容主要有用户或消费者准备购买品种和品牌的产品，在一定时期内准备购买的数量和金额等。

从调查范围的限制来考虑，对于用户较少或较集中的产品可进行全面调查；对于用户或消费者较多、销售又较分散的产品，可进行抽样调查。

这种方法较适合于生产资料尤其是大型生产资料的需求预测，它的准确性要比消费品高，这是由于影响消费品的购买因素较多。在消费品中，对耐用消费品或贵重消费品的调查预测结果又比一般消费品要准确，这是由于一般消费品购买的随机性较大，调查时想要购买的和将来实际要购买的情况可能会有较大的差别。

2. 销售人员预测法

这种方法是指企业销售人员根据已有的经验，对各自负责的区域市场或产品需求情况进行预测，然后再对预测结果进行汇总，作为整个企业的销售预测结果。

如某一企业有 6 个销售员，分别负责一种产品的销售，他们对各自负责的产品的下一年度销售预测值如表 2-1 所示。则企业下一年度的销售预测值为：

$$52+48+58+55+53+50=316(万元)$$

表 2-1 某产品年度销售预测值

项目	销售员					
	甲	乙	丙	丁	戊	己
产品	A	B	C	D	E	F
销售额/万元	52	48	58	55	53	50

这种方法的优点是销售人员经常接近消费者，对他们的购买意向有较全面而深刻的了解，比其他人有更充分的知识和更敏锐的洞察力，特别是对受技术发展变化影响较大的产品；让销售人员参与公司的预测，对于上级下达的销售任务他们更有信心去完成；通过该方法，企业也可获得按产品、区域、顾客或销售人员划分的各种销售预测。

这种方法的缺点是销售人员可能对经济发展形势或企业的市场营销总体规划了解不够；销售人员往往受最近销售业绩的影响，他们的判断可能会过于乐观或过于悲观；销售人员可能会故意压低其预测数字，从而使下一年度的销售大大超过配额指标，来降低完成目标任务的难度，获得升迁或奖励。

3. 专家预测法

专家预测法是以专家为索取信息的对象，运用专家的知识和经验，考虑预测对象的社会环境，直接分析研究和寻求其特征规律，并推测未来的一种预测方法。

(1)德尔菲法。又称专家意见征询法。这种方法是按一定的程序，采用背对背的反复函询的方式，征询专家小组成员的意见，经过几轮的征询与反馈，使各种不同的意见渐趋一致，经汇总和用数理统计方法进行分析，得出一个比较合理的预测结果供决策者参考。该法的特点是：①匿名性，各位专家之间不发生横向联系，互不通气，以免受干扰。②反馈性，即它不是一锤定音，而是要多次征询意见，然后不断反馈意见。③收敛性，即可以对专家意见和预测结果进行定量化的统计归纳。

实施德尔菲法的步骤：①成立预测课题小组，确定预测目标。②选择和邀请专家。③设计征询表。④逐轮咨询和信息反馈。⑤采用统计分析方法对预测结果进行定量评价和表述。

德尔菲法的优点：①可以加快预测速度和节约预测费用。②可以获得各种不同但有价值的观点和意见。③适用于长期预测和对新产品的预测，在历史资料不足或不可测因素较多时尤为适用。其缺点：①对于分地区的顾客群或产品的预测则可能不可靠。②责任比较分散。③专家的意见有时可能不完整或不切实际。

(2)头脑风暴法。又称专家座谈会法。这种方法是通过召开座谈会将各类专家集中起来，组织专家相互交流意见，无拘无束地畅谈自己的想法，敞开思想发表自己的意见，在头脑中进行智力碰撞激起“风暴”，产生新的思想火花，使预测观点不断集中和深化，从而提炼出符合实际的预测方案。

头脑风暴法应遵守以下 4 条基本原则：①禁止批评原则。对各种意见、方案评判必须放到最后阶段，会上不能对别人的意见提出批评或评价。②各抒己见原则。创造一种自由的气氛，激发参加者提出各种荒诞的想法。③追求数量原则。提出的意见和建议越多越好。④取长补短原则。除提出自己的意见外，鼓励参加者对他人已经提出的设想进行补充、改进和综合。头脑风暴法选定专家人数一般为 6～10 人，会议时间以 20～60 min 效果最佳，主持人应对决策问题的背景比较了解并熟悉整个过程的处理程序。

头脑风暴法的优点：①极易操作执行，具有很强的实用价值。②集思广益，体现了集体合作的智慧。③能有效开阔思路，激发灵感。④可以提高工作效率，能够更快更高效地解决问题。⑤使参加者更加有责任心。其缺点：①若参与人员过多，层次太杂，容易扰乱设计者和规划者的思路，做出的一些决定可能不是经过深思熟虑的，头脑风暴也容易造成头脑发热。②一旦涉及意见不能统一时往往会出现少数服从多数现象，若大多数是非专业人才，会出现多数人的意见是错误的意见。③不适用于一些具有机密性、高技术含量和专业性问题的预测。

（二）定量预测法

定量预测法主要有时间序列预测法和因果分析预测法两种。

1. 时间序列预测法

时间序列是指同一经济现象或特征值按时间先后顺序排列而成的数列。时间序列分析法是运用数学方法找出数列的发展趋势或变化规律，并使其向外延伸，预测市场未来的变化趋势。时间序列分析法应用范围比较广泛，如对商品销售量的平均增长率的预测、季节性商品的供求预测、产品的生命周期预测等。这种方法又细分为以下几种。

（1）简单平均数法。此法是以过去几个时期的实际资料为基础计算算术平均值来作为预测期的预测数值的方法。其计算公式是：

$$\overline{X}_{n+1}=\frac{X_1+X_2+\cdots+X_n}{n}$$

式中：$\overline{X}_{n+1}$ 表示平均值，即预测期预测值；$X_1,X_2,\cdots,X_n$ 表示各时期的实际值；n 表示资料的期数。

例如，在某城市郊区 2006 年上半年各月份的牛奶产量分别是 2 260 万 kg、2 260 万 kg、2 150 万 kg、2 260 万 kg、2 260 万 kg、2 200 万 kg。则可采用算术平均数法预测 7 月份的牛奶产量。

$$\overline{X}_7=\frac{2\,260+2\,260+2\,150+2\,260+2\,260+2\,200}{6}=2\,231.67(\text{万 kg})$$

这一方法简单易行，但要注意在什么情况下采用。如果各时期的数值大致相同，没有趋势变动、季节变动、周期性变动，则可采用简单平均数法。

（2）移动平均数法。此法是在简单平均数法的基础上，利用靠近预测期的连续几期数据的平均值作为预测值，并随着时间的向后推移，计算平均值所用的实际观察值也向后移动。采用该种方法的依据是，预测期的数值与相近的实际观察值关系较密切，而与远期数据关系很小，所以可以忽略。

以上例为例，当 n 取三期，预测 7 月份的牛奶产量为：

$$\overline{X}_7=\frac{2\,260+2\,260+2\,200}{3}=2\,240(\text{万 kg})$$

如果 7 月份牛奶实际产量为 2 230 万 kg，那么预测 8 月份牛奶产量为：

$$\overline{X}_8=\frac{2\,260+2\,200+2\,230}{3}=2\,230(\text{万 kg})$$

移动平均数法的预测效果和 n 的取值有着较大的关系。期数的选择取决于试验，有足够的期数，以抵消随机波动的影响，但期数又不能过多。通常 n 为 3～10。

(3)加权平均数法。此法是根据近期资料和远期资料对预测值影响程度不同分别赋予一个相应的权数，然后求出各个数据与权数乘积之和，再除以权数之和，得到的加权平均值作为预测值的方法。计算公式为：

$$\overline{X}_{n+1}=\frac{\sum xf}{\sum f}=\frac{X_1f_1+X_2f_2+\cdots+X_nf_n}{f_1+f_2+\cdots+f_n}$$

式中：$\overline{X}_{n+1}$ 表示平均值，即预测期预测值；$X_1,X_2,\cdots,X_n$ 表示各时期的实际值；$f_1,f_2,\cdots,f_n$ 表示各时期的权数；n 表示资料的期数。

仍以上例为例，预测 7 月份牛奶产量时，6 月份、5 月份、4 月份牛奶产量的权数分别为 3，2，1，那么 7 月份牛奶产量为：

$$\overline{X}_7=\frac{2\ 260\times1+2\ 260\times2+2\ 200\times3}{1+2+3}=2\ 230(\text{万 kg})$$

加权平均数法的关键是正确地确定各期的权数。通常根据经验进行操作：对于远离预测期的数据赋予较小的权数，对于离预测期较近的数据赋予较大的权数。

加权平均数法与简单平均数法相比，由于较充分地考虑了近期数据对预测值的影响，能较好地反映近期变化趋势，从而使预测结果更接近实际。但当数据呈现出较大的变化趋势时，仍然会使预测值滞后于实际值。所以，该种方法只能适用于数据变化较平稳的情况下运用。

(4)加权移动平均数法。此法不像移动平均数法那样，在计算平均数时对移动期内的数据同等看待，而是根据越是近期数据对预测值影响越大这一特点，区别对待移动期内的各个数据。对近期数据给予较大的权数，对较远的数据给予较小的权数，这样来弥补移动平均数法的不足。计算公式与加权平均数法相同，不再重复介绍。

用加权移动平均法求预测值，对近期的趋势反映较敏感，但如果一组数据有明显的季节性影响时，用加权移动平均法所得到的预测值可能会出现偏差。因此，有明显的季节性变化因素存在时，最好不要加权。

(5)季节指数预测法。在养殖企业生产经营中，许多产品的产量、销售量、收购量和价格等是随着季节而呈周期性变动，这种变动一般带有规律性，每年变动的幅度大体相似，而且长期趋势没有明显的变化。对于此类问题，就可以根据过去的资料，运用季节指数预测法预测未来年度的季节变动趋势。根据这类问题的特点，可在一组数列中以年为周期找到逐年同月或同季的变化情况，将之归纳为季节模型，进而预测。其计算方法和步骤如下。

①收集历年(通常至少有 3 年)各月或各季的实际观察值。

②计算求出各年同月或同季实际观察值的平均数(用 A 表示)。

③计算出历年间所有月份或季度的平均值(用 B 表示)。

④计算各月或各季度的季节指数(用 S 表示)，即 $S=A/B$。

例：某养殖企业 5 年来的各月总产值的资料如表 2-2 所示。试采用季节指数预测法对其进行季节变动分析。

表 2-2 某畜牧企业 2017—2021 年总产值

万元

月份	2017 年	2018 年	2019 年	2020 年	2021 年	合计	分月平均	季节指数/%
1	20	24	30	38	44	156	31.2	37.48
2	100	105	110	118	120	553	110.6	132.85
3	160	164	170	168	160	822	164.4	197.48
4	180	182	186	188	190	926	185.2	222.46
5	100	102	105	107	110	524	104.8	125.89
6	40	43	45	45	46	219	43.8	52.61
7	16	17	18	19	20	90	18	21.62
8	20	19	20	21	23	103	20.6	24.74
9	22	23	22	25	30	122	24.4	29.31
10	120	130	150	156	160	716	143.2	172.01
11	100	106	110	112	112	540	108	129.73
12	40	42	44	48	50	224	44.8	53.81
年产值	918	957	1 010	1 045	1 065	4 995	83.25	

如计算 1 月份的季节指数$=\frac{31.2}{83.25}\times 100\%=37.48\%$。

从表 2-2 最后一纵栏的季节指数可以看出，该企业的产值是呈季节性变动的。1 月份为低谷、上升到 4 月份为高峰、下降到 7 月份为低谷、上升到 10 月份又为高峰、下降到 12 月份又为低谷。其循环周期为 1 年。

⑤预测。利用季节指数进行预测，其预测方法如下。

$$\text{某月份的预测值}=\frac{\sum(\text{当年已知月份的量})}{\sum(\text{相对各月的季节指数})}\times\text{预测月份的季节指数}$$

仍以上例为例，若该企业 2022 年第一季度 1 月份、2 月份和 3 月份的产值分别为 50 万元、140 万元和 170 万元。试利用以上季节变动指数对该企业 4 月份的产值进行预测。

解：根据公式得如下。

$$\begin{aligned}\text{4 月份的产值预测值}&=\frac{50+140+170}{37.48\%+132.85\%+197.48\%}\times 222.46\%\\&=\frac{360}{367.81\%}\times 222.46\%\\&=217.74(\text{万元})\end{aligned}$$

注意：计算季节指数时，若以月份为周期，则一年 12 个月的季节指数之和应为 1 200%，每个月季节指数的平均数为 100%。如上例中，4 月份的季节指数为 222.46%，表明该企业 4 月份的总产值通常高于年平均数 122.46%，属于旺季；7 月份的季节指数为 21.62%，表明该企业 7 月份的总产值通常低于年平均数 78.38%，属于淡季。若均为旺季，季节指数越大，旺的程度越大；若均为淡季，季节指数越小，淡的程度越大。

2. 因果分析预测法(回归分析法)

此法是在分析各个变量之间相互关系的基础上，建立回归方程，根据自变量的数值变化去预测因变量(预测对象)数值变化的一种预测方法。因果分析法包括一元线性回归预测法、一元非线性回归分析预测法、多元线性回归分析预测法和多元非线性回归分析预测法等。这里我们只介绍常用的一元线性回归分析预测法。

一元线性回归预测模型是根据一个自变量的变动会引起相应的因变量的变动的原理进行预测的。

一元线性回归预测模型为：

$$\hat{y}=a+bx$$

式中：$\hat{y}$ 为因变量，即预测目标；x 为自变量，即相关因素值；a 为常数，表示预测对象初始值；b 为回归系数，表示 x 对 y 的影响程度，即预测对象的实际值与相关因素之间的比例。

根据最小二乘法，求出标准方程组：

$$\begin{cases}\sum y_i=na+b\sum x_i\\ \sum x_iy_i=a\sum x_i+b\sum x_i^2\end{cases}$$

解方程得： $a=\bar{Y}-b\bar{X}$

$$b=\frac{n\sum x_i\sum y_i-\sum x_i\sum y_i}{n\sum x_i^2-(\sum x_i)^2}$$

式中：$\bar{Y}$ 为各期因变量的平均值，$\bar{Y}=\frac{\sum y_i}{n}$，$y_i$ 为各期因变量数据；$\bar{X}$ 为各期自变量的平均值，$\bar{X}=\frac{\sum x_i}{n}$，$x_i$ 为各期自变量数据。

例：据调查，某市牛奶年销售量与年人均收入呈直线相关关系。2009—2014 年人均收入与牛奶销量的有关资料如表 2-3 所示。预测 2015 年当人均收入达 11 000 元时该市的牛奶销售量。

表 2-3 某市人均收入与牛奶销售量

项目	2009 年	2010 年	2011 年	2012 年	2013 年	2014 年
销售量/万 t	10	12	13	15	17	19
人均收入/千元	6	6.5	7	8	9	10

解：①假设人均收入为 x，销售量为 y，因 x 与 y 为直线相关关系，则预测模型设为一元线性回归模型。首先求回归系数，按照 a，b 的计算要求列出计算表 2-4。

表 2-4 直线回归计算表

年份	人均收入(x_i)	牛奶销量(y_i)	x_iy_i	x_i^2
2009	6	10	60	36
2010	6.5	12	78	42.25
2011	7	13	91	49
2012	8	15	120	64
2013	9	17	153	81
2014	10	19	190	100
合计	46.5	86	692	372.25

②代入求回归系数公式，得

$$b=\frac{n\sum x_iy_i-\sum x_i\sum y_i}{n\sum x_i^2-(\sum x_i)^2}=\frac{6\times692-46.5\times86}{6\times372.25-46.5\times46.5}=2.15$$

$$a=\overline{Y}-b\overline{X}=\frac{86}{6}-2.15\times\frac{46.5}{6}=-2.3$$

③将 a、b 代入直线回归方程 $\hat{y}=a+bx$，得出预测模型。

$$\hat{y}=-2.3+2.15x$$

④根据预测模型预测(相关性检验略)：当 $x=11\ 000$ 元，牛奶销售量为：

$$\hat{y}_{2015}=-2.3+2.15\times11=21.35(\text{万 t})$$

【思政角】

2022 年 5 月 20 日，全球首艘 10 万 t 级智慧渔业大型养殖工船“国信 1 号”在青岛交付运营，标志着我国深远海大型养殖工船产业实现了由 0 到 1 的进阶发展。“国信 1 号”船长 249.9 m，排水量 13 万 t，载重量 10 万 t，设 15 个养殖舱，养殖水体近 9 万 m^3，是全球设计规模最大，功能最强，实用性和可靠性最强的渔船。“国信 1 号”将养殖区域推向深远海，通过利用全球优质海水资源进行养殖，年产量与查干湖相当，堪称渔业养殖航母，为我国持续输入高品质蛋白。

智慧养殖是现代养殖体系建设的一大重点，在应对风险挑战时，智慧养殖在我国现代化建设和国民经济社会发展中具有重要的战略地位，作为养殖人，我们应该有面对困难善于思考、勤奋努力、为国家奋斗拼搏的决心。

【案例分析】

2022 年畜牧业前景分析

随着我国经济持续稳定增长，居民收入水平不断提升，消费能力不断增强，对畜产品的需求快速增长，推动我国畜牧业总产值持续上升，现阶段已经形成较为完善的产业链和较为充足的供应能力，成为与种植业并列的农业两大支柱产业之一。畜牧业是农业的重要组成部分，畜产品的产量及其增长速度是对畜牧业发展状况和结构调整的最直接反应。自改革开放以来，我国畜牧业总产值一直处于增长态势。经过多年的发展，畜牧业从家庭副业逐步成长为农业农村经济的支柱产业。畜牧业是农业的重要组成部分。

畜牧业是关系国计民生的重要产业，也是我国农业农村经济发展的重要支柱。2020 年，我国肉、蛋、奶产量分别为 7 748 万 t、3 468 万 t 和 3 530 万 t，肉、蛋产量继续保持世界首位，奶类产量位居世界第 4 位。2020 年全国畜牧业总产值突破 4 万亿元，达 40 266.67 亿元，同比增幅 21.78%，占农业总产值的比重达 29.2%。2019 年，全国人均肉类、禽蛋、牛奶占有量分别达到 55.5 kg、23.7 kg、22.9 kg。畜牧业已经成为实施乡村振兴战略的重要抓手、农村的重要支柱产业和农牧民增收的有效途径。

我国畜牧业已进入新的发展阶段，正在由传统畜牧业向现代畜牧业转型。党中央已经指明，要按照科学发展观的要求，建设资源节约、环境友好型畜牧业；建设人与自然和谐，以人为本的健康型畜牧业；建设循环经济可持续发展型畜牧业。

在这个背景下，畜牧养殖企业经营管理方式正发生着革命性的变化，畜产品与设备正处在升级换代之中。这是我国畜牧业面临的挑战，同时也给畜牧行业带来前所未有的市场机会。

问题：1. 未来市场现状及发展前景如何？

2. 本年度畜牧行业的投资机会在哪？

3. 查看中研普华研究报告《2022—2026 年中国畜牧业全景调研与投资战略研究报告》。

【考核评价】

一、考核题目

(1)某畜牧企业 2012—2014 年 3 年各季度的产品销售情况如表 2-5 所示。

表 2-5　某畜牧企业 2012—2014 年 3 年各季度的产品销售额　　万元

季度	2012 年	2013 年	2014 年
第一季度	10	9	12
第二季度	19	17	20
第三季度	24	25	26
第四季度	16	14	18

已知 2015 年上半年销售额为 35 万元，请预测第三季度、第四季度的销售额。

(2)某地区粮食产量与生猪存栏的历史数据如表 2-6 所示。

表 2-6　某地区粮食产量与生猪存栏的数据

粮食产量 X/万 t	70	80	80	82	88	95	90	100	105	110
生猪存栏 Y/万头	75	90	100	105	90	100	90	100	120	130

运用因果分析预测法(回归分析法)预测当粮食产量增长到 140 万 t 时，生猪存栏头数为多少？

二、评价标准

1. 资料一

(1)根据资料，该产品的销量具有明显的季节波动性，应该运用季节指数预测法预测该产品的销售额。

(2)季节指数预测法的预测过程。

①计算季节指数的步骤(3 步)及其计算公式。

②利用季节指数进行季节性变动趋势的分析。分析依据：a. 若计算出的季节指数大于 1(或大于 100%)，该季度(或该月)为产品销售(或生产)的旺季，且季节指数越大，季节性越强。b. 若计算出的季节指数小于 1(或小于 100%)，该季度(或该月)为产品销售(或生产)的淡季，且季节指数越小，季节性越弱。

③利用季节指数进行预测及具体预测的公式。

2. 资料二

(1)根据资料，粮食产量和生猪存栏这两个变量之间存在因果关系，应该运用因果分析预测法进行预测。

(2)因果分析预测法的预测过程。

①计算回归系数 a 和 b 的过程和公式。

②建立预测模型(即直线方程)。

③利用预测模型进行预测。

【码上学习】

我国畜产品市场消费需求趋势预测分析

“十四五”全国畜牧兽医行业发展规划

项目三
养殖企业经营决策

【先导案例】

据国家发展改革委监测，2022 年 3 月 7—11 日当周，全国平均猪粮比价为 4.75:1，连续三周处于《完善政府猪肉储备调节机制　做好猪肉市场保供稳价工作预案》确定的过度下跌一级预警区间。国家发展改革委将会同有关部门启动年内第三批中央冻猪肉储备收储工作，并指导各地加快收储。

国家发展改革委将继续会同有关部门做好储备调节工作，必要时进一步加大收储力度，推动生猪价格回归合理区间，促进生猪市场平稳运行。有关方面分析认为，当前国内能繁母猪产能总体较为合理；生猪价格已处于低位，进一步大幅下降的可能性较小。

国家发展改革委建议养殖场(户)合理安排生产经营决策，既保持适重育肥猪正常出栏节奏、不盲目压栏，也保持能繁母猪产能总体稳定、不过度淘汰。

作为养殖企业，如何根据经营预测信息作出合理的生产经营决策呢？本章将学习养殖企业生产经营决策的相关知识。

【学习目标】

了解养殖企业经营决策的意义与作用；理解养殖企业经营决策的概念；熟悉养殖企业经营决策的类型与内容；掌握养殖企业经营决策的定性与定量方法。

【学习内容】

任务一　企业经营决策的概念

经营决策是企业管理全部工作的核心内容。在企业的全部经营管理工作中，决策的正确与否，直接关系到企业兴衰成败和生存发展。

一、经营决策的概念

养殖企业经营决策就是企业为了实现一定的经营目标，在市场调查和经营预测所得经济资料和市场信息的基础上，运用科学的理论和方法，拟定多个可行方案，经过分析比较，从中选择最优或合理而满意方案的过程。简而言之，经营决策就是选择。决策过程的实质是使生产经营的外部环境、内部条件和经营目标三方面的动态平衡更加深化的过程。

在养殖企业经营管理工作中，有许多经济问题需要解决，往往解决这些问题的方案、途径又是多种多样的，这就需要决策。决策是经营管理中的一种普遍而又至关重要的活动，无论是远期和近期的目标确定，还是生产设备的购买、饲料的采购、人事的安排等，都涉及决策问题。

二、经营决策的作用

在市场经济条件下，任何企业都要参与激烈的市场竞争。企业为了自身生存和发展，就必须对企业的经营活动和市场行为作出正确决策。因此，经营决策对于任何一个企业而言，都有十分重要的作用。

1. 经营决策是企业经营管理活动的核心

人们认为，管理的重心是经营，经营的重心在决策。事实上，无论是经营，还是管理，都离不开决策，企业怎样经营，如何管理，都需要做出一系列决策。这是因为，从经营的角度看，企业要根据所面临的内外条件，决定生产什么、销售什么，销售多少，销售给谁等问题，这需要作经营决策。从管理角度看，管理工作有计划、组织、控制三大职能，每项职能的执行，都要以决策为前提。如企业生产销售计划如何制订得科学、合理，这就有一个决策问题。由此可见，决策贯穿于企业经营管理的整个过程，决策是企业经营管理的核心，是否能够正确的决策，是企业经营活动取得成功与否的关键环节。

2. 经营决策正确与否，决定着企业生存和发展

随着企业市场主体地位的确立，具有独立行使生产经营的自主决策权力，与此同时，也要承担决策后果的全部责任，承担市场风险。正确的经营管理决策，使企业能采取正确的营销行动，企业能获得成功，错误的经营管理决策使企业实施错误的营销行动，导致企业经营失败。

3. 正确的经营决策有助于企业提高市场竞争力，获得良好的经营效果

市场经济是竞争经济，优胜劣汰是市场经济的基本规则。每一企业都在努力争夺市场机会，扩大市场销售，提高市场占有率。企业能否在竞争中取胜，关键在于是否善于抓住有利时机，发挥竞争优势，作出准确判断和果断决策。决策及时、正确，往往可以在竞争中出奇制胜，迅速扭转不利地位，变被动为主动；反之，则可能坐失良机，或一着不慎，全盘皆输。正确的经营决策，增强了企业的竞争力，企业就能获得良好的经济效益。

任务二　企业经营决策的原则和内容

一、经营决策的要求和原则

（一）经营决策的基本要求

企业的经营决策对企业生存、发展有十分重要的作用。要提高决策水平，就必须使经营决策科学化。衡量一项经营决策是否科学化，要看它是否符合以下要求。

1. 决策要有明确和正确的目标

任何决策都是为了解决经营活动中的某个存在的问题而进行的，解决问题都有期望实现的目标,即为决策目标。所以,决策目标是决策的前提。能否正确地决定决策目标,关键在于对所要解决的问题做出正确的诊断与分析,找出问题症结的同时,指明解决问题的要点,这样就能正确确定决策目标。同时,决策目标还应当明确具体,不能笼统、抽象,不能模模糊糊。

2. 决策方案实施的结果能实现确定的决策目标

有了正确而明确的决策目标之后,就得拟定出实现该目标的办法、措施,这就是决策方案。决策方案是否可行有效,应看它能否实现所确定的决策目标。只有能够实现确定的决策目标的方案,才是可行有效的决策方案。

3. 实现决策目标的代价要小

实施决策方案,实现决策目标,是要耗费人力、物力、财力的,这就是代价。决策的代价要小,这是因为:一是企业经营管理中需要决策解决的问题很多,而企业人力、物力、财力等资源总是有限的,某个问题决策可行方案花费过多势必减少了别的问题决策时可利用的资源,所以,每一项决策,都应要求付出的人力、物力、财力要小。二是针对某一具体决策而言,在决策过程中不仅注意方案可行性,还要从多种可行方案中选择资源代价最小的方案,视为最佳方案。也就是说,实现决策目标的可行方案会有优劣之差别,必须从中选择最优的。从一定意义上说,没有选取代价最小的方案,就不能算是科学而又合理的决策。

4. 决策执行后产生的副作用要小

一般而言,决策方案实施后,除了实现期望的决策目标外,还可能产生其他负面影响,这种负面影响就是副作用。副作用有时是难以避免的。但我们应努力使它尽可能小些,至少不应出现严重的副作用。如果某一项决策尽管实现了决策目标,但副作用太大,也不能认为该项决策就是科学的决策。

(二)经营决策的原则

经营决策是一个复杂而又带创造性的认识和实践活动,要使经营决策能够正确、科学、有效,必须遵循以下原则。

1. 可行性原则

任何一项经营决策必须是可行的,对于企业才是有意义的。否则,即使这项决策很诱人,也是毫无意义的,可行性原则是指决策目标和决策方案,要有实现的可能性。具体一点说,决策目标要合理、符合实际,不能好高骛远。决策方案要能够实施。因此,在确定决策目标,选择决策行动方案时,要充分进行可行性研究,要仔细考虑主客观条件是否成熟,要考虑是否具备实现决策目标的人力、物力、财力。

2. 优化原则

优化原则是指决策的行动方案,必须是最优方案或者是满意方案。决策是要从两个以上不同的备选方案中经过分析对比,选出最佳方案。因此,对比选优是决策的主要环节,是从比较到决断的过程。要比较各种方案带来的影响和后果,考虑各方案所需的人力、物力、资金等各种必要条件。通过比较,选择最优方案。

3. 系统原则

系统原则是指把决策对象视为一个系统,从系统整体出发,全面对问题比较分析,在此基础上做出决策，防止决策的片面性。贯彻系统原则，要认真考虑决策所涉及的整个系统及相关因素，企业内外条件等。对局部利益和整体利益、眼前利益和长远的利益要统筹兼顾，不能顾此失彼。

4. 民主原则

民主原则是指决策者必须充分发扬民主，善于集中和依靠集体的智慧和力量进行决策，据以弥补决策者个人知识、能力方面的不足，避免主观武断、独断专行可能造成的决策失误，保证决策的正确性和有效性。

5. 效益原则

效益原则是指经营决策要以追求企业最大经济利益和社会利益为目的。企业一切经济活动都必须有经济效益和社会效益，说到底，如果决策结果不能使企业实现利润目标（包括长期目标和短期目标），决策就没有意义。事实上，决策本身就是在各种自然状态下选择经济利益最大化并能兼顾社会效益的方案。

二、经营决策的类型

不同类型的决策，其决策的内容和方法是不一样的。一般地，按照不同的分类方法，可把决策划分为以下四种。

1. 按照决策的重要程度来划分

（1）战略决策。它是涉及企业组织的大政方针、战略目标等大事进行的决策活动，是关于企业组织的全局性、长期性、关系到组织生存和发展的根本性的问题进行的决策。这种决策一般涉及面大，影响深远，不仅与企业的当前经营有关，而且决定企业未来的发展方向。如新产品开发、技术改造、企业转型等重大决策。绝大部分战略决策是由组织的高层管理者做出。

（2）管理决策，又称战术决策。它是指为了实现企业的战略决策，对所需的人、财、物资源进行有效组织、协调的各项具体决策。如生产计划决策、财务决策、价格决策、销售渠道决策等。绝大部分管理决策是由组织的中层管理者做出。

（3）业务决策，又称日常管理决策。它是为了实现战略决策和管理决策的具体方法和手段，是在一定的管理体系基础上，为了提高生产和工作效率所做出的各项决策。如人员的调度、任务的分配等。绝大部分业务决策是由基层管理者做出，见表 3-1。

表 3-1　管理层次和决策类型

管理层次	决策类型
高层管理者	战略决策
中层管理者	管理决策
基层管理者（操作者）	业务决策

2. 按决策的重复程度来划分

（1）程序化决策，又称常规决策或例行决策。它是指能够运用例行的方法解决重复性的问题和达到类似的目标。有证据表明，在企业中大量的决策是程序化决策。而且，不同的管理层所面对的程序化决策数量也不同。高层管理者所作出的重复性决策至少在 40%，中层管理者可达 60%～70%，基层管理者或操作者则高达 80%～90%。对于组织来说，应尽可能用程序化决策方法解决重复性问题，并有意地把处理烦琐管理事项交给下一管理层，以提高管理效率。

（2）非程序化决策，又称非常规决策或例外决策。它是指为解决偶然出现的、一次性的、无前例的问题所做的决策。对于组织来说，应对偶然出现的问题加以辨别，确定这些问题是偶然的问题还是第一次出现的重复性问题，往往需要依靠决策者的知识、经验、信息掌握程度及对未来发展趋势的判断能力等做出决策。如新产品的开发、企业的并购与重组等。

3. 按决策的主体不同来划分

（1）个人决策。它是由企业领导者凭借个人的智慧、经验及所掌握的信息进行的决策。决策速度快、效率高是其特点，适用于常规事务及紧迫性问题的决策。个人决策的最大缺点是带有主观性和片面性，因此，对全局性重大问题则不宜采用。

（2）集体决策。它是指由会议机构和上下相结合的决策。会议机构决策是通过董事会、经理扩大会、职工代表大会等权力机构集体成员共同做出的决策。上下相结合决策则是领导机构与下属相关机构结合、领导与群众相结合形成的决策。集体决策的优点是能充分发挥集团智慧，集思广益，决策慎重，从而保证决策的正确性、有效性；缺点是决策过程较复杂，耗费时间较多。它适宜于制定长远规划、全局性的决策。

4. 按决策问题所处条件不同来划分

（1）确定型决策。指决策过程各备选方案在完全确定的客观条件下，每个方案只有一种结果，比较其结果优劣做出最优选择的决策。这类决策的关键在于选择肯定状态下的最佳方案。

（2）非确定型决策。指决策过程事先仅能预知各备选方案在几种可能的客观条件下产生的几种不同结果，在出现概率不明确的情况下做出的决策。这类决策是由于人们对市场需求的几种可能客观状态出现的随机性规律认识不足，就增大了决策的不确定性程度。

（3）风险型决策。指决策过程事先能预知各备选方案在几种可能约束条件下产生的几种不同结果及其出现概率情况下做出的决策。风险型决策之所以存在，是因为影响预测目标的各种市场因素是复杂多变的，因而每个方案的执行结果都带有很大的随机性。决策中，不论选择哪种方案，都存在一定的风险性。

非确定型决策与风险型决策的区别在于：非确定型决策只知道每一方案产生的几种可能结果，但发生的概率并不知道；风险型决策对每一方案产生的几种可能结果及其发生概率都知道。

三、经营决策的内容

养殖企业经营决策的领域十分广泛，其内容包括了企业的全部经营活动，概括起来，主要包括以下 6 个方面。

1. 经营战略决策

经营战略决策是确定企业发展方向、经营规模的扩张方式、远景规划、核心竞争力的培育等决策，一般由企业高层领导完成。

2. 生产决策

生产决策主要包括生产方针、场地选择、畜群周转、饲养方式、饲料配合、防疫程序、设备更新等决策。

3. 市场营销决策

市场营销决策是指企业识别、分析、选择和发现市场营销机会，以实现企业经营目标的一系列市场营销活动的决策。主要包括市场调查与市场定位决策，产品决策，价格决策，产品销售渠道决策，促销方式决策，售后服务和其他销售业务决策等。

4. 财务决策

财务决策主要包括资金筹集决策，即如何为企业筹备所需资金的决策；投资决策，即把能动用的资金投向何种生产经营活动的决策；对投入生产经营过程中的资金如何使用的管理决策等。

5. 组织和人事决策

组织和人事决策主要包括企业组织机构设置、管理人员的配备及干部任用考核、任免和培训等方面的决策。

6. 其他方面的决策

其他方面的决策包括职工的聘任、激励和思想教育、职工福利事业的发展及环境保护等方面的决策。

任务三 企业经营决策的程序和方法

一、经营决策的程序

为了保证养殖企业经营决策的正确性、可靠性，克服决策的主观随意性，应当按照决策的科学化过程来进行操作，一般可分为以下五个步骤。

1. 发现问题，组织调查研究

问题是决策的起点，任何管理活动的发展都是从发现问题开始，然后做出变革而实现的。这里所说的问题是指企业在经营上实际达到的状况与应当达到或期望达到的状况之间存在的差距。决策者要在全面调查研究的基础上发现问题，并找出问题的关键要害，这样才能制订正确的决策目标。

2. 确定决策目标

确定决策目标是决策过程中最关键的一步，没有决策目标或目标不明确，就无从决策。所谓决策目标是指在一定的环境和条件下，在预测的基础上所期望得到的结果。正确确定决策目标的要求是：①确定目标应以存在问题为前提。②决策目标应有确定的内涵，实现期限必须具体。③决策目标尽可能量化，难以用数量指标表示的，应当在质的分析基础上尽可能精确描述。④决策目标是多目标时，要区分目标主次。

3. 拟定备选方案

备选方案是指能够解决某一经营问题，保证经营决策目标的实现，具备实施条件的经营决策方案。因此，在经营决策过程中，必须拟定多个可行方案，依靠专家或专门机构进行选择，减少决策失误。

4. 方案的评价和选择

方案的评价和选择是指对选出的多个可行方案，进行全面、详细评价，从中选择一个最满意的方案的过程。这一环节，可以说是决策的核心。

选择方案，要解决的首要问题是确立选择的标准。①从选优方案的价值标准来说，越接近原定目标越好。②“最优标准”问题，就是追求理想条件下的最优目标。虽然现代数学上优化方法发展很快，但在实际工作中真正做到的“最优”是不现实的。因此，决策选定的最终方案，不是追求最优方案，而是选择一个合理的满意的答案。③对于风险性方案，一般采用期望值标准方案。所谓期望值，即按各种状态的出现概率计算的平均值。

在已经拟定出一批备选方案后，通常采用以下三种方法从这些备选方案中选择出最优方案：一是经验判断法。即根据以往的经验和资料，权衡各种方案的利弊进行决策。这时决策人的素质、性格、知识和能力起着决定性作用。二是数学分析法。即利用数学模型找出最优决策。三是模拟试验法。即通过科学试验和实际实验进行方案选优。

5. 决策方案的实施与反馈

决策方案的实施与反馈是决策过程中不可缺少的组成部分。实施和反馈的有效做法是建立各种形式的目标责任制，将决策目标分解落实到各个部门和个人，明确规定他们在执行决策方案时的责任和权力。在实施的过程中，要建立跟踪检查制度，及时发现问题，及时反馈，及时迅速纠正偏差，确保决策方案的顺利实施。

二、经营决策的方法

经营决策方法是企业进行经营决策的科学手段。随着决策的实践和决策理论的发展，决策方法也正朝着定性和定量两种方向发展，并交替运用，相互补充，成为科学决策的两大支柱。

(一)定性决策方法

定性决策方法是在决策中充分发挥人的智慧的一种方法。它直接利用那些在某方面具有丰富经验、知识和能力的专家，根据已知情况和现有资料，提出决策目标和方案，做出相应的评价和选择。这种方法主要适用于那些难以定量的决策问题，同时也可对某些应用定量决策方法做出的决策进行验证。定性决策方法常用的有以下几种。

1. 经验决策法

这是一种最古老的决策方法，由于它简便易行，在现代企业经营决策中，仍然经常使用。特别是对那些业务熟悉、工作内容变化不大的专家，往往可以凭经验做出决策，并且能取得良好的效果。

2. 德尔菲法

其做法与定性预测法中的德尔菲法相似。它的核心组织形式是：不把专家召集在一起开会讨论，而是发函请一些专家对一定的问题提出看法和意见，被征询的专家彼此不相知。收到专家们回答的意见后加以整理分析，再分寄给专家们继续征求意见。如此重复多次，直到意见比较集中为止，以据此做出决策。这种方法可以使专家们毫无顾虑，各抒己见，同时又能把较好的意见逐步集中起来。

3. 头脑风暴法

其做法与定性预测法中的头脑风暴法相似。即邀集专家，针对确定的问题，敞开思想、畅所欲言、相互启发、集思广益、寻找新观念，找出新建议。其特点是运用一定的手段，保证大家相互启迪，在头脑中掀起思考的风暴，在比较短的时间内提出大量的有效的设想。它一般采取会议讨论的形式，召集5～10名人员参加，会议人员既要求有各方代表，又要求各代表身份、地位基本相同，而且要有一定的独立思考能力。会议由主持人首先提出题目，然后由到会人员充分发表自己的意见，会上对任何成员提出的方案和设想，一般不允许提出肯定或否定意见，也不允许成员之间私人交谈。会议结束后，再由主持人对各种方案进行比较，做出选择。

4. 集体意见法

这种方法是把有关人员的意见集中起来形成一种意见或建议。与会者发表的各种看法，其他人可以参加分析、评价，或提出不同看法，彼此之间相互讨论、相互交流、相互补充、相互完善。会议主持人还可以根据发言者的个人身份、工作性质、意见的权威性大小等因素对各种意见加以综合，然后得出较为满意的方案。

（二）定量决策方法

1. 确定型决策

确定型决策是指未来事件的客观状态或实现条件是完全肯定的，决策结果也是确定的决策方法。其择优标准是收益最大或成本最小，即在若干方案中选取收益值最大者或成本值最小者作为最优方案。

(1)直观法。又称单纯选优法，是从已掌握的定量分析资料中，直观、方便地选择最优方案的方法。

例：某饲料加工厂购买饲料有三个选择方案。第一方案是饲料进厂成本为3 000元/t，第二方案是饲料进厂成本为3 200元/t，第三方案是饲料进厂成本为3 400元/t。在饲料质量一致的条件下，应选择的方案可以直接看出，第一方案成本最低，故第一方案为最优方案。

(2)盈亏平衡分析法。又称为量本利分析法，是通过分析产量（销售量）、成本（费用）和利润三者之间数量关系进行决策的定量决策法。

养殖企业进行生产经营活动，总要投入一定的人力和物力，这些生产要素的价值，构成了生产经营活动的成本费用。成本费用可划分为总固定成本和总变动成本两部分。

总固定成本是指不受产品（产值）数量增减变化影响的成本。如固定资产折旧费、生产管理（销售）人员的固定工资、固定的管理费用等，不论产量（销售量）多少，都要固定地支出。因此，生产（销售）量越大，单位固定成本越低；反之，生产（销售）量越小，单位固定成本越高。

总变动成本是指随产品产销数量的增减而变动的成本。如畜牧业的饲料费、原材料费用和生产人员的工资报酬等。这些费用与产销数量呈正比。产销数量增加，总变动成本随之增加；反之，产销数量减少，总变动成本随之减少。生产或销售每单位产品，都要负担数量基本相同的单位变动成本。

$$总成本=总固定成本+总变动成本$$

产量（销售量）、成本、价格和利润等因素之间的关系，如图3-1所示。

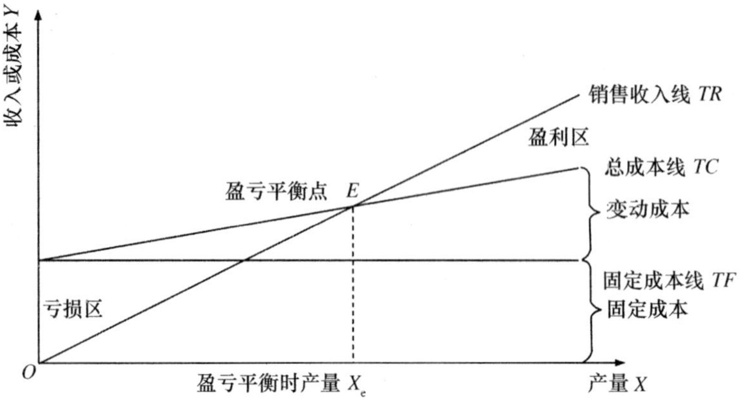

图 3-1　盈亏平衡点分析图

以横坐标表示产量或销售量，纵坐标表示收入或成本，则总固定成本（TF）的图像是一条与 X 轴相平行的直线；总变动成本（TV）是一条上升的直线；总收入（TR）则是以原点 O 开始的一条上升直线。总成本（TC）与总收入（TR）的交点（E），称为盈亏平衡点（临界点）。当产品销售量（产量）达到盈亏平衡点所对应的数量（X_e）时，总成本和总收入正好相等（$TC=TR$），企业不亏也不盈。销售量（产量）小于临界点，总成本大于总收入（$TC>TR$），企业就要亏损；销售量（产量）大于临界点，总收入大于总成本（$TR>TC$），企业就能盈利。图中的盈亏平衡点、亏损区和盈利区，分别代表上述情况。如果用 V 表示单位产品的变动成本，X_e 表示盈亏临界点的销售量（产量），P 表示单位产品价格则：

$$TR=TC$$

$$P\cdot X_e=TF+V\cdot X_e$$

移项整理：

$$P\cdot X_e-V\cdot X_e=TF$$

则：

$$X_e=\frac{TF}{P-V}$$

上式的盈亏平衡点销售量是总固定成本与单位产品价格和单位产品变动成本差额的比值。

若企业要取得盈利，则设目标利润为 R，价格为 P，产品销售量（产量）为 X，于是

$$R=TR-TC=P\cdot X-TF-V\cdot X$$

$$X=\frac{R+TF}{P-V}$$

例：某企业生产一种小型畜产品加工机械，该厂年固定成本为 640 000 元，加工机械每台售价 800 元，生产每台机械变动成本为 400 元，试计算该机械的临界生产量（销售量）X_e。如果该厂年计划利润为 320 000 元，则目标产量（销售量）应达到多少台？

解：

$$X_e=\frac{TF}{P-V}=\frac{640\ 000}{800-400}=1\ 600(台)$$

$$X=\frac{R+TF}{P-V}=\frac{640\ 000+320\ 000}{800-400}=2\ 400(台)$$

答：该厂每年需要生产(销售)1 600 台才能达到不亏不盈。如果小于 1 600 台就要亏损；超过 1 600 台就能盈利。超过的数量越多，盈利就越多。如要实现 320 000 元利润，则目标产量为 2 400 台。

2. 不确定型决策

不确定型决策总是面对几种不同的自然状态(可能情况)，而这些自然状态所发生的概率又无法确定。因此，决策者只能针对决策问题在每一种自然状态下，采取几种不同的方案，从具有不同的经济效益中进行合理的选择。这时的决策主要取决于决策者的态度和经验。

例：某畜牧场计划兴建一个养鸡分场，目前有大中小三种方案可供选择，销售情况分为畅销、一般、滞销，其损益值如表 3-2 所示。

表 3-2　某畜牧场各方案损益值　　万元

状态	大规模(方案 A)	中规模(方案 B)	小规模(方案 C)
畅销	10	8	5
一般	4	3	2
滞销	−2	0.5	1
每列最小值	−2	0.5	1
每列最大值	10	8	5

(1)悲观法。又称“小中取大法”。即从最坏的设想来决定取舍。选择的过程是：首先从每一方案在不同自然状态下的损益值中找出最小损益值；然后在一组最小损益值中选择一个最大损益值对应的方案作为最优方案。因此，对上述三个方案的比较分析，先列出“每列最小值”，分别为−2、0.5 和 1，其中最大值是 1，所以 C 方案为最优方案。这种方法被认为是保守谨慎型决策者的方法。

(2)乐观法。又称“大中取大法”。即从最好的打算出发选择最优方案。选择的过程是：首先从每一方案在不同自然状态下的损益值中找出最大损益值；然后在一组最大损益值中选择一个最大损益值对应的方案作为最优方案。根据“大中取大”的原则，先列出“每列最大值”，分别为 10、8 和 5，其中最大值是 10，所以 A 方案为决策方案。这种方法被认为进取型决策者常用的方法。

(3)机会均等法。它是假设以各种自然状态出现的概率均等为前提，依据均等概率计算出各种方案的期望值，从中取其期望值最大者为最佳方案。其计算公式如下：

$$均等概率值=1\div 状态数目$$

$$某一方案的期望值=\sum(每种自然状态下的损益值\times 均等概率)$$

如上例中每一方案的期望值为：

$$WV_A=\frac{1}{3}[10+4+(-2)]=4(\text{万元})$$

$$WV_B=\frac{1}{3}(8+3+0.5)=3.83(\text{万元})$$

$$WV_C=\frac{1}{3}(5+2+1)=2.67(\text{万元})$$

从计算结果来看，A 方案的期望值最大，所以 A 方案选为最优方案。

(4)后悔值法。也称为“大中取小”法。后悔值指在某一自然状态下，由于没有采用相应的最优方案而采用了较小收益的方案所产生的损失值。这一损失值总是令人感到后悔，同时，其值越大，后悔程度越大。这一方法是先计算出各状态的后悔值，再找出各方案的最大后悔值，再从最大后悔值中选取最小值(故因之称为“大中取小”法)，该值对应的方案即为决策方案。其具体步骤是：

①先找出不同自然状态下各方案的最大收益值，然后与同一自然状态下各方案的收益值进行比较，求出每个自然状态下各方案的“后悔值”。以表 3-2 中在畅销状态下为例：各方案的收益值中最大者为 10，三个方案的后悔值分别是 0、2 和 5。按照这种方法分别求出各状态下各方案的后悔值，列出后悔值表(表 3-3)。

表 3-3　各方案后悔值表　　万元

状态	大规模(方案 A)	中规模(方案 B)	小规模(方案 C)
畅销	0	2	5
一般	0	1	2
滞销	3	0.5	0
每方案最大后悔值	3	2	5

②找出每个方案中的最大后悔值，分别为 3、2 和 5。

③在最大后悔值中选一个最小值，因为 2 为最小，所以 B 方案为决策方案。

这种方法适用于中间稳健型决策者。

对同一未来事件所作的决策，常因决策人的态度不同，或因选用的法则不同，他们选择的方案就不尽相同。决策人的态度可分为三种类型：保守型、进取型和中间型。保守型的决策人小心谨慎，怕担风险，常用悲观法则；进取型人不怕风险，常用乐观法则；中间型则处于保守型与进取型之间，常用后悔值法则或机会均等法则。可见不确定型决策与决策人的性格和心理状态有关。决策人选择什么方案，除受其性格和心理因素的影响外，更重要的还取决于决策信息的准确性、经营单位的经济实力以及决策人的知识经验、判断力和工作能力等因素。在实力雄厚，决策信息准确的条件下，经验丰富、判断力强的决策者常属于进取型。反之，则为保守型。

3. 风险型决策

风险型决策是指未来事件的条件(状态)不能确定，但知其发生概率情况下的决策。由于这种决策的目标实现具有风险，故称为风险型决策。其方法是：根据已知概率计算出各方案的期望值，从中取期望值最大者为最佳方案。计算期望值的方法，与机会均等法基本相同。所不同的是风险型决策依据的是已知概率，而机会均等法是根据假定的均等概率（主观概率）来计算。现以表3-2为基础，增加已知概率，如表3-4所示。

表3-4　各方案概率及损益值　万元

状态	概率	大规模（方案A）	中规模（方案B）	小规模（方案C）
畅销	0.5	10	8	5
一般	0.3	4	3	2
滞销	0.2	−2	0.5	1

（1）公式计算法。根据上例资料，计算各方案的损益期望值是：

A方案的期望值$=0.5\times10+0.3\times4+0.2\times(-2)=5.8$（万元）

B方案的期望值$=0.5\times8+0.3\times3+0.2\times0.5=5$（万元）

C方案的期望值$=0.5\times5+0.3\times2+0.2\times1=3.3$（万元）

从计算结果可看出：A方案的损益期望值最高，所以A方案为决策方案。

又例如，某养殖企业开发出新的乳制品，每箱成本价40元，销售单价50元，如果商品当日出售不完，就会变质，目前对这种产品的市场需求情况不十分了解，但有去年同期同类产品的日销售量资料可供参考（表3-5）。

现确定一个使企业获得最大的日销售量的决策方案。

根据上述资料，可确定今年市场自然状态见表3-6。

绘制决策收益表见表3-7。

表3-5　日销售量与完成天数

日销售量/箱	完成天数
2 500	2
2 600	6
2 700	10
2 800	12
总计	20

表3-6　市场自然状态情况表

日销售量/箱	概率
2 500	0.1
2 600	0.3
2 700	0.5
2 800	0.1

表3-7　决策收益表　元

日销售量/箱	状态			
	2 500 $p=0.1$	2 600 $p=0.3$	2 700 $p=0.5$	2 800 $p=0.1$
2 500	25 000	25 000	25 000	25 000
2 600	22 000	26 000	26 000	26 000
2 700	19 000	23 000	27 000	27 000
2 800	16 000	20 000	24 000	28 000

根据上例资料，计算各方案的损益期望值如下。

①方案为2 500箱的期望值

$$E_1=25\ 000\times0.1+25\ 000\times0.3+25\ 000\times0.5+25\ 000\times0.1=25\ 000\text{（元）}$$

②方案为 2 600 箱的期望值

$$E_2=22\ 000\times0.1+26\ 000\times0.3+26\ 000\times0.5+26\ 000\times0.1=25\ 600(\text{元})$$

③方案为 2 700 箱的期望值

$$E_3=19\ 000\times0.1+23\ 000\times0.3+27\ 000\times0.5+27\ 000\times0.1=25\ 000(\text{元})$$

④方案为 2 800 箱的期望值

$$E_4=16\ 000\times0.1+20\ 000\times0.3+24\ 000\times0.5+28\ 000\times0.1=22\ 400(\text{元})$$

上述期望值比较后，E_2 为最大期望值。即每天出售 2 600 箱为最佳销售量。

(2)决策树法。决策树是利用树形图选择最佳方案的方法。具体步骤如下。

①绘制决策树形图。绘图过程实际上是拟定各种可行方案的过程，对未发生的各种情况可充分预计。这种方法形象、直观，便于决策者进行比较分析，如图 3-2 所示。

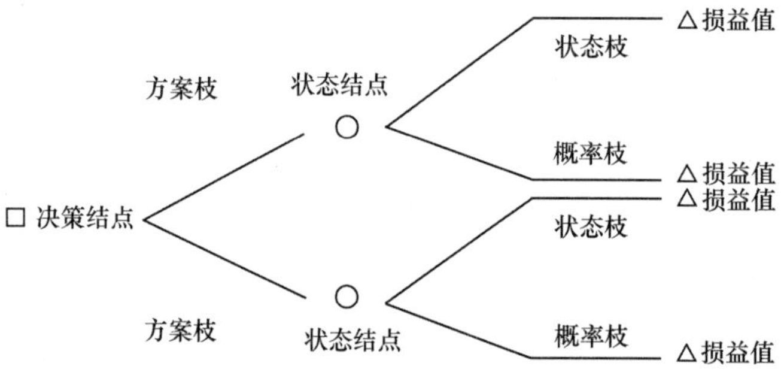

图 3-2 决策树结构图

决策结点是以□表示，是对几种可行性方案选择的结果，也就是决策的方案。

方案枝是由决策结点自左向右引出的若干条直线，每条直线代表一个备选方案。

状态结点以○表示，其画在方案枝的末端，代表备选方案的经济效果。

状态枝也称为概率枝，由状态结点引出若干条直线，表示不同的自然状态。在状态枝上面标明某种自然状态的内容及其出现的概率。

末梢通常用△表示，末梢是状态结点的终点，在末梢处标明每一个方案在不同自然状态下的损益值。

②计算损益期望值。期望值是衡量各个可供选择方案经济效益的标准。计算时应从右向左依次进行。计算公式为：

$$EV=\sum_{i=1}^{n}P_iV_i$$

式中：EV 为某方案的期望值；P_i 为 i 状态的概率值；V_i 为 i 状态的收益值；n 为状态个数。

③剪枝，确定决策方案。对各方案的期望值进行比较分析，把期望值小的方案用“//”进行剪枝，选定一个符合决策目标期望值最佳的方案作为决策方案。

例：某畜牧场设计出三种养猪方案，经预算，各方案的盈亏额不同。由市场分析预测当年销路，各销售状态的概率分别为 0.7、0.3。试用决策树法，选定最佳方案(表 3-8)。

表 3-8　某畜牧场各方案损益值表　　万元

状态	概率	大规模(方案 A)	中规模(方案 B)	小规模(方案 C)
销路好	0.7	60	55	48
销路差	0.3	25	30	37

第一步:绘制决策树形图(图 3-3)。

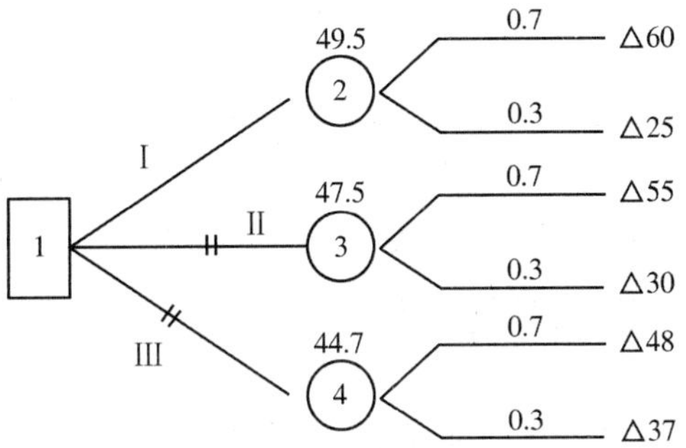

图 3-3　决策树形图

第二步:计算各方案期望值。

结点②:$EV=(0.7\times60)+(0.3\times25)=49.5$(万元)

结点③:$EV=(0.7\times55)+(0.3\times30)=47.5$(万元)

结点④:$EV=(0.7\times48)+(0.3\times37)=44.7$(万元)

第三步:确定决策方案。

经比较,方案Ⅰ期望值最大,所以方案Ⅰ为决策方案。

【思政角】

她是敢挑重担、赶上头阵、敢打硬仗的先锋养殖人。

养鸡状元刘玉玲 30 年前开始养鸡。没资金,向亲戚朋友借;没技术,"啃"书本,向专家学。鸡从 300 只到 3 000 只,再到数万只……一路走来,摸爬滚打,刘玉玲可谓尝遍了酸甜苦辣。多年来,刘玉玲用心养鸡,始终把质量放在第一位,企业逐步走上了规范化、科学化的轨道。虽然刘玉玲的养殖场在偏僻的小乡村,但是她的眼睛一直紧盯着一线城市的市场,紧盯高端消费群体。在陶醒世老师的指导下,刘玉玲和爱人依靠科技,不断研发新产品。饲料质量决定鸡蛋的品质。刘玉玲和爱人选择优质饲料,把青壮年鸡分组进行实验。刘玉玲和爱人常常通宵达旦守在实验室里,仔细观察变化,认真记录数据。检测不达标,重新再来。反反复复试验,一次又一次检测,仅检测费就投入数十万元。功夫不负有心人。陶醒世、刘玉玲和刘玉玲爱人共同研发的富含 a-亚麻酸和 DHA 营养素的鸡蛋、蛋鸡饲养和饲料添加剂获得第 23 届全国发明展览会银奖,获得国际发明家协会颁发的"a-亚麻酸+DHA 营养鸡蛋饲养技术发明"金奖。

让养鸡状元不断斩获成功的,是她积极健康、严谨踏实的学习工作态度;是她不畏艰险、兢兢业业、一丝不苟的敬业精神;是她勇于创新、刻苦钻研、潜心科研的养殖决心。

【案例分析】

猪场的经营决策

一、案例介绍

猪肉是老百姓"菜篮子"里的主要产品之一,2021 年 9 月份,农业农村部印发了《生猪产能调控实施方案》,建立了以“能繁母猪存栏量”为核心调控指标的生猪生产逆周期调控机制。据国家统计局数据,2021年猪肉产量5 296万t,较上年大幅增长28.8%,生猪出栏量6.71亿头,较上年增长27.4%。根据农业农村部监测,2021年全年生猪定点屠宰企业屠宰量累计2.63亿头,较上年大幅增长62%,6月份至11月份同比涨幅均在60%以上。2021年生猪供给阶段性过剩特征明显,10月份创2019年下半年以来猪价低位,为13.07元/kg。我国养着全球一半的猪,饲养量大,生产惯性也大,生猪产业调控难度大。对于小型养殖企业以及个人养殖户来说,做好经营决策尤为重要。

小李是某地区规模化养猪场的场长,他养有50头能繁母猪,主要靠销售仔猪获取经济效益,如果仔猪卖不出去,他就自己育肥。但是,他的经济效益总是不如周围只养育肥猪或只养种母猪的养猪场的经济效益。请为小李分析原因。

二、案例分析

(一)确定任务和工作计划

1. 确定任务

小李的经济效益为什么不如周围只养育肥猪或只养种母猪的养猪场。

2. 制订工作计划

(1)查阅相关资料,了解影响育肥猪、母猪经济效益的因素。

(2)调查市场的行情,分析影响育肥猪、母猪经济效益的因素。

(3)调查小李和周围养猪场的经营情况。

(4)分析总结,完成报告。并对结论进行论证。

(二)收集、整理、分析评价相关资料

影响育肥猪和母猪经济效益的因素有:育肥猪、母猪饲料的价格;育肥猪出栏价格;仔猪价格;市场对仔猪、育肥猪供求的波动;育肥猪、母猪消耗的饲料等。结合小李养猪的实际情况,综合分析以上资料,造成小李经济效益差的原因是:小李饲养的育肥猪出栏时是在市场育肥猪价格最低的时候,他所养的育肥猪几乎没有收益,甚至亏损。并且小李的种母猪繁殖强度大,仔猪质量不如周围养猪场。他仔猪出售的价格不如周围养猪户。而他周围育肥猪的养殖户根据市场行情在育肥猪价格好时饲养,不好时不饲养,空出猪舍消毒,净化环境。饲养母猪的养猪场调整能繁母猪产仔时间,在仔猪价格高时产仔,价格低时降低母猪的饲养标准,让母猪停产,恢复体质。

(三)拟定各种解决问题的备选方案

方案1:小李根据市场行情只养母猪。

方案2:小李根据市场行情只养育肥猪。

方案3:小李根据市场行情,既养种母猪,又养育肥猪。

(四)选择解决方案并进行论证

根据市场行情,结合自己的饲养技术,劳动力的多少和饲养条件实际,以上三种方案都可

采用。

(五)分析各种解决方案

方案1和方案2:饲养目标专一,较易集中资金、技术优势提高经济效益,但综合效益不如方案3。

方案3:综合经济效益比较高,但既要有育肥猪,又要有种猪,要求养殖者有丰富的饲养的经验和精湛的饲喂技术,即要求高。

(六)评价结果,并将结果普遍化

对于搞好养猪生产,提高养猪经济效益,猪场经营的好坏关键在于经管决策。猪场的经营方向、经营目标、经营规模等的确定,都要在充分的市场调查基础上,获得可靠市场供求信息和变化规律资料,并结合自己的生产经验和技术水平才能做出合理而又满意的决策,作为今后企业行动的纲领。

【考核评价】

一、考核题目

(1)假设某企业生产一种配合饲料,价格为每吨1 000元,总固定费用成本为20万元,每吨产品的变动成本为800元,求保本年产量。如果企业要获得5万元利润,应生产多少吨饲料?

(2)某畜牧企业准备投入一种新产品,对未来销售情况的前景预测不准,可能出现高需求、中需求、低需求三种自然状态。企业有三个方案可供选择,新建一个车间;扩建原有车间;对原生产线进行局部改造。三个方案在五年内的经济效益如表3-9所示。

表3-9　各方案损益值　　万元

状态方案	高需求	中需求	低需求
新建	600	200	−160
扩建	400	250	0
改造	300	150	80

决策者可以根据不同的方法选择一个他所满意的方案。

二、评价标准

1. 决策类型

按照决策的可靠程度将决策划分为确定型决策、非确定型决策、风险型决策。

确定型决策:这类决策条件已知、未来状态和结果已知;非确定型决策:这类决策条件未知、未来状态和结果未知;风险型决策:这类决策条件未知、未来状态和结果未知,但是对未来事件出现的可能结果发生的概率是已知的。

2. 根据决策类型选择决策方法

从资料1可以看出:该方案实施时需要的条件已知,未来的状态和结果已知,因此,判定该决策是一种确定型决策，应选用确定型的方法。

从资料2可以看出：可供选择三个方案，实施时每一个方案需要的条件未知，每一个方案未来市场需求的状态未知、未来状态结果未知，因此，判定该决策是一种非确定型决策，应选用非确定型的方法。

3. 确定型的方法——盈亏平衡点分析法(又称保本点分析法)

盈亏平衡点分析法，将构成养殖企业生产经营活动的成本划分为固定成本和变动成本两部分。

4. 计算公式

养殖企业实现盈亏平衡(即保本)时的销量(或产量)的计算公式；养殖企业完成目标利润时的销量(或产量)的计算公式。

5. 非确定型决策的方法

非确定型决策主要依靠决策者的经验和主观态度做出决策。决策者的经验和主观态度不同，决策时所选用的方法不同，最终做出的决策不同，具体如下。

(1)悲观法(小中取大法)。先分别找出每个方案在各种自然状态下的最小收益值，再将各方案的最小收益值相比较，选出最大数值的方案作为决策方案。即从最坏的情况出发，选择最有利的方案，保守型决策。

(2)乐观法(大中取大法)。先分别找出每个方案在各种自然状态下的最大收益值，再将各方案的最大收益值相比较，选出最大数值的方案作为决策方案。即从最好的情况出发，选择最有利的方案。

(3)机会均等法。假设以各种自然状态出现的概率均等为前提，依据均等概率计算出各种方案的期望值，从中取期望值最大者为最佳方案。

(4)后悔值法(大中取小法)。先计算出各状态的后悔值，再找出各方案的最大后悔值，再从最大后悔值中选取最小值，该值对应的方案即为最佳方案。

【码上学习】

导致经营决策失误的陷阱

项目四

养殖企业经营计划

【先导案例】

“山涧清幽，办一个阳光书吧；翠绿草坪，打造一个跑马场；组织农产品‘集市’，对周边村民开放……”最近，开化家思牧场经营者蒋清全忙着改造牧场环境，并制订了新的经营计划。

距离开化城区 20 km 的家思牧场坐落在华埠镇新青阳村，占地 800 亩，分山上、山下两块区域。山上是梅花鹿养殖区，三三两两的小鹿奔跑嬉戏；山下是旅游观光、农事体验区，低矮的小木屋、环绕荷塘的绿道，流水潺潺、绿草茵茵，宛如世外桃源。

作为一名 90 后海归青年创客，高高瘦瘦、白净斯文的蒋清全十分接地气。2020 年，梦想施展拳脚的他回到家乡开化，从母亲手里接过了当时刚建立的家思牧场。

“我每天都给小鹿们洗澡。”做农创客后，蒋清全解锁了不少“新技能”。除了养鹿师，他还身兼花匠、“包工头”、项目策划师、设计师、推广师等数职，将农场打理得井井有条。

要创业成功，往往需要付出数倍于常人的努力，蒋清全也不例外。工作中，他是一个喜欢解决难题、爱啃“硬骨头”的人。在他的眼里，家思牧场不仅是景区，更是带动周边村民增收致富的平台。精力旺盛的他为了想出一个好主意、运营一个好 IP，常常一天只睡五六个小时，忙碌时每天要见三四拨客人，奔波于牧场、县城、市区、杭州等地，还报名参加了多个青年创业大赛并获奖。

不仅干劲十足，蒋清全还有满脑子的创意等待落地。“这种爬山虎喜欢长在峭壁上，这种樱花开花较晚……”走在路上，对牧场里的一草一木，他都了然于胸。

功夫不负有心人。两年多的时间里，家思牧场不仅提供了 10 多个工作岗位给周边村民，还允许村民将自家的农产品拿到牧场里销售，并进一步带动了当地乡村发展。在梅花鹿养殖和后续食品开发中，蒋清全吸引了 4 名志同道合的海归年轻人入伙，其中两人还是生物工程开发领域的博士。大家平时互相学习、交流，群策群力，很快就将一片荒谷改造成了一个红遍浙西的网红景区，每年吸引七八万人次前来打卡。

去年下半年，开化县有关部门和华埠镇党委、政府支持以家思牧场为核心，打造一个横跨 5 个村庄的“新青阳”共同富裕发展联盟，蒋清全成为带头人之一。

“重视社会效益，优势互补、抱团发展，强强联合才能让农牧业有更好的未来。”蒋清全说，他计划以兜底收购等方式，邀请更多村民参与到梅花鹿养殖中来，尤其要吸引更多年轻人投身农业创业，共同带动老百姓增收致富。

养殖企业要想发展得蒸蒸日上，光有新奇的念头远远不够，要想实现增收致富，制订生产经营计划是必不可少的环节。本章我们将学习有关养殖企业的计划体系、内容、基本任务等相关内容。

【学习目标】

了解养殖企业经营计划的概念和任务；熟悉经营计划体系及其内容；理解编制经营计划的原则和定额；掌握编制几个重要生产计划的方法。

【学习内容】

任务一　企业经营计划的概述

一、企业经营计划的概念和任务

(一)经营计划的概念

企业经营计划是指在经营决策基础上，根据经营目标对企业的生产经营活动和所需要的各项资源，从时间和空间上所进行的预先的统筹安排。事实上，经营计划是企业围绕市场，为实现自身经营目标而进行的具体规划、安排和组织实施的一系列管理活动。企业经营计划是企业经营活动的先导，并始终贯穿于企业经营活动的全过程。

(二)经营计划的特点

1. 经营计划具有决策性

它是以企业作为相对独立的畜产品生产经营者为前提，根据企业外部环境和内部实力制订和编制的，它直接关系到企业的生存与发展。

2. 经营计划具有外向性

它与社会、市场和用户有着密切的联系，其基本目的就是实现企业与外部环境的动态平衡，并获得良好的经济效益和社会效益。

3. 经营计划具有综合性

它的基本内容既包括市场调查、预测、生产、销售，也包括技术、财务和后勤，是指导企业全部生产经营活动的纲领。

4. 经营计划具有激励性

它把国家利益、企业利益和职工个人利益有机结合起来，形成一股强大的动力，能激励企业全体职工为之而奋斗。

(三)经营计划的任务

在企业经营活动中，有了周密的生产经营计划，层次分明的计划结构，分期分批的计划目标，才能使整个企业正常运转。因此，养殖企业实行计划管理需要完成的任务如下。

1. 把经营目标具体化

实行计划管理，使企业将通过市场调查、预测和决策确定的经营发展目标，通过综合平衡，编制各类各项计划并加以落实，明确了一个时期内企业生产经营发展的方向和奋斗目标，对企业员工有鼓舞、动员和组织作用。

2. 分配和利用各种资源

实行计划管理，使企业不断挖掘生产潜力，合理利用人力、物力、财力和各种自然资源，加强畜群周转，提高产畜和畜舍利用率，正确组织配备劳力、饲料供应等，还可对企业内部各部门的发展起到平衡的作用。

3. 协调生产经营活动

实行计划管理，可以根据市场的需要安排生产，使企业计划与市场需求相衔接，市场需求和企业的生产安排更好地协调起来。

4. 提高经济效益

实行计划管理，为企业经济核算、财务监督提供依据，并监督计划的执行；同时，通过对计划的编制、执行、检查与分析，能提高企业领导和管理人员的水平，不断发展生产，增加收入，提高经济。

二、经营计划体系及其内容

养殖企业经营计划体系是企业生产经营中各种单项计划构成的综合体现。各种单项计划之间相互联系、相互制约。在各种单项计划的共同作用下，可保证生产的有序进行。企业经营计划体系按期限长短和作用方式可以分为：长期计划（即战略计划）、年度计划（即业务计划）、阶段计划（即基层作业计划）。三者之间的关系是：长期计划提供由上而下的指导；阶段计划提供由下而上的保证；年度计划发挥承上启下、上传下达的作用。

（一）长期计划

长期计划，又称远景规划，即确定养殖企业经营方针、经营规模和总体发展方向的计划。一个科学性、指导性很强的长期计划，往往是企业长期取得良好经济效益的决定性因素。长期计划使企业全体成员看到企业的发展远景，给人以鼓舞和信心，促使企业集中人力、物力、财力，为一个共同的长期目标而奋斗。长期计划一般为五年或五年以上。

养殖企业制订长期计划，务必使企业与国家的畜牧业发展规划相适应，与国民经济其他部门保持合理的比例。由于长期计划的时间较长，影响企业经济活动的客观因素又很复杂，而且不断变化，所以这种计划的内容只是概况性的描述，不可能规定得十分详尽、具体。一般来说，养殖企业长期计划的主要内容如下。

1. 总体规划

它根据市场需要和变化趋势确定养殖企业的经营方针（专业化方向），规划企业内部各生产部门的规模和发展速度，主要牲畜种类和畜禽结构，各种牲畜年平均发展速度，品种改良方向，畜草平衡，主要畜产品产量和商品量等。

2. 基本措施规划

它包括土地（草场）利用规划、基本建设投资规划、技术措施规划及人口控制计划等。

3. 经济收入规划

它包括总产值、总支出、企业盈利匡算以及对国家的贡献、企业积累、企业成员收入增长和文化福利规划等。

4. 保证长期规划实施的中近期滚动计划，以及重大技术、经济措施计划等

企业制订长期计划的依据是：当地的自然条件、经济条件、生产技术水平和经济发展水平，以及经科学预测的市场变化趋势。养殖企业领导者在摸清资源条件，做好市场调查和预测，掌握可靠信息的基础上，做出科学的经营决策。这是提高长期计划的预见性和指导性的决定因素。因此，制订好长期计划，可促使企业发展，提高经济效益，也是养殖企业领导者的主要职责之一。

（二）年度计划

年度计划是按一个日历年度编制的计划，既是长期计划的实施计划，又是编制阶段计划的依据，内容要求具体详尽，全面反映企业计划年内生产经营活动的行动纲领和奋斗目标，是养殖企业计划体系的中心环节。

养殖企业制订年度生产计划确定当年生产经营的各种畜产品项目、数量、质量等指标时，一定要符合社会需要。要贯彻"注重市场，以销定产"的方针，做到产品适销对路。各企业应根据其自然条件、经济条件以及经营的范围、规模、生产水平和经营管理水平等各方面的实际情况，制订具体年度计划。一般说来，养殖企业年度计划应包括以下基本内容。

1. 土地利用计划（包括草场利用计划）

土地是有限资源，是不可再生、不可替代的基本生产资料。为了适应生产发展需要，提高土地利用的经济效果，有必要制订企业年度土地利用计划。制订这种计划，必须摸清企业土地总面积和各类用地的状况及其比例，特别注意非生产占地及浪费土地的情况。在可能条件下保护和扩大耕地或草场面积，提高土地利用率和土地生产率的措施。在此基础上，制订出企业本年度各类用地的面积及其结构。其中主要包括农用地、林用地、牧用地、水面以及其他生产和非生产建筑用地、道路等。

2. 畜群生产计划

畜群生产计划是养殖企业年度计划的核心，包括牲畜配种分娩计划、畜群周转计划、畜产品产量计划和饲料供应计划等。

（1）牲畜配种分娩计划。牲畜配种分娩计划是按企业预期要求，使母畜适时分娩的一项重要措施，又是编制畜群周转计划的重要依据。编制这种计划，不能单纯从自然再生产规律出发确定配种分娩数量，而是要结合企业的经济技术条件、生产发展的要求，如根据牲畜开始繁殖的年龄、怀孕期、配种间隔以及生产方向、生产任务、分娩类型、饲料供应、畜舍设备和饲养水平等条件，确定配种分娩时间和头数。

（2）畜群周转计划。畜群周转计划是反映畜群再生产的计划，是根据牲畜配种分娩计划编制，以确保企业畜群结构合理，稳定企业畜产品生产方向。

（3）畜产品产量计划。畜产品产量计划是根据畜群周转计划和牲畜单产水平编制，反映养殖企业计划年生产任务及产品产出状况，并为编制畜产品销售计划，财务收入计划提供依据。

（4）饲料供应计划。饲料供应计划是根据畜群结构，饲料消耗定额，饲养时间编制，包括饲料生产计划、饲料供应计划、饲料供需平衡等内容。

（5）家禽孵化计划。编制家禽孵化计划的目的在于保证后备家禽、肥育肉用家禽和出售雏禽的需要。孵化计划主要包括孵化时期、种蛋来源和孵化雏禽数。

3. 劳动力利用计划

劳动力利用计划反映企业劳动力的分配和使用状况，因而应根据劳动力配备定额、作业项目、生产季节的需要，确定劳动力的需要量；然后按照企业实有劳动力数和全年法定的工作日数，计算出各月工日数，通过编制劳动力平衡表，将全场各月需工数与各月工日数进行对比。如果劳动力有余，就需开辟生产门路，把多余的劳动力充分利用起来。如果劳动力不足，则需充分挖掘劳动潜力，或雇用季节性临时工，以保证生产计划的实现。对于实行家庭承包的企业，这种计划可适当从简。

4. 物资供应计划

根据生产建设的需要，向需用部门提供物资的经济活动称为物资供应。及时、齐备、按质按量地组织物资供应，是保证生产建设正常进行的必要条件。因此，畜牧养殖企业都要对全年所需的各种生产资料，做出全面安排。计划中应包括各种物资的需要量、库存量、自产量和采购量。必须重点保证当年生产急需的物资，严格控制库存数，减少资金的积压。物资供应从生产出发，为生产服务，要严格监督和促使企业各部门、经济单位合理地使用及节约物资，努力降低物资消耗，降低成本，提高经济效益。

5. 种畜推广与产品销售计划

这种计划是根据畜产品产量计划扣除本场自用部分后得来的。按照规定的质量标准，优良种畜禽向社会推广，剩余的作为商品上市销售。编制这种计划的目的是：保质保量，有计划地推广种畜种禽，为牧场有计划地组织全年销售或季节销售工作提供依据，为编制各月现金收支计划提供依据。

6. 基本建设计划

改善生产条件是发展生产的客观要求，是保证完成生产计划的物质基础。因此，一切企业都必须根据需要和可能制订基本建设计划，反映本年内进行基本建设的项目和规模。养殖企业基本建设的项目主要包括：草场改良建设计划、水源开发利用计划、植树造林计划、畜舍和其他建筑物建设计划、固定资产购置计划等。此外，还应有相应的投资和基建材料的生产与采购计划，以保证基本建设计划的实现。当然基本建设要量力而行、注重实效，讲求经济效益。

7. 财务计划

用货币反映牧场全年生产成果和各项消耗的统筹计划，其内容包括：各项收入计划、各项直接费用和间接费用计划以及在此基础上汇总的年度财务收支盈亏计划、按畜群（牛、羊、猪、鸡等）和生产单位（饲料组、配种站、承包户等）核算的全年收支盈亏计划等。编制这种计划，要遵循增收节支、量入为出的原则。需经过多次试算，挖潜调整，以力争有更多的盈余。为了加强经济核算，凡具有一定条件的牧场，还应编制主要畜产品成本计划、固定资产折旧与大修等计划，这对于降低畜产品成本，提高企业经济效益具有很大的作用。

财务计划可具体分为资金筹集与利用计划、收入计划、支出计划、成本计划、专用基金使用计划等。通过财务计划的编制，不断地挖掘生产经营潜力，调整和组织好各种资源，不断地降低畜产品成本，提高企业的经济效益。

以上各种计划是相互联系、相互制约的，构成了养殖企业年度计划的整体。各个企业应根据自己的实际需要和经营管理水平，制订出本企业的年度计划。

(三)阶段计划

阶段计划是确定养殖企业分阶段生产经营活动的实施计划。即根据年度计划的要求，结合本阶段的情况，确定阶段内的任务与实施方案，用以指导企业生产的日常活动，即合理调配人力、物力、财力，组织企业供、产、销各环节的活动的计划。

阶段计划的主要内容包括：本阶段的起止时期、工作项目、工作量、作业方法、质量要求、完成任务拟配备的劳动力、机具和其他物资等。阶段计划在较大的企业中，一般由基层管理者制订和实施。企业的基层单位在短期计划的基础上可以进一步制订小阶段计划，时间一般为10～15 d。编制这种计划，应注意上下阶段的衔接。中心要突出，安排应全面，措施应具体。如冬季舍饲期、春季转场期、接羔保育期、剪毛期、夏秋贮草期、配种期、整群期等。

三、养殖企业计划指标

(一)企业生产性能指标

1.畜禽数量增殖指标

畜禽数量增殖指标是反映养殖业经营规模、发展速度、生产成绩以及畜群结构的指标。还用于考核衡量畜禽生产阶段的工作成绩。

(1)母畜繁殖率。母畜繁殖率指本年内出生的仔畜数与本年初适繁母畜数之比，是衡量母畜繁殖能力和饲养管理成果的一项指标，一般分畜别计算。在牧区也常以大牲畜和绵羊、山羊的混合头数来计算。计算公式为：

$$母畜繁殖率=\frac{本年内出生仔畜数}{本年初适繁母畜数}\times100\%$$

(2)仔畜成活率。仔畜成活率指一定时期内仔畜的成活数占同期出生活仔畜数的百分比。计算公式为：

$$仔畜成活率=\frac{一定时期内仔畜成活数}{同期内出生活仔畜数}\times100\%$$

仔畜成活率是评定仔畜培育工作成果的一项指标，是评定畜牧养殖企业的饲养管理工作成效的重要指标。

(3)繁殖成活率。繁殖成活率指本年繁殖仔畜断奶时的成活数占本年适繁母畜数的比，是衡量畜群繁殖和仔畜培育工作成果的一项指标。计算公式为：

$$繁殖成活率=\frac{本年繁殖仔畜断奶成活数}{本年初适繁母畜数}\times100\%$$

一般按畜种分别计算，在牧区常以山羊和绵羊混合头数计算。此外，在计算猪的繁殖成活率时，还应注意仔猪包括上年末实有未断奶的仔畜数，适繁母猪应包括年内增加的繁殖母猪数。

(4)牲畜总增率。牲畜总增率指本年内繁殖成活仔畜的头数减去本年内成、幼畜死亡头数的差值占年初牲畜头数的百分比，是衡量牲畜总头数增长水平的一项生产指标，计算公式为：

$$牲畜总增率=\frac{本年内繁殖成活仔畜头数-本年内成、幼畜死亡头数}{年初牲畜头数}\times 100\%$$

(5)牲畜净增率。牲畜净增率是衡量牲畜扩大再生产的一项指标。计算公式为：

$$牲畜净增率=\frac{本年末牲畜头数-本年初牲畜头数}{本年初牲畜头数}\times 100\%$$

一般按大牲畜和绵羊、山羊的混合头数计算，也可按大牲畜和绵羊、山羊、猪的头数分别计算。牲畜净增头数和净增率，实质上是一个牲畜数量的积累指标。牲畜净增率指标反映畜牧业再生产中畜群扩大再生产的程度。一般在总增率一定的情况下，净增率越高，出栏率越低。

(6)家禽孵化率。又称出壳率、出雏率，是衡量家禽种蛋孵化效果的一项指标。计算公式为：

$$家禽孵化率=\frac{孵化出壳雏禽数}{入孵总蛋数(或入孵受精蛋数)}\times 100\%$$

孵化率与种蛋情况(包括种蛋来源、消毒、运输、保存等方面)、孵化条件(包括温度、湿度、通风等)、工作人员技术水平和责任心等有直接关系。这是种禽场编制孵化计划的主要依据。

(7)雏禽育成率。雏禽育成率指该批雏禽到育成时的只数占出雏总只数的百分比，这是评定雏禽培养成绩的一项指标。

一般雏禽的培育都是分批进行的，应分批计算雏禽的育成率。全年育成率用分批育成率加权平均计算。

2. 畜禽质量指标

畜禽质量指标是衡量畜禽品质、生产性能、养殖企业生产水平的重要指标。畜禽的不同品种间、相同品种的不同品系间，以及地方品种、培育品种、引入品种之间在质量上均有很大的差别。目前我国常用的畜禽质量指标包括以下几种。

(1)良种和改良种牲畜比例。良种和改良种牲畜比例是我国当前普遍采用的牲畜质量指标，反映企业牲畜的质量状况和生产水平。计算公式为：

$$良种和改良种牲畜比例=\frac{某良种和改良种牲畜头数}{某种牲畜的总头数}\times 100\%$$

一般地说，良种和改良种牲畜在某畜群中所占比例越大，畜种的质量越好，畜群的生产性能越高。因此，企业应当建立良种繁育体系，对畜禽进行有计划的改良和良种繁育。

(2)牲畜出栏率。牲畜出栏率指本年内牲畜出栏头数占年初牲畜存栏头数的百分比。牲畜出栏率是衡量肉用牲畜或肉用为主的牲畜生产水平与周转速度的一项指标。计算公式为：

$$牲畜出栏率=\frac{本年度牲畜出栏数}{年初牲畜出栏数}\times 100\%$$

其中出栏头数是出售头数和自食头数的总和，不包括死亡头数。牲畜头数与出栏数一般按畜别计算，也可按大牲畜和绵羊、山羊、猪分别计算。牲畜出栏率与牲畜种类、品种、畜群结构、饲养方法、饲料质量、饲养管理水平等因素有着直接关系。同时，也受商品交换和自然条件的影响，在牧区受年景丰歉的影响更大。

(3)牲畜出栏平均体重。牲畜出栏平均体重是衡量肉用牲畜生产水平的一项质量指标，指出栏牲畜的总重量和出栏牲畜的总头数之比。其计算公式为：

$$牲畜出栏平均体重=\frac{出栏牲畜的总重量}{出栏牲畜总头数}$$

由于各种牲畜的出栏重量不同，在计算出栏平均体重时，应当按各种牲畜分别计算。牲畜出栏平均体重受牲畜品种、牲畜年(月)龄、育肥期、饲养管理水平等因素的影响。

3. 畜产品指标

畜产品指标是指养殖企业各种畜产品产出数量和质量的总和。养殖业发展目的在于生产出数量多、质量好的产品，以满足城乡人民对畜产品不断增长的需要。因此，在制订计划中，不仅要考虑牲畜总饲养头数的增长，同时也要考虑畜产品产量的增长。

(1)胴体重。胴体重是反映肉用牲畜生产水平的一项指标。一般指牲畜屠宰后，去掉头、蹄、毛(或皮)、内脏后，躯体和四肢的重量。各种牲畜的胴体重所包括的内容有所不同。例如，猪的胴体重指去掉头、蹄、尾、毛和内脏(保留肾脏和板油)后的重量；牛、羊的胴体重指去掉头、蹄、皮毛和内脏后的重量；家禽的胴体重指去掉毛和内脏后的重量。

(2)屠宰率。屠宰率是评定肉用畜禽生产力的一项指标，指胴体重与牲畜屠宰前活重的百分比。宰前活重指屠宰前空腹 12～24 h 后的体重。

屠宰率的高低因牲畜种类、品种、年龄、育肥程度等的不同而异。

$$屠宰率=\frac{胴体重}{屠宰前活重}\times 100\%$$

(3)出肉率。出肉率是衡量肉用牲畜产肉性能的一种指标，指净肉重占牲畜屠宰前活重(毛重)的百分比。净肉重有两种解释：①指胴体除去骨骼后的净肉和脂肪的总重量。②指胴体除去骨骼和脂肪后的重量。因此，出肉率实际上有两种计算公式：

$$出肉率=\frac{净肉重+脂肪重}{宰前活重(毛重)}\times 100\%$$

或

$$出肉率=\frac{净肉重}{宰前活重(毛重)}\times 100\%$$

(4)净肉率。净肉率是衡量肉用牲畜产肉能力和屠宰质量的指标。净肉率指净肉重占胴体重的百分比。计算方式为：

$$净肉率=\frac{净肉重+脂肪重}{胴体重}\times 100\%$$

$$净肉率=\frac{净肉重}{胴体重}\times 100\%$$

(5)净毛率。净毛率是衡量羊毛产量和质量的一项指标。计算公式为：

$$净毛率=\frac{洗净毛的重量}{污毛的重量}\times 100\%$$

净毛率有普通净毛率和标准净毛率之分。普通净毛率是我国规定和采用的净毛标准。标准净毛率是国际贸易中规定和采用的净毛标准，要求绝对净毛占86%，水分占12%，油脂占1.5%，灰分占0.5%。净毛率越高，表示羊毛的实际重量越多，质量越好，经济价值越大。

(6)产蛋率。产蛋率是衡量蛋鸡产蛋效率的一项指标。计算公式为：

$$产蛋率=\frac{当日产蛋量}{当日饲养蛋鸡数}\times 100\%$$

产蛋率的高低，决定于蛋鸡的品种、年(月)龄、产蛋季节和饲养管理等因素。提高产蛋率是增加蛋的产量，提高劳动生产率和饲料报酬以及降低生产成本的重要途径。

(二)企业经济效益指标

1. 畜禽产品销售指标

畜禽产品销售指标又称畜禽产品商品指标，是衡量养殖企业商品化规模和程度的指标。一个养殖企业，其饲养的牲畜和生产的畜产品商品化的规模和程度直接反映企业劳动生产率的水平。

(1)畜禽商品率。畜禽商品率是衡量养殖企业生产水平和商品化程度的一项指标，间接反映劳动生产率水平的高低。计算公式为：

$$畜禽商品率=\frac{本年内出售的畜禽头数或只数}{本年内出栏牲畜头数或只数}\times 100\%$$

一般按畜禽类别或按大牲畜和绵羊、山羊的混合头数计算。

(2)畜禽出售率。畜禽出售率是衡量养殖企业对社会贡献大小的一项指标，指本年内出售的畜禽头数占年初畜禽头数的百分比。此项指标对国家制订收购计划有一定的参考价值。过去人们曾把它误用为畜禽商品率的指标。计算公式为：

$$畜禽出售率=\frac{本年内出售的畜禽头数或只数}{本年初存栏牲畜头数或只数}\times 100\%$$

一般按畜禽类别或按大牲畜和绵羊、山羊的混合头数计算。

2. 综合性指标

综合性指标是反映养殖业经营规模，发展水平和经济效益的指标，是制订养殖企业生产计划和考核成绩的依据。综合性指标和各项单项指标相结合，形成完整的经济指标体系，进行计划编制和成绩考核。

养殖企业的综合性指标从内容上可分为：①反映发展水平的指标，如总产值、每公顷草场(耕地)的商品产量。②反映经济效益指标，如农牧民人均产值，人均利润。③反映人民生活水平的指标，如人均纯收入、平均消费水平等。

(1)各种畜产品商品率。各种畜产品商品率是衡量养殖业生产水平和商品化程度的一项指标。计算公式为：

$$各种畜产品商品率=\frac{本年度各种畜产品商品量}{本年度各种畜产品总产量}\times 100\%$$

一般是各种畜产品分别计算其商品率。在一个养殖业企业中有多种畜产品的情况下，也可按产值计算。其计算公式为：

$$畜产品商品率=\frac{本年度各种畜产品商品产值}{本年度各种畜产品总产值}\times 100\%$$

(2)每公顷草场载畜量。每公顷草场载畜量是衡量草场生产能力和利用状况的一项指标。一般指一定时期内在放牧适度的情况下，平均每公顷草场上所放养的牲畜头数。

放养牲畜数量，用牛做单位或用羊做单位均可。我国习惯用绵羊单位作为标准单位，指 1 500 hm^2 面积草地上 1 年内放养的绵羊只数。通常把各种大牲畜折合为 5 只羊计算。根据草场的产草量，按一定比例计算适宜采食量，所计算出的适宜载畜量，称为理论载畜量。一定面积上实际放养的牲畜头数，称为实际载畜量。实际载畜量超过了理论载畜量时，称为超载饲养或过饱和饲养。超载饲养会影响牧草的正常生长，造成草场退化，不能保证牲畜的正常需要。当实际载畜量小于理论载畜量时，称为轻度放牧。轻度放牧不能很好地利用草场资源，造成资源浪费，同时也不利于牧草的正常生长，影响草场牧草种类结构，间接地造成草场退化。

(3)每公顷草场(耕地)畜产品产量。每公顷草场(耕地)畜产品产量是综合反映草场生产能力与利用效率的一项指标。每公顷草场畜产品产量越高，表明草场生产力越高。

影响单位面积畜产品产量的因素有：草场的生产能力、气候等自然条件；牲畜的种类、品种、畜群结构以及经营管理水平等。应用这一指标，可以促进人们从各个环节上充分合理利用草场(或耕地)，以及生产出更多更好的畜产品，以满足社会的各种需要。为了便于各种不同畜产品综合比较，各种畜产品都需折合为一个统一的单位。我国常以畜产品单位，即生产 1 kg 中等肥度牛肉所消耗的饲料作为折算标准。

(4)企业人均收入。企业人均收入是衡量企业职工物质与文化生活水平提高程度的指标，可综合反映企业生产经营成果和管理水平的好坏程度。为了全面反映职工实际收入水平，在计算中不仅应包括国家和集体分配的收入，还应包括职工个人和家庭经营的收入。其计算公式为：

$$企业人均收入=\frac{职工收入总金额}{企业总人数}$$

影响企业人均收入高低的主要因素有：企业生产发展和总收入水平、积累和分配的比例、企业职工人数的多少、职工个人和家庭收入的多少等。

任务二　企业经营计划的编制

一、编制经营计划的原则和要求

(一)编制经营计划的原则

1. 系统性原则

企业在制订计划时一定要坚持系统性原则，不但考虑到企业本身，还要从整个系统的角度出发，要认识到企业是整个大系统中的一个小系统，如果不考虑大系统的利益，只顾个体利益，肯定会受到整个系统的惩罚。

2. 平衡性原则

企业本身以及内外环境之间都存在着许多矛盾,平衡就是要对影响企业生产经营的各个方面,企业内部各部门的产、供、销等各环节进行协调,使之保持一定的、合理的比例关系。

3. 适应性原则

养殖企业生产是自然再生产和经济再生产、植物第一性生产和动物第二性生产交织在一起的复杂生产过程,生产经营范围广泛,其不可控影响因素较多。因此,计划的制订就要保持一定的灵活性,即有一定的余地,而不能规定得过死或过分强调计划的稳定。在计划执行过程中,更要注意不确定因素的出现,对原计划做出必要的调整或修改。

4. 效益性原则

企业的经营计划必须以提高经济和社会效益为中心,不仅要取得产品开发和制造阶段的效益,而且还要考虑产品在流通和使用阶段的效益。

5. 全员性原则

这种全员参与并不是说所有的员工都参加到制订计划的工作中去,而是指计划的制订应该让员工们知道和支持,这是计划能够得以实现的保证。

(二)编制经营计划的要求

1. 重视协调性

计划既要注意内部各环节、各部门之间的相互协调,又要注意企业与外部环境条件之间的充分协调。协调计划的根本目的是使企业的目标得以实现。每种计划的指标都存在一个可以接受的范围。协调计划的最终结果应能使企业获得最大限度的效益。

2. 加强灵活性

首先,计划指标要留有余地。一要积极:经过努力可以办到的事,要尽量安排,努力争取办到;二要可靠:计划指标,要以资源条件做保证,通过努力能够实现。尽力而为和量力而行相结合,使计划既具有先进性又具有科学性。其次,计划要有应变措施。当市场环境、经营条件、竞争对手等发生变化时,能够及时采取措施迅速加以应对。再次,计划要有备选方案。如美国的米德公司有 3 套(A、B、C)短期计划。A 计划是"激进的",B 计划是"基本的",C 计划是"保守的"。

3. 消除"计划隔阂"

"计划隔阂"是指存在于企业内部各部门和个人之间的有关期望、目标和基本观念的分歧。各个部门和个人之间的出发点不同,他们对于计划的目标、步骤等的理解也会不同,这也会导致计划隔阂的产生。企业内部应加强交流与沟通,密切合作,共创价值。

4. 填补"计划空隙"

"计划空隙"是指在企业内部由于缺乏充分的信息沟通而造成某些管理层次对总目标,计划的前提、策略、政策,上下级的计划等方面的不了解。首先,计划信息应当尽可能具体和详尽;其次,上级主管人员应向下级阐明并解释计划;再次,尽可能地给下级参与计划的机会,让计划工作人员和主要下级人员一起制订计划。

二、编制企业经营计划的依据

养殖企业编制经营计划的依据是各种定额。定额是指在一定生产技术组织条件下，企业或部门进行生产经营活动时，对产品数量、质量以及人力、物力、财力利用和消耗等方面所规定的应该达到的标准或衡量尺度。

(一)制订定额的意义

养殖企业制订的各种定额是编制企业计划的依据，也是企业生产经营计划的重要组成部分，在企业行使计划、组织、监督、控制等管理职能的过程中起着重要作用。

定额有一部分是国家或国际相关法规规定的，有些则需要养殖企业本单位制订。制订定额的意义主要表现在以下四个方面。

(1)编制合理的定额是制订合理计划的先决条件，是使编制的计划能够对生产活动进行科学指导的依据和基础。

(2)养殖企业制订的有关产品产量、质量、饲料、能源等物资的消耗，设备利用以及劳动消耗等方面的定额，是养殖企业编制生产经营计划的依据。科学合理的定额有利于在生产经营活动中合理使用各种资源，减少劳动消耗，降低生产成本，增加产品产出，提高经济效益。

(3)定额大小还反映养殖企业在一定时期的生产技术水平和经营管理水平，是分析企业经营效果的重要指标，因而它也可作为企业组织生产与推广生产责任制的主要依据。

(4)制订科学合理的定额有利于调动企业员工的劳动积极性，提高生产效率，降低生产成本，提高经济效益。

(二)定额的内容

养殖企业是实行独立核算自主经营的经济组织，为了有利于生产的组织、监督和控制，许多方面都需要制订定额。概括起来有以下几类。

1. 劳动定额

劳动定额，也称工作定额，是衡量劳动效益的数量标准，指在一定生产技术和组织条件下，劳动者在单位时间内能够生产的产品数量或生产单位产品需要消耗的劳动时间，也可以用畜产品产量定额或劳动力时间定额来表示。计算公式为：

$$劳动定额=\frac{某类畜产品的产量}{生产该类畜产品所消耗的工时数}$$

或

$$劳动定额=\frac{生产该类畜产品所消耗的工时数}{某类畜产品的产量}$$

2. 畜产品质量定额

畜产品质量定额是以各种技术指标表示的畜产品质量标准，如反映牛奶质量的乳脂率、反映种蛋质量的种蛋孵化率、反映饲料质量的某类营养物质含量标准等。产品质量定额能够鼓励和监督劳动者改进生产技术、提高劳动工效，从而提高企业生产效率。

3. 饲料消耗定额

饲料消耗定额是指饲养各种畜禽所需饲料的数量标准，即每头（或每只）畜禽每日的饲料消耗量，可用生产单位畜产品所需的饲料数量表示。不同种类、品种、年龄和用途的畜禽，需有不同的饲料消耗定额，比如种猪年消耗饲料 1 000 kg。影响饲料消耗定额的因素还有：饲料的配合调制方式、饲喂方法和饲养管理水平等。饲料消耗定额是制订饲料生产和供应计划的基础，也是考核饲养技术和管理水平的主要依据。

4. 物资消耗定额

物资消耗定额指生产单位产品或完成单位工作量所规定消耗的物资的数量标准。按不同特征，物资消耗定额可分为主要材料消耗定额、辅助材料消耗定额、燃料消耗定额、电力消耗定额、工具消耗定额等。按物资消耗定额的综合程度可分为物资消耗单项定额、物资消耗综合定额。

物资消耗定额的制订受多方面的影响，如生产技术水平、经营管理水平、物资质量、劳动者技术熟练程度及企业的经营方向等。养殖企业的生产技术水平越高，经营管理水平越高，物资质量越好，劳动者素质越高，所制订的物资消耗定额就越低。

5. 设备配备定额

设备配备定额指生产单位产品或完成单位工作量所规定的机械设备和其他劳动手段应配备的数量标准，如拖拉机、割草机、剪毛机、挤奶器等的配备定额。又可细分为设备利用率定额、生产设备作业定额、每头牲畜占用的畜舍面积定额等。

制订合理的设备配备定额可以以最少的投资和作业耗费取得较高的技术经济效果。因此，一个科学的设备配备定额，是编制劳动手段供应计划的基础，是科学组织劳动供应计划的依据，是搞好企业经济核算和节约劳动的手段，是提高管理水平的重要依据。

6. 财务定额

养殖企业生产中可以根据企业的生产规模、任务和供销条件，规定一个正常生产最低限度的资金占用和耗费及其利用效果的标准，即财务定额。财务定额是编制财务计划的基础，也是资金、成本、利润等核算和落实承包责任制的一种重要手段。养殖企业财务定额包括以下几种。

（1）资金占用定额。资金占用定额是指养殖企业在一定生产规模条件下，为实现预定的生产任务而规定的资金占用标准，主要包括固定资金定额和流动资金定额。

（2）费用定额。按费用项目反映资金耗费的标准，按其构成的内容不同，可分为单项费用定额和综合费用定额。单项定额包括饲料、兽药、水电等费用定额，其中大多采用物资消耗定额的货币形态。因此，可以直接将物资消耗定额转化为费用定额。综合费用定额包括机械作业费、共同生产费、企业管理费等费用定额。

（3）成本定额。成本定额是指生产一定种类和数量的产品或完成一定种类和数量的工作量（作业量）时所需消耗的物化劳动和活劳动的数量标准。成本定额是按部门、分产品，并划分为不同的成本项目来制订的。如可按畜别或分群制订饲养日成本，单位增重成本和产品成本定额。成本定额可根据成本核算资料计算，也可根据计划期的产量指标、技术措施、劳动定额、劳动消耗、物资消耗、资金定额等计算。

（4）利润定额。利润定额主要指单位产品或劳务所得的计划利润。一般不单纯制订利润定额,而是通过财务计划来确定。财务定额的制订,要与产量定额、劳动定额、物资消耗定额、设备利用定额的制订紧密地衔接起来。

财务定额的制订受生产规模、经营管理水平及企业生产方向、生产结构的改变等各方面因素所影响。制订合理的财务定额,可以促进合理筹集和安排资金,有计划地分配资金,加速资金周转,提高资金利用效率。

(三)制订定额的方法

养殖企业的各种定额受自然因素和社会经济因素的影响,既有客观因素,又有主观因素。要制订科学合理的定额,必须正确估计各种影响因素,进行科学的分析计算。只有企业制订的各种定额正确合理了,才能够编制合理的计划,指导生产活动,才能起到节约消耗、降低成本、增加产出、提高效益的作用。定额的制订方法主要有三种。

1. 经验法

经验法是根据养殖业生产实践经验,参照畜产品生产任务和企业技术条件、管理水平等因素制订企业各方面定额的方法。这种方法手续简便,工作量小,便于定额的及时制订和修改。但是,用这种方法制订的定额,对构成定额的各种因素,缺乏科学分析和计算,容易受人们主观因素的影响,因而定额的准确性、合理性一般较差。

2. 统计分析法

统计分析法是根据以往各时期的定额完成情况或实际记录资料,考虑到本期生产、技术、劳动组织变化、设备等因素,经过加工整理,科学计算、分析研究制订各种定额的一种方法。一般采用算术平均数法、移动平均数法或者回归分析法等制订各种定额。运用统计分析法制订定额要有齐全的原始记录,长期的历史统计资料。这种方法简单易行,工作量小,以占有比较大量的经济资料为依据,比经验法更能反映实际情况。凡是生产条件比较正常、产品比较固定、品种比较少、原始记录和统计工作又比较完整的情况下,一般都可以用这种方法,企业制订劳动定额时常用此法。

3. 记实法

属于客观描述方法,即将生产操作过程原原本本地记录下来,不加修饰和形容。主要有写实记录法和工作日记实法。写实记录法是一种研究各种性质的工作时间消耗的方法;工作日记实法是一种研究整个工作班内的工时消耗的方法。在我国这是一种采用较广的制订定额的方法。目前,电子技术相当发达和方便,可利用电子监控系统进行观察、记录,使定额的制订更加科学、合理。

三、编制经营计划的方法和程序

(一)编制经营计划的方法

1. 基本方法

养殖企业编制经营计划所采用的科学而又合理的基本方法是综合平衡法。所谓综合平衡就是通过协调与计划要达到目标有关的因素,使其在计划期内保持合理的比例,以取得最理想的经济效益的活动。即把计划任务同企业可能提供的各种条件,如土地、畜舍、劳力、机械设备、饲料、种子以及资金进行比较，通过反复综合平衡，有计划地协调它们之间的比例关系。做好综合平衡是计划工作的中心内容，也是提高计划水平的关键所在。

2. 综合平衡的主要任务

综合平衡要解决的核心问题，就是研究如何正确确定企业生产经营活动中的一些主要比例关系，并使这些比例关系协调一致。因此，综合平衡的主要任务是：①正确安排市场需求与企业计划的平衡；②积极组织饲料供应与畜禽需要的平衡；③有计划地协调劳动力需要量与供应量的平衡；④根据统筹兼顾、保证重点、量力而行的原则，处理好基本建设投资与企业人力、物力、财力的平衡；⑤根据增收节支、量入为出的原则，安排好全年收入与支出的平衡。

3. 平衡表和平衡等式

平衡法的具体运用主要是通过编制各种平衡表来实现的。平衡表要求互相对应的两方（供应与需要、生产与使用、收入与支出）进行记载和计算。因此，平衡表的基本内容，除具体项目名称外，大体上包括“增加量”“减少量”“余缺”三项。

在具体计算平衡表中的项目时，常采用如下平衡等式：

计划期初结存量＋本期计划增加量－本期计划减少量＝计划期末结存量

其中，本期计划增加量包括繁殖量、购入量、调入量、转入量；本期计划减少量包括出售量、淘汰或死亡量、调出量、转出量。

上述三个部分相互构成平衡关系，通过计划比较，如不平衡便采取措施，调整计划，实现平衡。应当看到，平衡是相对的，不平衡是经常的，因此，经营管理工作还要不断协调计划执行过程中出现的不平衡，积极求得新的平衡。在平衡中充分考虑畜牧业生产受自然因素影响大的特点，要注意留有一定的余地。

（二）编制经营计划的程序

编制经营计划必须按照一定程序进行，其基本程序如下。

1. 做好各项准备工作

主要是总结上一计划期计划的完成情况，调查市场的需要情况，分析本计划期内的情况。即做好总结、收集资料、分析形势、核实目标、核定计划量等工作。

2. 编制计划草案

主要是编制各种平衡表，试算平衡，调整余额，提出计划大纲，组织修改补充，形成计划草案。

3. 确定计划方案

组织讨论计划草案，并由有关部门审批，形成正式计划方案。

任务三　主要生产计划的编制

畜禽生产计划和饲料供应计划是养殖企业年度计划的中心内容，其中编制畜禽配种与产犊计划、畜禽周转计划在畜禽生产计划中尤为重要，这些计划的编制，对整个企业的生产规模、发展速度起着决定性作用。

一、畜群配种分娩与周转计划

按照一定要求对牲畜配种和分娩的时间进行计划安排，这是养殖企业年度计划的重要组成部分，也是制订畜群周转计划的重要依据。畜群配种分娩一般按照各种牲畜的配种分娩规律，根据当地生产条件和当年生产任务来制订。

畜群周转计划是以畜群配种分娩计划为基础，根据计划期内出生、生长、出售、购入、淘汰、屠宰等因素而编制的。畜群周转计划是掌握计划期内畜群变化情况，合理安排畜舍，充分合理地利用自然资源、经济资源的手段，组织和购入饲料，安排劳动力，资金预算和计算产值的依据。

（一）猪群配种分娩计划与周转计划

猪群配种分娩计划是猪场实现再生产和扩大再生产的重要保证，又是制订猪群周转计划的重要依据，也是工厂化养猪安排畜舍、确定生产工艺流程的重要因素。编制猪群配种产仔计划要根据猪的自然再生产特点，合理利用猪舍生产设备与工具，从生产实际出发，考虑产仔时间和各方面的条件来确定配种时间和配种头数，完成全年生产任务。

1. 猪群配种分娩计划

(1)编制猪群配种分娩计划所需材料。

①计划年初猪群结构。各种猪实有的头数，种公猪 3 头、基本母猪 23 头、检定母猪 5 头、后备母猪 13 头(其中 6 月龄 3 头、7 月龄 5 头、8 月龄 5 头)、育肥猪 76 头(其中 4 月龄 25 头，5 月龄 23 头，6 月龄 28 头)，总计 120 头。

②上年度母猪配种头数和时间，见表 4-1。

表 4-1 上年度母猪配种头数和时间 头

项目	配种月份				合计
	9	10	11	12	
基本母猪	2	7	8	3	20
检定母猪			1	4	5

③假设基本母猪一年 2 胎，平均每头每胎 10 头，检定母猪一年 2 胎，平均每胎 8 头，假定母猪受孕率、产仔率、仔猪成活率均为 100%。

④计划年终猪群应达到 435 头，其中包括基本母猪 28 头。

⑤上年度配种的母猪于本计划年度产仔月份，见表 4-2。

表 4-2 上年度配种的母猪于本计划年度产仔月份 头

项目	产仔月份				合计
	1	2	3	4	
基本母猪	2	7	8	3	20
检定母猪			1	4	5

(2)编制配种分娩计划。根据上面的资料,可编制繁殖猪群的配种分娩计划,见表 4-3。

表 4-3　繁殖猪群的配种分娩计划　　　　头

交配					产仔						
年份	月份	配种母猪头数			计划年月份	出生胎数			出生仔猪数		
		基本母猪	检定母猪	合计		基本母猪	检定母猪	合计	基本母猪	检定母猪	合计
上年	9	2		2	1	2		2	20		20
	10	7		7	2	7		7	70		70
	11	8	1	9	3	8	1	9	80	8	88
	12	3	4	7	4	3	4	7	30	32	62
计划年	1	3	5	8	5	3	5	8	30	40	70
	2		5	5	6		5	5		40	40
	3	2	3	5	7	2	3	5	20	24	44
	4	7		7	8	7		7	70		70
	5	8	1	9	9	8	1	9	80	8	88
	6	3	4	7	10	3	4	7	30	32	62
	7	3	5	8	11	3	5	8	30	40	70
	8		5	5	12		5	5		40	40
	9	2	3	5	全年	46	33	79	460	264	724
	10	7	3	10							
	11	10	2	12							
	12	6	3	9							
	全年	51	39	90							

2. 猪群周转计划

猪群周转计划是以猪群配种产仔计划为基础,根据计划期内出生、生长、出售、购入、淘汰、屠宰等因素而编制的。猪群周转计划是掌握计划期内猪群变化情况,合理安排畜舍,充分合理地利用自然资源、经济资源的手段,是组织和购入饲料,安排劳动力和制订养猪生产计划,资金预算和计算产值的依据。

猪群周转计划可以按年、按季、按月编制,工厂化猪场可按周进行编制,编制猪群周转计划采用平衡法进行,其关系式为:

计划期初存栏头数＋计划期内增加数－计划期内减少头数＝计划期末存栏头数

(1)编制猪群周转计划应有材料。①期初猪群结构状况;②猪群配种产仔计划;③淘汰种类、头数和时间;④计划期内生产的任务、购入数量、时间及计划期末存栏数;⑤仔猪出售头数及育肥猪出售头数;⑥本场后备母猪满 8 月龄配种;⑦本场采用自繁自养的经营模式;⑧育肥猪满 6 月龄出售。

(2)编制猪群周转计划。根据上面的资料,可编制该猪群的周转计划,如表 4-4 所示。

表 4-4 猪群的周转计划 头

组别	年初头数	月份												年末头数
		1	2	3	4	5	6	7	8	9	10	11	12	
种公猪	3	3	3	3	3	3	3	3	3	3	3	3	3	3
基本母猪	23	23	23	23	23	23	23	23	23	23	23	25	28	28
检定母猪	5	10	15	18	18	18	18	18	18	18	20	18	16	16
仔猪:1 月龄		20	70	88	62	70	40	44	70	88	62	70	40	40
2 月龄			20	70	88	62	70	40	44	70	88	62	70	70
后备猪:3 月龄					3	2	3	5	4	3				
4 月龄						3	2	3	5	4	3			
5 月龄							3	2	3	5	4	3		
6 月龄	3							3	2	3	5	4	3	3
7 月龄	5	3							3	2	3	5	4	4
8 月龄	5	5	3							3	2	3	5	5
育肥猪:3 月龄				20	67	86	59	65	36	41	70	88	62	62
4 月龄	25				20	67	86	59	65	36	41	70	88	88
5 月龄	23	25				20	67	86	59	65	36	41	70	70
6 月淘汰猪	28	23	25				20	67	86	59	65	36	41	41
育肥第一个月											1	2	2	2
育肥第二个月												1	2	2
育肥第三个月													1	1
出售满 2 个月仔猪														
出售育肥猪		28	23	25				20	67	86	59	65	36	
总计	120	112	159	222	284	354	394	418	421	423	426	431	435	435

(二)乳牛群配种产犊计划与周转计划

合理组织乳牛的配种产犊,消灭空怀和不孕,是乳牛场增加产乳量和产犊数的重要工作。

1. 乳牛群配种产犊计划

(1)确定乳牛的配种产犊方式。乳牛的配种产犊方式有陆续性产犊和季节性产犊两种方式。

陆续性产犊指全年各月份均衡地、连续不断地产犊。现代化程度较高的乳牛场普遍采用该方式。

季节性产犊指乳牛集中在一年中某一季节产犊。草原地区乳牛场由于受生产条件限制,采用春季产犊,目的是能充分利用天然草场资源。在夏季炎热地区,为减轻气候高温对乳牛泌乳高峰的影响和降低产科疾病的发生,常在每年的 9 月中旬至 11 月上旬停止配种。

(2)确定生产性能指标。即各时期配种母牛头数、各时期产犊母牛头数、各时期生产犊牛的头数等。制订计划的方法就是根据乳牛群自然再生产周期和生产需要,具体安排和推算每头母牛的配种日期和产犊日期,通过汇总,即可得出各时期的配种数和产犊数。

长期计划中的产犊头数一般按下列方式计算:

年产犊头数＝母牛头数×配种率×受胎率×产犊率×母牛年平均产犊次数×每胎平均产犊数×成活率

缺少历年统计资料时，可采用简单计算方式：

年产犊头数＝可繁殖母牛数×年分娩次数×每胎成活率

（3）需要掌握以下材料。①计划年初的乳牛群结构；②配种产犊的类型和时间；③上年已配种受胎母牛的头数和配种时间；④母牛年产犊次数、每胎产犊头数和犊牛的成活率；⑤计划年内预计淘汰头数和淘汰时间；⑥母牛的成熟期；⑦母牛产犊后适宜再配种的时间，空怀母牛头数、不孕母牛头数和不孕原因等资料。

（4）编制乳牛群配种产犊计划。现以某奶牛场为例，根据以下资料编制配种产犊计划。

①计划任务指标：年终牛存栏数应达到 970 头，其中成年乳牛 650 头，计划年繁殖成活犊牛 720 头，计划淘汰老母牛 50 头，计划从繁殖成活的幼母牛中，留有后备母牛 160 头，其余出售，幼公牛全部出售。

②计划年初乳牛群的结构，见表 4-5。

表 4-5　计划年初乳牛群的结构　　头

成年乳牛	后备母牛	1～2 岁青年母牛	未满 1 岁幼母牛	合计
550	100	50	160	860

③上年度已配种受胎的母牛头数和时间如表 4-6 所示。

表 4-6　上年度已配种受胎的母牛头数和时间　　头

项目	上年配种受胎月份												合计
	1	2	3	4	5	6	7	8	9	10	11	12	
成年母牛				37	33	48	44	48	75	54	69	42	450
后备母牛（已成熟）					12	13	12	10	15	12	14	12	100
合计				37	45	61	56	58	90	66	83	54	550

④上年产犊后未配种的母牛 100 头，在今年 1 月份配种受胎 20 头，2 月份配种受胎 15 头，3 月份配种受胎 15 头。其余 50 头育肥淘汰，不再配种。

⑤1～2 岁青年母牛和未满 1 岁幼母牛去年和前年出生的头数和月份如表 4-7 所示。

⑥根据牛的品种，后备母牛从出生后第 16～17 个月即可配种，母牛怀孕期为 9.5 个月（285 d），从配种后第 10 个月内分娩，成年母牛分娩后 1 个月配种，第一次分娩的后备母牛，分娩后 2 个月配种。

⑦假设牛的受孕率、产犊率和成活率均为 100%；新生犊牛按公、母各半计算。

表 4-7　青年及周岁以下母牛出生月份　　头

项目	出生月份												合计
	1	2	3	4	5	6	7	8	9	10	11	12	
1～2 岁青年母牛（前年）										14	18	18	50
未满 1 岁幼母牛（去年）	13	14	15	15	12	14	10	12	16	12	12	15	160

根据上述计划任务指标和各项资料，编制乳牛群的配种产犊计划，见表 4-8。

表 4-8 乳牛群某年配种产犊计划 头

产犊时间	产犊头数			各月份配种头数												配种总数
	母牛	后备母牛	合计	1	2	3	4	5	6	7	8	9	10	11	12	
去年产犊的母牛				20	15	15										50
今年产犊的母牛和青年母牛																
1	37		37		37											37
2	33	12	45			33	12									45
3	48	13	61				48	13								61
4	44	12	56					44	12							56
5	48	10	58						48	10						58
6	75	15	90							75	15					90
7	54	12	66								54	12				66
8	69	14	83									69	14			83
9	42	12	54										42	12		54
10	20	14	34											20	14	34
11	52	18	70												52	52
12	48	18	66													
1～2 岁青年母牛				14	18	18										50
未满 1 岁幼母牛							13	14	15	15	12	14	10	12	16	121
合计	570	150	720	34	70	66	73	71	75	100	81	95	66	64	45	840

上面的乳牛群配种产犊计划的编制过程，可以总结出编制配种产犊计划的步骤与方法如下。

第一步，掌握必要的计划指标和各种资料。

第二步，确定配种产犊类型，例如采用陆续产犊。

第三步，把上年配种今年产犊的母牛和后备母牛的头数及产犊时间填入表内的产犊头数栏，把上年产犊后未配种，而在今年配种的填入各月的配种头数栏目。

第四步，计算今年产犊今年配种和今年配种今年产犊的母牛和后备母牛头数及时间，将数字填入有关的栏目。

第五步，将 1～2 岁青年母牛和未满 1 岁幼母牛可以进行配种的填入相应的配种月份；同时今年配种当年产犊的头数根据其时间也填入相应的产犊月份栏内。

2. 乳牛群周转计划

乳牛群周转计划是编制饲料供应计划、劳动力需要计划、基本建设计划的依据。

(1)编制乳牛群周转计划时需掌握的材料。①计划年初各种牛的存栏数。②计划年终应达到的存栏数。③计划年内淘汰牛的头数。④计划出售的幼牛头数或成年乳牛头数。⑤根据配种产犊计划，计算繁殖成活的犊牛头数。⑥计划年内各种牛购入头数。

(2)编制乳牛群周转计划。根据已知资料和乳牛群配种产犊计划编制牛群周转计划，见表 4-9。其编制步骤如下。

①明确转组和本计划平衡条件。牛的转组由畜龄较小的组转入育龄较高的组，“转出”与

“转入”数相对应，即二者相等。周转计划的平衡关系是：

计划期初头数＋计划期增加数－计划期减少数＝计划期末头数

②分别计算各组的增减变化头数，根据转组关系把相应头数填入转出或转入相应栏内。

表 4-9　牛群周转计划　　头

组别	计划年初头数	增加			减少			计划年终头数
		繁殖	购入	转入	转出	出售	淘汰	
母牛	550			150			50	650
后备母牛(已成熟)	100			121＋50	150			121
1～2 岁青年母牛	50			39	50			39
未满 1 岁幼母牛	160			160	121＋39			160
计划年出生的小母牛		360			160	200		
计划年出生的小公牛		360				360		
合计	860	720		520	520	560	50	970

(三)鸡群周转计划

在种鸡场内，一般当年繁育的后备鸡应占全群的 50%，若在 3～4 月份育雏，则在 10 月份转入种鸡群为宜，转出数中包括正常淘汰率为 35%～40%，死亡率为 10%～15%。根据鸡群每月变动情况，可计算出每月初存养鸡数和平均养鸡数。根据母鸡群的大小，按照公、母比例配足公鸡，一般应多留 10%～20%的备用种公鸡。种鸡群确定后，即可制订种鸡饲养计划表，内容含种鸡(公、母)1～12 月份每月的月初只数、淘汰死亡率(%)、淘汰死亡数(只)、本月总饲养日(d)，月平均饲养数(只)，当年鸡转群数(只)。种鸡饲养计划列出后，为了使鸡舍的周转与鸡群数量结合起来，应汇总各环节情况，编制鸡群周转计划表。含鸡舍号、饲养品种、上月底圈存、增加数(含转入、购入)、减少数(含出售、转出、淘汰死亡)、月底圈存等内容。

鸡群周转计划一般采取按月周转计划方式，详细反映各月龄种公鸡、淘汰种公鸡、产蛋种鸡、淘汰产蛋种鸡、成活雏鸡、育肥成鸡周转变化以及购入种公鸡、出售肉用鸡和育肥鸡的数量。雏鸡育成鸡周转计划见表 4-10，蛋鸡周转计划见表 4-11。

表 4-10　雏鸡育成鸡周转计划

月份	0～42 日龄					43～132 日龄				
	期初只数	购入日期数量	转出日期数量	成活率	平均饲养只数	期初只数	购入日期数量	转出日期数量	成活率	平均饲养只数
1										
2										
3										
⋮										
⋮										
合计										

引自：杨山，家禽生产学，2001，第 154 页。

表 4-11 蛋鸡周转计划(133～504 日龄)

月份	期初数	转入		死亡数	淘汰数	存活数	总饲养只日数	平均饲养只数
		日期	数量					
1								
2								
3								
⋮								
⋮								
合计								

引自:杨山,家禽生产学,2001,第 154 页。

二、饲料供应计划

为保证饲料供应,养殖企业应充分利用有限土地,种植高产优质的青粗饲料,如青贮玉米、毛苕草、黑豆草等。为此畜禽养殖企业应编制饲料生产作业计划,内容包括各种作业项目(如整地、播种、施肥浇水、收获等)、工作量、完成时间、所需人工、机械以及种子、化肥、农药需要量等。

饲料供应计划是养殖企业年度计划中最重要的计划之一。制订饲料供应计划首先要根据畜禽存栏的种类与数量、饲料消耗定额、饲养天数求出一个时期(如 1 周、1 个月、1 年)的饲料需要量,然后根据饲料需要量来组织编制饲料供应计划。饲料供应计划包括购入饲料计划和自产饲料计划。自产饲料计划是根据企业土地与草原资源情况而安排的饲料生产计划。自产饲料计划与畜禽饲料需要量计划的差额即为购入饲料供应计划。

下面是一个以某猪场为例计算饲料需要量计划的例子。

1. 所需资料

(1)猪群周转计划表(表 4-4)。

(2)饲料消耗指标。按猪不同的生产阶段,根据要求定出不同的饲料消耗指标(表 4-12)。

表 4-12 不同类型猪的饲料日粮定额 kg/d

猪的类型	饲料日粮定额	猪的类型	饲料日粮定额
成年种公猪	3	哺乳母猪	4.5
待配及查情母猪	2	肉猪	2.5
妊娠前期母猪	2	乳猪	0.3
妊娠后期母猪	2.5	仔猪	0.9

2. 饲料需要量计划(表 4-13)

$$某类猪饲料需要量=某类猪平均头数\times日粮定额\times饲养天数$$

表 4-13　____月猪饲料需要量计划

猪的类型	头数	饲料消耗指标	月需要饲料量
成年种公猪			
待配及查情母猪			
妊娠前期母猪			
妊娠后期母猪			
哺乳母猪			
育肥猪			
乳猪			
仔猪			
合计			

根据以上饲料需要量计划制订饲料供应计划。饲料供应计划应增加一定的保险储备饲料量(饲料需要量的 0.5%)。

三、产品产量计划

畜产品产量计划是反映养殖企业生产畜产品情况的计划,如育肥猪的产品计划、奶牛产奶计划、蛋鸡的产蛋计划等,因畜禽的种类与其产品的不同,内容和指标也不同,其产品计划应分别进行编制。

1. 育肥猪场的产品计划

育肥猪场的生产任务,是以最少的饲料消耗及其他支出,在最短的饲养期内,取得高产优质的猪肉,保证按时、按量、优质地供应市场,并获得最佳经济效益。产品计划可根据猪群周转计划中每月出售育肥猪的数量和出栏体重编制。编制这一计划时,正确确定最佳出栏体重是十分重要的环节。从育肥猪正常日增重的情况看,本地猪和用长白、大约克夏公猪作父本的二元杂交猪出栏体重以 75～85 kg 为宜,三元杂交猪出栏体重以 85～100 kg 为宜,瘦肉型猪出栏体重以 100～110 kg 为宜(表 4-14)。

表 4-14　不同体重育肥猪料肉比

活重/kg	日增重/kg	日耗料/kg	料肉比
10.00	393	0.95	2.4∶1
22.50	544	1.45	2.7∶1
45.00	762	2.40	3.1∶1
67.50	816	3.00	3.7∶1
90.00	816	3.50	4.3∶1
110.00	816	3.75	4.6∶1

从表 4-14 可以看出,猪的体重越小,饲料利用率越高。就日增重的变化分析,到了 67.5 kg 时,日增重不是随着体重的增加而上升,而是随着饲料消耗量的增加停滞在一定水平上;当体重超过 110 kg 时,每增重 1 kg 所耗费的饲料则大为增加。因此,在编制育肥猪场的产品计划

时，应根据育肥猪生长发育规律、生产经营方向、经济效果和当地气候条件等，确定最适宜的出栏体重。

2. 奶牛场的产奶计划

它是根据每头产奶牛的全期生产情况进行编制的。奶牛一般每年产犊一次，每次分娩后开始泌乳，泌乳期一般为10个月。

编制奶牛的产奶计划，关键是把泌乳月的产奶量换算为日历月的产奶量。其换算公式是：

$$日历月产奶量=\sum(泌乳日产奶量\times泌乳日数)$$

例：某头奶牛的第一个泌乳月是从计划年内1月16日至2月15日，第二个泌乳月是从2月16日至3月15日。两个泌乳月的日产奶量分别是15 kg和16 kg，则2月份平均产奶量为：

$$2月份平均产奶量=15\times15+16\times13=433(kg)$$

在产奶总量中，扣除犊牛的消耗部分，根据每头奶牛每日的产奶情况，即可编制本企业全年的产奶计划，具体内容见表4-15。

表4-15 奶牛产奶计划 kg

母牛编号		1	2	3	4	5	6	7	8
胎次									
前胎产奶情况	前期产奶量 最高产奶月份 最高产奶量								
产奶量	1月								
	2月								
	3月								
	4月								
	5月								
	6月								
	7月								
	8月								
	9月								
	10月								
	11月								
	12月								
合计									

3. 蛋鸡场的产蛋计划

产蛋计划可以根据各月平均饲养产蛋鸡数和产蛋率，计算出各月的产蛋量，如表4-16所示。如果饲养品种较多，可分别编制，然后汇总成总产蛋计划。

表 4-16　蛋鸡产蛋计划

月份	平均饲养数/只	产蛋率/%	平均蛋重/g	日产量/kg	当月天数/d	月产量/kg
1	112 000	69	63	4 868.64	31	150 927.84
2	112 000	70	63	4 939.20	28	138 297.60
3	112 000	70	63	4 939.20	31	153 115.20
4	112 000	40	63	4 939.20	30	148 176.00
5	112 000	70	63	4 939.20	31	153 115.20
6	112 000	70	63	4 939.20	30	148 176.00
7	112 000	69	62	4 791.36	31	148 532.16
8	112 000	69	62	4 791.36	31	148 532.16
9	112 000	70	62	4 860.80	30	145 824.00
10	112 000	70	63	4 939.20	31	153 115.20
11	112 000	70	63	4 939.20	30	148 176.00
12	112 000	70	63	4 939.20	31	153 115.20
年平均	112 000	69.75	62.75	4 902.15		149 091.88

任务四　养殖企业经营计划的执行、控制与调整

一、企业经营计划的执行

编制计划仅仅是计划工作的开始，更为重要的是计划的执行。因此，养殖企业不仅要编好计划，更要认真地执行计划，要采取强有力的措施，保证计划的贯彻执行。在计划执行过程中，要经常进行检查，了解、掌握计划的完成情况。

落实计划的较好形式，就是通过推行目标化管理和进行合同管理。

1. 目标化管理

所谓目标化管理，就是企业在一定时期内，确定总目标，编制生产经营计划，分解总目标，并逐级落实到各部门或各环节，保证分配指标的完成和总目标的实现。

2. 目标化管理的过程

目标化管理一般经过制定目标、实施目标和评价目标三个阶段。制定目标是管理工作的出发点和归宿，企业制定出总目标后，层层分解到每个部门、车间、班组和个人，并授予相应的权力；实施目标是在落实企业生产经营计划总目标的基础上，及时进行调查研究和检查，看其分解后的子目标能否实现，以及实现的程度，如不能实现，分析原因，进行必要的调整；评价目标是计划结束后，企业根据计划完成情况，进行经验、教训总结，为编制下期计划提供借鉴。

二、企业经营计划的控制

养殖企业经营计划在执行过程时，同样要进行必要的控制。

1. 经营计划控制的任务

(1)发现偏差。在经营计划执行过程中通过各类手段和方法,分析计划的执行情况,以便发现计划执行中的问题。

(2)分析偏差。分析偏差实际上是对经营计划执行过程中出现的问题和偏差进行研究,找出出现问题和偏差的原因,以便采取针对性的措施。

(3)纠正偏差。根据偏差产生的原因采取针对性的纠偏对策,使企业生产经营活动能按既定的经营计划进行,或者通过修改经营计划,使它能继续指导企业生产经营活动。

2. 经营计划控制的步骤

(1)确立标准。企业经营计划的指标、各种技术经济定额、技术要求等,都是检查计划执行情况的标准。

(2)测定执行结果。一般可以通过统计报表和原始记录等资料来测定经营计划的执行结果。这些资料越准确、越完整,测定的结果就越准确,越能反映计划执行的实际状况,使得控制恰到好处,取得比较满意的控制效果。

(3)比较执行结果。将测定的执行结果与预期目标进行比较、分析。比较分析的目的是看执行结果是否与预期目标发生偏差。

(4)纠正偏差。纠正偏差的方式有两种:一种是采取措施使经营计划的执行结果接近预期目标;另一种是修正预期目标。

3. 经营计划控制的方法

经营计划控制分为自我控制和自上而下控制。

自我控制是企业内各部门及个人对自己从事的生产经营活动进行控制。为此,各部门必须使每个人的物质利益与其经济活动的效果挂钩,形成物质利益与生产经营效果相统一的良性循环。

自上而下控制。一般分为预先控制、现场控制、反馈控制。预先控制是企业在计划执行前对计划实施进行控制,也就是对人、财、物等在实施前进行优化组合;现场控制是管理部门,深入基层生产单位,对工作程序和工作方法进行指导、监督计划的实现,按照计划要求组织生产经营活动;反馈控制是生产经营活动同计划产生了偏差,把产生偏差的信息及时准确地反馈给企业管理部门,马上组织人员分析偏差原因,制订纠偏措施。上述三种控制方法,预先控制是基础,现场控制是关键,反馈控制是及时纠偏的好方法。三种方法各有其适应性,必须相互结合应用。

三、企业经营计划的调整

养殖企业所制订的各种计划,都是在总结上一个计划期经验与教训的基础上,编制出来的,这样的计划不可能与现实的客观条件完全一致,不可能完全符合客观要求。因此,对原计划必须进行修改或补充。随着时间的推移,条件的变化,只有经常调整计划,才能保持企业的活力,企业才能健康发展。

经营计划调整的方法如下。

1. 滚动计划法

所谓滚动计划法是按照“近细远粗”的原则制定一定时期内的计划,然后按照计划的执行情况和环境变化，调整和修订未来的计划，并逐期向后移动，把短期计划和中期计划结合起来的一种计划方法。

其编制方法是：在已编制出的计划的基础上，每经过一段固定的时期（例如一年或一个季度，这段固定的时期被称为滚动期）便根据变化了的环境条件和计划的实际执行情况，从确保实现计划目标出发对原计划进行调整。每次调整时，保持原计划期限不变，而将计划期顺序向前推进一个滚动期。

其特点是：近细远粗；保持各期计划的灵活性；保持各期计划之间的连续性。适用于品种比较稳定情况下的生产计划和销售计划的调整。

2. 启用备用计划法

当正在执行的计划方案因条件发生重大变化已不能继续实施时使用备用计划法。判断启用时机依据先行指标显示来判断（先行指标即某些经济状况将要出现，某些变动将要发生时的先兆）。适用于品种发展计划、企业改造计划、筹措资金计划。

【思政角】

为全面贯彻落实农业农村部《推进肉牛肉羊生产发展五年行动方案》，解决肉牛肉羊养殖生产过程中的问题，推动牛羊肉产业畜牧养殖技术及产品的推广应用，增强牛羊肉产业科技创新能力，"中国（国际）牛羊肉产业博览会暨牛羊畜牧养殖产品及装备展览会"于 2022 年 7 月 08 日至 10 日在呼和浩特市举办，全面展示"肉牛肉羊良种繁育、饲料、防疫、养殖、智慧牧场、节能环保"等畜牧产业链高新技术及产品，并举办肉牛肉羊畜牧养殖系列关键技术研讨会等高端会议，为中国肉牛肉羊产业发展提供高科技支撑。

2022 中国（国际）牛羊肉产业博览会以"形象展示＋贸易成交"为办展目的，在为肉牛肉羊畜牧养殖产品及装备生产企业提供展示品牌形象及企业实力的同时，精心组织专业观众，突出展会贸易成交实效。该博览会的组委会除发函邀请全国各牛羊肉主产区农牧局、各省市畜牧业协会及牛羊养殖协会组团参观外，还建设了全国 6 万家规模化肉牛肉羊养殖专业合作社及大型养殖企业数据库，邀请 6 万家规模化肉牛肉羊养殖专业合作社及大型养殖企业现场采购交易，把本展会打造成中国牛羊畜牧养殖最重要的采购交易大会。

对于养殖业，党中央国务院出台了多项方案与政策，为我国养殖人不断谋幸福，为养殖企业的发展提供了很多有利条件，有了这样的基础环境，养殖业一定会日益精进，日益壮大。

【案例分析】

猪饲料供应计划的编制

一、案例介绍

甘肃省武威市某规模化猪场各类猪群常年存栏量为：种公猪 26 头，后备公猪 10 头，青年母猪 180 头，空怀配种母猪 76 头，妊娠母猪 256 头，泌乳母猪 125 头，哺乳仔猪 1 175 头，保育仔猪 1 060 头，生长育肥猪 3 312 头。各类猪群的数量及日粮定额如表 4-17 所示，饲料损耗率按 0.5%计算。试根据当地的饲料规格与单价，做出本场下一年度的饲料供应计划。

表 4-17 甘肃省武威市某规模化猪场各类猪群常年存栏数及日粮定额

猪群	日粮定额/kg	常年存栏猪群头数/头
种公猪	2.5	26
后备公猪	2.2	10
青年母猪	2.1	180
空怀配种母猪	2.0	76
妊娠期母猪	2.2	256
泌乳期母猪	5.0	125
15～35 日龄仔猪	0.3	1 175
36～70 日龄小猪	0.9	1 060
71～180 日龄育肥猪	1.75	3 312
总计		6 220

二、案例分析

本场下一年度的饲料供应计划编制如下。

第一步：根据公式，饲料需要量＝猪群头数×日粮定额×饲养天数，代入表 4-17 提供的数据，计算出各类猪群的每天、每周、每季（计 13 周）、全年（计 52 周）的饲料需要量，并填入表 4-18。

表 4-18 甘肃省武威市某规模化猪场各类猪群饲料需要量计算结果 kg

猪群	饲料需要量			
	每天	每周	每季(13 周)	全年(52 周)
种公猪	65.0	455.0	5 915.0	307 580.0
后备公猪	22.0	154.0	2 002.0	104 104.0
青年母猪	378.0	2 646.0	34 398.0	1 788 696.0
空怀配种母猪	152.0	1 064.0	13 832.0	719 264.0
妊娠期母猪	563.2	3 942.4	51 251.2	2 665 062.4
泌乳期母猪	625.0	4 375.0	56 875.0	2 957 500.0
15～35 日龄仔猪	352.5	2 467.5	32 077.5	1 668 030.0
36～70 日龄小猪	954.0	6 678.0	86 814.0	4 514 328.0
71～180 日龄育肥猪	5 796.0	40 572.0	527 436.0	27 426 672.0
总计	8 907.7	62 353.9	810 600.7	42 151 236.4

第二步：根据计算结果，饲料损耗率按 0.5%计算，制订各种配合饲料的年度供应量计划，并填入表 4-19。

表 4-19　甘肃省武威市某规模化猪场各类猪群年度饲料损耗量与供应量　　kg

饲料名称	日均用量	周需要量	年需要量（52周）	年损耗量	年供应量
种公猪料	65.0	455.0	307 580.0	1 537.9	309 117.9
后备公猪料	22.0	154.0	104 104.0	520.5	104 624.5
青年母猪料	378.0	2 646.0	1 788 696.0	8 943.5	1 797 639.5
空怀配种母猪料	152.0	1 064.0	719 264.0	3 596.3	722 860.3
妊娠期母猪料	563.2	3 942.4	2 665 062.4	13 325.3	2 678 387.7
泌乳期母猪料	625.0	4 375.0	2 957 500.0	14 787.5	2 972 287.5
15～35 日龄仔猪料	352.5	2 467.5	1 668 030.0	8 340.2	1 676 370.2
36～70 日龄小猪料	954.0	6 678.0	4 514 328.0	22 571.6	4 536 899.6
71～180 日龄育肥猪料	5 796.0	40 572.0	27 426 672.0	137 133.4	27 563 805.4
总计	8 907.7	62 353.9	42 151 236.4	210 756.2	42 361 992.6

第三步：经市场调查或问询猪场，掌握全价配合饲料单价，计算金额后填入饲料供应计划表 4-20。

表 4-20　甘肃省武威市某规模化猪场年度饲料供应计划

序号	饲料名称	年供应量/kg	单价/(元/kg)	金额/万元
1	种公猪料	309 117.9	3.6	111.28
2	后备公猪料	104 624.5	3.4	35.57
3	青年母猪料	1 797 639.5	3.4	611.20
4	空怀配种母猪料	722 860.3	3.2	231.32
5	妊娠期母猪料	2 678 387.7	3.4	910.65
6	泌乳期母猪料	2 972 287.5	3.6	1 070.02
7	15～35 日龄仔猪料	1 676 370.2	6.0	1 005.82
8	36～70 日龄小猪料	4 536 899.6	5.0	2 268.45
9	71～180 日龄育肥猪料	27 563 805.4	3.2	8 820.42
合计				15 064.73

【考核评价】

一、考核题目

某规模化养猪场某年猪群统计资料如下所示。

(1)计划年初猪群结构。各种猪实有的头数，种公猪 3 头、基本母猪 42 头、检定母猪 9 头、后备母猪 24 头(其中 6 月龄 6 头、7 月龄 9 头、8 月龄 9 头)、育肥猪 137 头(其中 4 月龄 45 头，5 月龄 42 头，6 月龄 50 头)，总计 215 头。

(2)上年母猪配种 38 头，配种时间和头数如表 4-21 所示，剩下没有配种的于下年 1 月份配种。

表 4-21　上年母猪配种头数和时间　　头

项目	配种月份				合计
	9	10	11	12	
基本母猪	4	13	15	6	38
检定母猪			2	7	9

(3)假设基本母猪一年 2 胎，平均每头每胎 10 头，检定母猪一年 2 胎，平均每胎 8 头，假定母猪受孕率、分娩率、仔猪成活率均为 100%。

(4)计划年终猪群应达到 738 头，其中包括基本母猪 50 头。

(5)上年度配种的母猪于本计划年度分娩月份，见表 4-22。

表 4-22　上年度配种的母猪于本计划年度分娩月份　　头

项目	分娩月份				合计
	1	2	3	4	
基本母猪	4	13	15	6	38
检定母猪			2	7	9

(6)本场后备母猪满 8 月龄配种。

(7)育肥猪满 6 月龄出售，淘汰育肥猪满 3 个月出售。

(8)从各月 3 月龄幼猪中选留后备母猪的月份、头数见表 4-23。

表 4-23　各月 3 月龄幼猪中选留后备母猪的月份、头数

选留月份	4	5	6	7	8	9	合计
选留头数	6	4	6	9	7	6	38

(9)本场主要采用自繁自养的经营模式。从各月 3 月龄幼猪中，除去所留后备母猪的头数外，如总数不超过 120 头，则用于本场育肥，如超过 120 头，超过部分则出售。

(10)本场计划由鉴定母猪转入基本母猪于 10 月份转入 2 头，11 月份转入 7 头，12 月份转入 9 头。

(11)本场计划于 10 月份、11 月份、12 月份分别淘汰基本母猪 2 头、4 头、4 头。

要求：根据以上资料编制该猪场该年猪群配种分娩计划与周转计划。

二、评价标准

(1)养殖企业在编制经营计划时必须遵循编制计划的四大原则。

(2)编制养殖企业生产计划的基本方法——平衡法。平衡法的具体运用主要是通过编制各种平衡表来实现的。在具体计算时，常用的平衡关系式(即平衡等式)：

计划期初存栏头数＋计划期内增加数(繁殖、外购、转入)－计划期内减少头数(出售、死亡、转出)＝计划期末存栏头数。

(3)编制猪群配种分娩计划和周转计划时运用“养猪生产技术”课程所学的知识，用到的主要有确定母猪分娩类型、母猪妊娠的时间、后备母猪初配年龄、猪群分组与周转等方面的相关知识。

(4)编制猪群配种分娩计划和周转计划时需要收集养猪场的数据统计资料。

(5)猪群配种分娩计划是编制猪群周转计划的依据和基础。

【码上学习】

经营计划管理制度

项目五
养殖企业合同管理

【先导案例】

“2月30日”“11月31日”，这些根本就不存在的荒唐日期，却屡次出现在某镇政府申报款项的相关统计表中。通过伪造统计表、虚报项目等手段，某镇农业发展局原工作人员郭某与某养殖污染处理专业合作社负责人沈某里应外合，多次骗取公共财物。

“2020年上半年，郭某被依纪依法受到严肃处理。他竟能凭这样的报表瞒天过海，通过审核拿到补贴，暴露出监督管理、审核把关失之于宽、失之于软的问题，值得全镇干部吸取教训。”该镇召开党委扩大会议，深入剖析这起案件中失职失责问题。会上，该镇党委书记穆某进行集体廉政谈话，要求班子成员履行“一岗双责”，加强对分管部门、干部的教育和监督。

纪委监委相关负责人介绍，2019年，在接到有关群众信访举报后，对郭某等人违纪违法问题进行立案审查调查。调查人员在审查调查的过程中意识到，问题背后存在着监管责任的缺失。

按程序，政府补助资金的发放应先由镇农业发展局审核，确认无误后再提交给镇里分管领导签字，最后才上报市里审定后进行发放。

这些荒唐的统计数据为什么能通过审批？郭某和沈某为何如此轻易就能得手？究竟是在哪个环节出了问题？

作为当时的分管领导，该镇原副镇长缪某在谈话时承认，自己签了相关统计表，当被提醒他仔细看时间时，他显得有些吃惊。

“犯这样的低级错误，真是太不应该了！”缪某红着脸解释道：“当时郭某跟我说沈某最近资金紧张，催得比较急……只要我当时稍微注意一下，这种明显弄虚作假的问题早就被发现和纠正了。”

“为什么会犯这样的低级错误？”

“这块工作上，郭某是具体经办人，我本人不太懂业务。一般情况下，我看到有他签字，也就签字了。”缪某说。

在谈话中，缪某多次提到“郭某在合同上签字了，我就跟着签字了”这样的话。分管领导对自己如此放心，郭某便与沈某连续“空手套白狼”。

经查，郭某将沈某原先已经申报并实施过的项目重新包装，骗取奖励资金13.2万元。蒙混过关后，他故技重施，通过伪造材料、虚报沈某根本没有建设过的项目，再次骗取到政府工程款7.9万余元。

最终，市纪委监委查明，缪某作为镇分管领导，在日常工作中对下属疏于管理，落实“一岗双责”工作不力。2019年9月27日，市纪委给予缪某党内严重警告处分，收缴其违纪所得；市监委给予其撤职处分。

郭某千不该万不该知法犯法，骗取养殖污染处理方面的拨款，究其根本原因，是该镇对预算管理、收支管理、采购管理、建设项目管理、资产管理和经济合同管理等六个管理办法制订不合理，存在制度漏洞。

作为养殖企业，熟知合同管理的相关知识是非常有必要的。本章将学习养殖企业合同管理的相关知识。

【学习目标】

了解合同的概念、法律特征及作用；掌握合同订立的方式、程序及合同的主要条款；明确合同成立的时间和地点、合同的效力；熟悉合同的履行、变更和终止。

【学习内容】

任务一　合同的订立

一、合同及养殖合同的概念

我国现行的合同法律制度主要规定在《民法典》合同编。根据《民法典》第四百六十四条的规定，合同是指民事主体之间设立、变更、终止民事法律关系的协议。合同是当事人之间意思表示一致的民事法律行为，旨在设立、变更或终止民事权利义务关系。

养殖企业合同是为了保护养殖企业当事人的合法权益，维护社会经济秩序，促进社会主义现代化建设而制订的协议。必须符合法律要求，并受到法律保护。

二、合同订立的形式

《民法典》第四百六十九条第一款规定，当事人订立合同，有书面形式、口头形式和其他形式。

（一）书面形式

书面形式是指合同书、信件和数据电文（包括电报、电传、传真、电子数据交换和电子邮件）等可以有形地表现所载内容的形式。法律、行政法规规定或者当事人约定采用书面形式的，应当采用书面形式。例如，根据《民法典》的规定，融资租赁合同、建设工程合同、技术开发合同均应采用书面形式。

（二）口头形式

口头形式是指当事人双方就合同内容面对面或以通信设备交谈达成的协议。

（三）其他形式

除了书面形式和口头形式，合同还可以以其他形式成立。其他形式合同可以包括“推定形式”与“默示形式”。

1. 推定形式

推定形式指当事人没有口头或文字的意思表示，由特定行为间接推知其意思而成立合同。如房屋租赁合同期限届满时，当事人双方未明确续租，但承租人继续缴纳租金，出租人接受租金，自此行为可推定房屋租赁合同继续成立有效。

2. 默示形式

默示形式指当事人既未明示其意思，也不能借由其他事实推知其意思，即当事人单纯沉默。沉默原则上不具有意思表示价值，除非法律有特别规定或当事人有特别约定。例如，根据《民法典》第六百三十八条的规定，试用买卖试用期限届满，买受人对是否购买标的物未做表示的，视为购买。

三、合同订立的程序

根据《民法典》规定，当事人采取要约、承诺方式订立合同。

（一）要约

要约是一方当事人（要约人）以缔结合同为目的，向对方当事人（受要约人）提出合同条件，希望对方当事人接受的意思表示。发出要约的当事人成为要约人，要约所指向的对方当事人则成为受要约人。

1. 要约应具备的条件

（1）要约须由要约人向特定相对人作出意思表示。要约必须经过相对人的承诺才能成立合同，因此要约必须是要约人向相对人发出的意思表示。相对人一般为特定的人，但在特殊情况下，对不特定的人作出但不妨碍要约所达目的时，相对人也可以是不特定人。《民法典》第四百七十三条第二款规定，商业广告的内容符合要约规定的，视为要约。

（2）要约的内容必须确定、完整，具有足以使合同成立的必要条款。依具体合同类型的不同，要约可能需包含标的、数量、质量、价款或者报酬等内容，一经受要约人承诺，合同即可成立。

（3）要约须表明经受要约人承诺，要约人即受该意思表示约束。要约必须是以缔结合同为目的的意思表示。要约人发出的要约内容必须能够表明：如果对方接受要约，合同即告成立。相反，单纯的初步磋商、贸易谈判的邀请或戏谑等表示，不构成要约。

2. 要约邀请

要约邀请是希望他人向自己发出要约的意思表示。要约邀请与要约不同，要约是一个一经承诺就成立合同的意思表示；而要约邀请的目的则是邀请他人向自己发出要约，一旦他人发出要约，要约邀请人则处于一种可以选择是否接受对方要约的承诺人地位。要约邀请处于合同的准备阶段，没有法律约束力。《民法典》第四百七十三条第一款规定，寄送的价目表、拍卖公告、招标公告、招股说明书等都属于要约邀请，商业广告的内容符合要约规定的，视为要约邀请。

3. 要约生效时间

以对话方式作出的要约，自相对人知道其内容时生效。

以非对话方式作出的要约，自到达受要约人时生效。要约到达受要约人，并不是指要约一定实际送达到受要约人或者其代理人手中，要约只要送达受要约人通常的地址、住所或者其他能够控制的现实或虚拟空间（如信箱或邮箱等），即为送达。《民法典》第一百三十七条第二款规定："以非对话方式作出的采用数据电文形式的意思表示，相对人指定特定系统接收数据电文的，该数据电文进入该特定系统时生效；未指定特定系统的，相对人知道或者应当知道该数据电文进入其系统时生效。当事人对采用数据电文形式的意思表示的生效时间另有约定的，按照其约定。"

4. 要约的效力

要约一经生效，要约人即受到要约的约束，不得随意撤销要约或对要约加以限制、变更和扩张。受要约人在要约生效时即取得了依其承诺而成立合同的法律地位，所以受要约人可以承诺，也可以不承诺。

5. 要约的撤回、撤销与失效

（1）要约撤回是指要约在发出后、生效前，要约人使要约不发生法律效力的意思表示。法律规定要约可以撤回，原因在于这时要约尚未发生法律效力，撤回要约不会对受要约人产生任何影响，也不会对交易秩序产生不良影响。由于要约在到达受要约人时即生效，因此，撤回要约的通知应当在要约到达受要约人之前或者与要约同时到达受要约人。

（2）要约撤销是指要约人在要约生效后、受要约人承诺前，使要约丧失法律效力的意思表示。撤销要约的通知应当在受要约人发出承诺通知之前到达受要约人。也就是说，要约已经到达受要约人，在受要约人作出承诺之前，要约人可以撤销要约。由于撤销要约可能会给受要约人带来不利的影响，损害受要约人的利益，法律规定了两种不得撤销要约的情形：

①要约人确定了承诺期限或者以其他形式明示要约不可撤销。

②受要约人有理由认为要约是不可撤销的，并已经为履行合同做了准备工作。

（3）要约失效是指要约丧失法律效力，即要约人与受要约人均不再受其约束，要约人不再承担接受承诺的义务，受要约人也不再享有通过承诺使合同得以成立的权利，《民法典》规定了要约失效的情形。

①拒绝要约的通知到达要约人。受要约人接到要约后，通知要约人不同意与之签订合同，则拒绝了要约，在拒绝要约的通知到达要约人时，该要约失去法律效力。

②要约人依法撤销要约。

③承诺期限届满，受要约人未作出承诺。要约中确定了承诺期限的，超过这个期限不承诺，则要约失效；要约中没有规定承诺期限的，在通常情况下，要约发出后一段合理时间内不承诺的，要约失效。

④受要约人对要约的内容做出实质性变更。有关合同标的、数量，质量、价款或者报酬，履行期限、履行地点和方式、违约责任和解决争议方法等内容的变更，是对要约内容的实质性变更。受要约人由此作出的意思表示为反要约，反要约是一个新的要约。提出反要约就是对原要约的拒绝，使原要约失去效力，原要约人不再受该要约的约束。

（二）承诺

承诺是受要约人同意要约的意思表示。

1. 承诺应当具备的条件

(1)承诺必须由受要约人作出。如由代理人作出承诺,则代理人须有合法的委托手续。要约和承诺是相对人之间的行为,只有受要约人享有承诺的资格,所以承诺必须由受要约人作出。

(2)承诺必须向要约人作出。受要约人承诺的目的是同要约人订立合同,所以承诺只有向要约人作出才有意义。

(3)承诺的内容必须与要约的内容一致。承诺是受要约人愿意按照要约的内容与要约人订立合同的意思表示,所以要取得成立合同的法律效果,承诺就必须在内容上与要约的内容一致。

(4)承诺必须在承诺期限内作出。承诺期间,即为要约存续期间。要约在其存续期间内才有效力。其中包括一旦受要约人承诺便可成立合同的效力,所以承诺必须在此期间内作出并到达要约人。

2. 承诺的方式

承诺应当以通知的方式作出,通知的方式可以是口头的,也可以是书面的。一般来说,如果法律或要约中没有规定必须以书面形式表示承诺,当事人就可以口头形式表示承诺。根据交易习惯或当事人之间的约定,承诺也可以不以通知的方式,而通过实施一定的行为或以其他方式作出。如果要约人在要约中规定承诺需用特定方式的,只要该种方式不为法律所禁止或不属于在客观上根本不可能,承诺人在作出承诺时就必须符合要约人规定的承诺方式。

3. 承诺的期限

承诺应当在要约确定的期限内到达要约人。要约以信件或者电报作出的,承诺期限自信件载明的日期或者电报交发之日开始计算。信件未载明日期的,自投寄该信件的邮戳日期开始计算。要约以电话、传真等快速通信方式作出的,承诺期限自要约到达受要约人时开始计算。

要约没有确定承诺期限的,承诺应当依照下列规定到达。

(1)要约以对话方式作出的,应当即时作出承诺,但当事人另有约定的除外。

(2)要约以非对话方式作出的,承诺应当在合理期限内到达。

受要约人超过承诺期限发出承诺的,除要约人及时通知受要约人该承诺有效的以外,为新要约。受要约人在承诺期限内发出承诺,按照通常情形能够及时到达要约人,但因其他原因承诺到达要约人时超过承诺期限的,除要约人及时通知受要约人因承诺超过期限不接受该承诺的以外,该承诺有效。

4. 承诺的生效

承诺通知到达要约人时生效。承诺不需要通知的,根据交易习惯或者要约的要求作出承诺的行为时生效。采用数据电文形式订立合同的,承诺到达的时间同上述要约到达时间的规定相同。

承诺也可以撤回。承诺的撤回是指受要约人阻止承诺发生法律效力的意思表示。撤回承诺的通知应当在承诺通知到达要约人之前或者与承诺通知同时到达要约人。受要约人对要约的内容作出实质性变更的,为新要约。承诺对要约的内容作出非实质性变更的,除要约人及时表示反对或者要约表明承诺不得对要约的内容作出任何变更的以外,该承诺有效,合同的内容以承诺的内容为准。

任务二　合同的效力

一、合同效力的概念

合同效力是指合同依法成立之后，对当事人具有的法律约束力。合同生效不同于合同成立。合同成立是一个事实问题，考察当事人之间是否有要约和承诺。合同生效是一个价值判断，考察当事人之间的合同是否符合法律，能否发生法律所认可的效力。合同在成立后，其效力通常有生效、无效、可变更可撤销、效力待定四种情况。

二、合同生效

（一）合同生效的条件

合同生效指已经成立的合同在当事人之间产生法律约束力。《民法典》第一百四十三条规定，合同生效应具备以下条件。

①行为人具有相应的民事行为能力，即当事人在订立合同时有相应的订立合同的权利和行为能力。

②当事人的意思表示真实。

③不违反法律、行政法规的强制性规定，不违背公序良俗。

（二）合同生效的时间

《民法典》根据合同类型的不同，分别规定了合同不同的生效时间：

①依法成立的合同，原则上自成立时生效。

②法律、行政法规规定应当办理批准、登记等手续生效的，自批准、登记时生效。

③当事人对合同的效力可以附条件或附期限，附生效条件的合同，自条件成就时生效。附解除条件的合同，自条件成就时失效。当事人为自己的利益不正当地阻止条件成就的，视为条件已成就；不正当地促成条件成就的，视为条件不成就。附生效期限的合同，自期限届至时生效；附终止期限的合同，自期限届满时失效。

三、合同无效

《中华人民共和国民法典》规定，有下列情形之一的合同无效。

①一方以欺诈、胁迫的手段订立合同，损害国家利益。欺诈是故意隐瞒真实情况或者故意告知虚假情况，欺骗对方，诱使对方作出错误的意思表示与之订立合同。胁迫是指行为人以将要发生的损害或者直接实施损害相威胁，使得对方产生恐惧而与之订立合同。

②恶意串通，损害国家、集体或者第三人利益。恶意串通是指合同当事人或者代理人在订立合同的过程中，非法勾结，为牟取私利而共同订立的损害国家、集体或者第三人利益的合同。其中，当事人意思表示真实，但具有非法性，因而合同是无效的。

③以合法形式掩盖非法目的。当事人订立的这种合同，形式上是合法的，但缔约的目的和

内容是非法的,又称为伪装合同,是无效合同。

④损害社会公共利益。

⑤违反法律、行政法规的强制性规定。

四、可变更可撤销合同

(一)可变更可撤销合同的概念

可变更可撤销合同,指合同已成立但合同当事人的意思表示不真实,可以通过权利人请求人民法院或者仲裁机构确定后予以变更或者撤销的合同。

(二)可变更可撤销合同的类型

1. 因重大误解订立的合同

重大误解是指合同当事人一方因自己的过错而对合同的重要内容发生误解。

2. 在订立合同时显失公平的合同

显失公平的合同指合同当事人一方利用优势或利用对方缺乏经验而订立的、合同当事人之间权利义务明显不平等的合同。

3. 一方以欺诈、胁迫的手段或者乘人之危订立的合同

一方以欺诈、胁迫的手段或者乘人之危,使对方在违背真实意思的情况下订立的合同,受损害方有权请求人民法院或者仲裁机构变更或者撤销。结合无效合同的规定,此类合同只要没有损害国家利益的。均应按可变更可撤销合同处理。当事人请求变更的,人民法院或者仲裁机构不得撤销。

(三)撤销权的灭失

具有撤销权的当事人自知道或者应当知道撤销事由之日起一年内没有行使撤销权,或者知道撤销事由后明确表示或者以自己的行为放弃撤销权的,撤销权灭失。

(四)合同被撤销的法律后果

合同被确认无效或被撤销以后,将导致合同自始无效,即从合同成立时起无效。

五、效力待定合同

效力待定合同是指合同订立后尚未生效,须经同意权人追认才能生效的合同。效力待定合同虽已成立,但因不符合有关合同生效要件的规定,其效力仍有待确定。在效力确定之前,该类合同既非有效,也非无效。效力待定合同的效力取决于相关第三人的承认或拒绝行为,该第三人称为“同意权人”。同意权人若追认,追认的意思表示自到达相对人时生效,合同自订立时起生效;同意权人若拒绝追认,合同自订立时起无效。效力待定合同主要包括以下几种情形:

①限制民事行为能力人超出自己的行为能力范围与他人订立的合同,为效力待定合同。经法定代理人追认后,该合同有效。但限制民事行为能力人订立的纯获利益的合同或者是与

其年龄、智力、精神健康状况相适应的合同有效，不必经法定代理人追认。对于此类效力待定合同，相对人可以催告法定代理人在一个月内予以追认。法定代理人未作出表示的，视为拒绝追认。合同被追认之前，善意相对人有撤销的权利。撤销应当以通知的方式作出。

②行为人没有代理权、超越代理权或者代理权终止后以被代理人名义订立的合同，为效力待定合同。未经被代理人追认，该合同对被代理人不发生效力，由行为人承担责任。相对人可以催告被代理人在一个月内予以追认。被代理人未作出表示的，视为拒绝追认。合同被追认之前，善意相对人有撤销的权利。撤销应当以通知的方式作出。

任务三　合同的履行

一、合同履行的规则

（一）合同履行的概念

合同履行是指当事人按照合同的约定，履行自己所应当承担的义务的行为。合同生效后，合同的双方当事人应当正确、适当、全面地完成合同中规定的各项义务。

（二）当事人就有关合同内容约定不明确时的履行规则

合同生效后，当事人就质量、价款或者报酬、履行地点等内容没有约定或者约定不明确的，可以协议补充；不能达成补充协议的，按照合同有关条款或者交易习惯确定；仍不能确定的，适用下列规定。

（1）质量要求不明确的，按照国家标准、行业标准履行；没有国家标准、行业标准的，按照通常标准或者符合合同目的的特定标准履行。

（2）价款或者报酬不明确的，按照订立合同时履行地的市场价格履行；依法应当执行政府定价或者政府指导价的，按照规定履行。

（3）履行地点不明确，给付货币的，在接受货币一方所在地履行；交付不动产的，在不动产所在地履行；其他标的在履行义务一方所在地履行。

（4）履行期限不明确的，债务人可以随时履行，债权人也可以随时要求履行，但应当给对方必要的准备时间。

（5）履行方式不明确的，按照有利于实现合同目的的方式履行。

（6）履行费用的负担不明确的，由履行义务一方负担。

（三）涉及第三人的合同履行

1. 向第三人履行的合同

向第三人履行的合同又称利他合同，指双方当事人约定，由债务人向第三人履行债务，第三人直接取得债权的合同。

债务人向第三人履行的合同的法律效力为。

（1）第三人可以向债务人请求履行。第三人请求权的取得以其明确向债务人表示接受该权利时发生。

(2)债务人未向第三人履行债务或者履行债务不符合约定的,应当向债权人承担违约责任。

(3)债务人对于合同债权人可行使的一切抗辩权,对该第三人均可行使。

(4)因向第三人履行债务增加的费用,除双方当事人另有约定外,由债权人承担。

2. 由第三人履行的合同

由第三人履行的合同又称第三人负担的合同,指双方当事人约定债务由第三人履行的合同,该合同必须征得第三人同意。该合同以债权人、债务人为合同双方当事人,第三人不是合同的当事人。

由第三人履行的合同的法律效力为。

(1)第三人不履行债务或履行债务不符合约定的,债务人应当向债权人承担违约责任。

(2)第三人向债权人履行债务所增加的费用,除合同另有约定外,一般由债务人承担。

二、抗辩权的行使

抗辩权是指在双务合同中,一方当事人在对方不履行债务或履行债务不符合约定时,依法对抗对方请求或否认对方权利主张的权利。抗辩权是一种防御性权利,以对方当事人请求权的行使为前提,旨在对抗对方当事人的权利主张。《民法典》合同编规定了同时履行抗辩权、后履行抗辩权和不安抗辩权。

(一)同时履行抗辩权

同时履行抗辩权,是指无给付先后顺序的双务合同当事人一方在他方当事人未为对待给付前,有拒绝自己给付的抗辩权。《民法典》第五百二十五条规定:“当事人互负债务,没有先后履行顺序的,应当同时履行。一方在对方履行之前有权拒绝其履行请求。一方在对方履行债务不符合约定时,有权拒绝其相应的履行请求。”

1. 同时履行抗辩权行使的条件

(1)双方因同一双务合同互负债务。

(2)双方债务已届清偿期。

(3)行使抗辩权之当事人无先为给付义务,即双方的互负债务没有先后履行顺序。没有先后履行顺序,或者是当事人约定同时履行,也可能是当事人对履行顺序未约定或约定不明确,且根据交易习惯不能确定。

(4)须对方当事人未履行或未适当履行合同债务。

对方当事人未履行或未适当履行合同债务包括拒绝履行、迟延履行、履行不完全等。对方当事人未履行或未适当履行的债务应与抗辩权人抗辩同时履行的债务具有给付与对待给付的对价关系,若对方当事人未履行或未适当履行合同附随义务或无对价关系的从属义务,则不得主张给付义务的同时履行抗辩。

若对方当事人给付不完全或有其他不符合履行要求的情形,另一方可否成立同时履行抗辩权,应根据具体情形,依诚实信用原则判断。《民法典》第五百二十五条就此情形规定另一方仅得拒绝其相应的履行要求。以部分履行为例,对方当事人部分履行对另一方无意义时,另一方得行使同时履行抗辩权请求对方当事人全部履行；部分履行不损害债权的，另一方仅得就未履行的部分行使同时履行抗辩权。

2. 同时履行抗辩权的效力

同时履行抗辩权只是暂时阻止对方当事人请求权的行使，而不是永久地消灭对方当中人的请求权。当对方当事人完全履行了合同义务，同时履行抗辩权即告消灭，主张抗辩权的当事人就应当履行自己的义务。当事人因行使同时履行抗辩权致使合同迟延履行的，迟延履行责任由对方当事人承担。

（二）后履行抗辩权

后履行抗辩权是指合同当事人互负债务，有先后履行顺序，先履行一方未履行的，后履行一方有权拒绝其履行要求。先履行一方履行债务不符合约定的，后履行一方有权拒绝其相应的履行要求。

1. 后履行抗辩权行使的条件

(1)当事人基于同一双务合同，互负债务。

(2)当事人的履行有先后顺序。

(3)应当先履行的当事人不履行合同或不适当履行合同。

(4)后履行抗辩权的行使人是履行义务顺序在后的一方当事人。

2. 后履行抗辩权的效力

后履行抗辩权不是永久性的，它的行使只是暂时阻止了当事人请求权的行使。先履行一方的当事人如果完全履行了合同义务，则后履行抗辩权消灭，后履行当事人就应当按照合同约定履行自己的义务。

（三）不安抗辩权

不安抗辩权，是指当事人互负债务，有先后履行顺序的，先履行的一方有确切证据证明另一方丧失履行债务能力时，在对方没有履行或者没有提供担保之前，有拒绝自己履行的权利。

规定不安抗辩权是为了切实保护先履行一方当事人的合法权益，防止对方借合同进行欺诈，促使对方履行义务。

1. 不安抗辩权行使的条件

(1)当事人基于同一双务合同，互负债务。

(2)当事人的履行有先后顺序。

(3)不安抗辩权的行使人是履行义务顺序在先的一方当事人。

(4)后履行合同的一方当事人有丧失或可能丧失履行债务能力的情形。

(5)后履行合同的一方当事人未履行或提供担保。

2. 不安抗辩权适用的情形

应当先履行债务的当事人，有确切证据证明对方有下列情形之一的，可以中止履行。

(1)经营状况严重恶化。

(2)转移财产、抽逃资金,以逃避债务。

(3)丧失商业信誉。

(4)有丧失或可能丧失履行债务能力的其他情形。

先履行合同义务的当事人应当有证据证明对方不能履行合同或者有不能履行合同的可能性;没有确切证据而行使不安抗辩权,造成对方损失的,应当承担违约责任。

3. 不安抗辩权的效力

(1)中止履行。中止履行是应当先履行债务的当事人中止先为履行。应当先履行债务的当事人行使中止权时,应当及时通知对方,以免给对方造成损失,也便于对方在接到通知后,提供相应的担保,使合同得以履行。如果对方当事人恢复了履行能力或提供了相应的担保后,先履行一方当事人"不安"的原因消除,应当恢复合同的履行。

(2)解除合同。中止履行合同后,如果对方在合理期限内未恢复履行能力并且未提供适当担保的,视为以自己的行为表明不履行主要债务,中止履行合同的一方可以解除合同,并可以请求对方承担违约责任。

例:甲乙签订了一份买卖合同,双方约定由甲向乙提供一批生产饲料用原材料,总货款为100万元,甲最晚于6月底前供货,乙收到货后在10日内付款。5月份甲从报纸上得知:乙为逃避债务私自转移财产,被法院依法查封扣押了财产。于是甲通知乙,在乙付款或提供担保前中止履行合同。甲行使的是什么权利?

解:甲行使的是不安抗辩权。根据合同法律制度规定,先履行的一方有确切证据证明另一方丧失履行债务能力时,在对方没有履行或者没有提供担保之前,有权中止合同的履行,即有权行使不安抗辩权。本案中甲明确得知乙丧失了履行能力,于是依法行使了不安抗辩权。

任务四　合同的保全

一、合同保全的概念

合同的保全,又称责任财产的保全,是指为了避免债务人责任财产的不当减少,危及债权人债权的实现,法律赋予债权人得以自己的名义对于债务人处分其责任财产的行为予以干涉,以保障债权实现的制度。

债务人的全部财产是保障债权人债权得以实现的责任财产,责任财产是否充足,直接关系到债权能否得到实现。所以,债务人全部财产作为责任财产,被称为债权实现最基本的担保。但这种担保效力相对较弱,因为债务人仍可为生产和生活需要自由处分自己的财产,只是债务人若不当处分导致其责任财产减少,势必影响债权人利益的实现。所以,法律特设债权人代位权与撤销权制度,旨在当债务人不当处分其财产时,可依法干预债务人损及债权实现的财产减少行为,以此达到合同的保全。只是,债权人对于债务人处分其财产行为的保全干预,已经突破了合同的相对性,其效力将触及与债务人实施财产处分行为的第三人,因此,债权人代位权与债权人撤销权体现了债的对外效力。

二、代位权

(一)代位权的概念

代位权是指债务人怠于行使其对第三人(次债务人)享有的到期债权或者与该债权相关的从权利,危及债权人债权的实现时,债权人为了保障自己的债权,可以自己的名义代位行使债务人对第三人(次债务人)的权利,但该债权专属于债务人自身的除外。

(二)代位权的构成要件

(1)债务人对第三人享有合法债权或者与该债权有关的从权利。

(2)债务人怠于行使其债权。怠于行使债权是指债务人应该行使且能够行使其对第三人的债权,却不行使该权利。"应该行使"是指债务人若不行使对第三人的权利,该权利可能因罹于诉讼时效期间或因未申报破产债权而效力减弱或消灭。"能够行使"是指不存在导致债权不能行使的障碍。不行使权利指债务人消极不作为;相反,如果债务人已经行使了权利,即使不尽如人意,债权人也不能行使代位权。

(3)债务人怠于行使权利有害于债权人债权的实现。债务人不履行其对债权人的到期债务,又不以诉讼方式或仲裁方式向其债务人主张其享有的到期债权,致使债权人的到期债权未能实现,债权人为确保其债权的实现,可行使代位权。相反,若债务人的财产已足以清偿其债务,即使债务人怠于行使其对第三人的债权,也不产生债权人的代位权。

(4)债务人的债务已到期。债务人对债权人负担的债务已陷于迟延履行。如果债务人的债务未到履行期或履行期间未届满的,债权人不能行使代位权。但在债务人的债务到期前,债务人的债权或者与该债权有关的从权利存在诉讼时效期间即将届满或者未及时申报破产债权等情形,影响债权人的债权实现的,债权人可以代位向债务人的相对人请求其向债务人履行、向破产管理人申报或者作出其他必要的行为。

(5)债务人的债权不是专属于债务人自身的债权。专属于债务人自身的债权是指基于扶养关系、抚养关系、赡养关系、继承关系产生的给付请求权和劳动报酬、退休金、养老金、抚恤金、安置费、人寿保险、人身伤害赔偿请求权等权利。

(三)代位权的行使

(1)债权人必须以自己的名义通过诉讼形式行使代位权。债权人以次债务人为被告向人民法院提起代位权诉讼,未将债务人列为第三人的,人民法院可以追加债务人为第三人。

(2)代位权的行使范围以债权人的到期债权为限。债权人行使代位权的请求数额不能超过债务人所负债务的数额,否则对超出部分人民法院不予支持。

(3)次债务人对债务人的抗辩,可以向债权人主张。

(四)代位权行使的效力

(1)债权人向次债务人提起的代位权诉讼,经人民法院审理后认定代位权成立的,由次债务人向债权人履行清偿义务。债权人接受履行后,债权人与债务人、债务人与次债务人之间相应的权利义务关系即予消灭。债务人对相对人的债权或者与该债权有关的从权利被采取保全、执行措施，或者债务人破产的，依照相关法律的规定处理。

(2)债权人行使代位权的必要费用，由债务人负担。

(3)在代位权诉讼中，债权人胜诉的，诉讼费用由次债务人负担，从实现的债权中优先支付。

例：甲对乙享有100万元的到期合同债权。乙又是丙的债权人，债权为200万元，乙因怠于行使其对丙的到期债权，致使甲的到期债权得不到清偿，甲是否可以行使代位权？如何行使？数额是多少？如果甲对乙的债权为200万元，乙对丙的债权为100万元，甲行使代位权的数额是多少？

解：甲可以行使代位权。甲可以向人民法院请求以自己的名义代位行使乙对丙的债权，甲请求的数额应该以其所保全的债权为限，即只能请求丙向其清偿100万元。如果甲对乙的债权为200万元，乙对丙的债权为100万元，则甲请求的数额应以乙对丙的债权数额为限，即只能请求丙向其清偿100万元。

三、撤销权

(一)撤销权的概念

撤销权是指债务人实施了减少财产或增加财产负担的行为并危及债权人债权实现时，债权人为了保障自己的债权，请求人民法院撤销债务人行为的权利。撤销权的目的在于防止债务人责任财产的不当减少，保障债权人的债权得以实现，维护社会交易秩序。

(二)撤销权的构成要件

(1)债权人对债务人享有有效的债权。

(2)债务人实施了处分其财产的行为。

债务人处分其财产的行为包括：

①放弃到期债权。

②无偿转让财产。

③以明显不合理的低价转让财产或以明显不合理的高价受让他人财产。所谓“明显不合理的低价”，人民法院应当以交易当地一般经营者的判断，并参考交易当时交易地的物价部门指导价或者市场交易价，结合其他相关因素综合考虑予以确认。转让价格达不到交易时交易地的指导价或者市场交易价70%的，一般可以视为明显不合理的低价。债务人以明显不合理的高价收购他人财产，人民法院可以根据债权人的申请，予以撤销。对转让价格高于当地指导价或者市场交易价30%的，一般可以视为明显不合理的高价。

④债务人放弃其未到期的债权或者放弃债权担保，或者恶意延长到期债权的履行期或者为他人的债务提供担保。

(3)债务人处分其财产的行为有害于债权人债权的实现。若债务人实施减少其财产或增加其财产负担的处分行为，但不影响其清偿债务，则债权人不能行使撤销权。

(4)第三人的主观要件。

①对于债务人有偿转让、受让财产，或者为他人债务提供担保的行为，债权人行使撤销权须以第三人的恶意为要件；若第三人无恶意，则不能撤销其取得财产的行为。《民法典》第五百

三十九条规定:“债务人以明显不合理的低价转让财产、以明显不合理的高价受让他人财产或者为他人的债务提供担保,影响债权人的债权实现,债务人的相对人知道或者应当知道该情形的,债权人可以请求人民法院撤销债务人的行为。”

②对于债务人放弃到期债权、无偿转让财产等无偿行为,不论第三人善意或恶意,债权人均得以请求撤销。

(三)撤销权的行使

(1)债权人行使撤销权应以自己的名义,向被告的住所地人民法院提起诉讼,请求法院撤销债务人因处分财产而危害债权的行为。

债权人在提起撤销权诉讼时,应以债务人为被告,将受益人或受让人列为第三人。债权人未将受益人或受让人列为第三人的,受理法院可以将受益人或受让人追加为第三人。两个或两个以上的债权人以同一债务人为被告,就同一标的提起撤销权诉讼的,人民法院可以合并审理。

(2)撤销权自债权人知道或者应当知道撤销事由之日起 1 年内行使。若债权人不知道且不应知道撤销事由的存在,撤销权须自债务人的行为发生之日起 5 年内行使,否则该撤销权消灭。这里,需注意 1 年和 5 年期间的适用情形、计算起点等有所不同。

(3)撤销权的行使范围以债权人的债权为限。

(四)撤销权行使的效力

(1)债务人与第三人的行为被撤销的,其行为自始无效。第三人应向债务人返还财产或折价补偿。

(2)第三人返还或折价补偿的财产构成债务人全部财产的一部分,债权人对于撤销权行使的结果并无优先受偿的权利。

(3)债权人行使撤销权所支付的律师费、差旅费等必要费用,由债务人承担。

任务五　合同的变更和转让

一、合同的变更

合同的变更仅指合同内容的变更,是指合同成立后,当事人双方根据客观情况的变化,依照法律规定的条件和程序,经协商一致,对原合同内容进行修改、补充或者完善。合同的变更是在合同的主体不改变的前提下对合同内容的变更,合同性质并不改变。

(一)合同变更的要件

(1)当事人之间已存在合同关系。

(2)合同内容发生了变化。

(3)合同的变更必须遵守法律的规定或当事人的约定。

合同的变更可以依据法律的规定产生,当法律规定的情形出现时,合同内容可能发生变化，如遇有不可抗力导致债务不能履行时，合同可以延期履行。

当事人约定变更合同有两种情形：一是由合同当事人达成变更合同的协议；二是当事人可以在订立合同时即约定，当某种特定情况出现时，当事人有权变更合同。

（二）合同变更的形式和程序

合同变更除法律规定的变更和人民法院依法变更外，主要是当事人协议变更。

合同约定变更适用《民法典》合同编关于要约、承诺的规定，双方经协商取得一致，并采用书面形式。如原合同是经过公证、鉴证的，变更后的合同应报原公证、鉴证机关备案，必要时应对变更的事实予以公证、鉴证；如原合同按照法律、行政法规的规定是经过有关部门批准、登记的，变更后仍应报原批准机关批准、登记。

合同变更后，变更后的内容就取代了原合同的内容，当事人就应当按照变更后的内容履行合同，合同各方当事人均应受变更后的合同的约束。为了减少在合同变更时可能发生的纠纷，当事人对合同变更的内容约定不明确的，推定为未变更。合同变更的效力原则上仅对未履行的部分有效，对已履行的部分没有溯及力，但法律另有规定或当事人另有约定的除外。

二、合同的转让

合同的转让是指合同当事人一方将其合同的权利和义务全部或部分转让给第三人的行为。合同的转让仅指合同主体的变更，不改变合同约定的权利义务。

（一）合同权利转让

1. 合同权利转让的概念

合同权利转让，是指债权人将合同的权利全部或部分转让给第三人。其中，转让权利的债权人称为让与人，接受权利的第三人称为受让人。

2. 合同权利转让的条件

（1）须存在有效的合同权利。

（2）合同权利具有可转让性。

合同权利原则上具有可转让性。但下列情形的合同权利，债权人不得转让。

①根据合同性质不得转让。基于当事人之间信任关系而发生的债权。如委托合同中，受托人基于对委托人的信任，愿意接受委托，债权人不得任意将请求实施委托事务的权利转让给他人。

合同内容中包括了针对特定当事人的不作为义务。如合同约定了一方承担竞业禁止义务，另一方不得将请求承担该不作为义务的权利转让给他人。

因债权目的的达成须对特定债权人为给付之债权，如扶养请求权、抚恤金请求权等，不得让与。

②根据当事人约定不得转让。当事人在订立合同时，可以对权利的转让作出特别的约定，禁止债权人将权利转让给第三人。但根据《民法典》第五百四十五条第二款的规定，当事人约定非金钱债权不得转让的，不得对抗善意第三人，如果一方当事人违反约定，将合同权利转让给善意第三人，则善意第三人可以取得该项权利。当事人约定金钱债权不得转让的，不得对抗

第三人。

③依照法律规定不得转让。如果相关法律对于债权让与作出了禁止性规定，这些规定应得到遵守。

(3)当事人之间订立合同权利转让的协议。

如果法律、行政法规规定合同权利转让需要办理批准、登记等手续的，合同权利转让在办妥这些手续之后才生效。

3. 合同权利转让的通知

债权人转让权利无须经债务人同意，但应当通知债务人。未经通知，该转让对债务人不发生效力。债务人接到债权转让通知后，债权让与行为对债务人就生效，债务人应对受让人履行义务。

4. 合同权利转让的效力

(1)合同权利全部转让的，原合同关系消灭，受让人取代原债权人的地位，成为新的债权人，原债权人脱离合同关系，所以，债务人应向新的债权人履行债务。合同权利部分转让的，受让人作为第三人加入合同关系中，与原债权人共同享有债权。

(2)债权人转让主权利时，附属于主权利的从权利也一并转让，受让人在取得债权时，也取得与债权有关的从权利，但该从权利专属于债权人自身的除外。该从权利包括抵押权、定金债权、保证债权等。受让人取得从权利不因为该从权利未办理转移登记手续或者未转移占有而受到影响。

(3)债务人接到债权转让通知后，债务人对让与人的抗辩，可以向受让人主张，如同时履行抗辩权、权利无效的抗辩、权利已过诉讼时效期间的抗辩等。

有下列情形之一的，债务人可以向受让人主张抵销。

①债务人接到债权转让通知时，债务人对让与人享有债权，且债务人的债权先于转让的债权到期或者同时到期。

②债务人的债权与转让的债权是基于同一合同产生。

(4)因债权转让增加的履行费用，由让与人负担。

(二)合同义务移转

1. 合同义务移转的概念

合同义务移转有狭义、广义之分。广义的合同义务移转包括免责的债务承担与并存的债务承担，前者是指由第三人取代债务人承担其债务；后者是指第三人加入债务关系中而与原债务人共同承担同一内容的债务。狭义的合同义务移转仅指免责的债务承担。对于并存的债务承担，《民法典》第五百五十二条规定："第三人与债务人约定加入债务并通知债权人，或者第三人向债权人表示愿意加入债务，债权人未在合理期限内明确拒绝的，债权人可以请求第三人在其愿意承担的债务范围内和债务人承担连带债务。"并存的债务承担，因原债务人不脱离合同关系，且第三人的加入通常有利于债权的实现，原则上债权人乐见其成。本书在此阐述的是狭义的合同义务移转，即免责的债务承担。

2. 合同义务移转的条件

(1)须有有效的合同义务存在。

(2)合同义务须具有可移转性。

合同义务原则上可移转,但下列情形的合同义务不具有可移转性。

①性质上不可移转的合同义务。

某项合同义务若以特别的信任关系或债务人的特殊技能为基础,需要债务人亲自履行的,则该项合同义务可能因其性质不具有可移转性。例如,由某著名歌星履行的演唱义务,或基于特别信任的委托合同义务等,均因合同义务的性质而不可移转。

②当事人约定不可移转的合同义务。

③法律规定不可移转的合同义务。

(3)须存在合同义务移转的协议。

较为常见的合同义务移转协议是债务人与第三人之间订立的。合同债权人也可以直接与第三人订立协议来实现合同义务的移转。

(4)须经债权人同意。

债务人将合同的义务全部或者部分转移给第三人,应当经债权人同意,否则债务人转移合同义务的行为对债权人不发生效力,债权人有权拒绝第三人向其履行,同时有权要求债务人履行义务并承担不履行或迟延履行义务的法律责任。《民法典》第五百五十一条规定:“债务人将债务的全部或者部分转移给第三人的,应当经债权人同意。债务人或者第三人可以催告债权人在合理期限内予以同意,债权人未作表示的,视为不同意。”合同义务移转之所以特别强调须取得债权人的同意,是合同债务关系通常建立在债权人对债务人信任基础之上,而不同主体履行债务的资力与信用往往不同,合同义务的任意移转可能使得债权人权利的实现缺乏保障,因此,合同义务的移转须经债权人同意。

3. 合同义务移转的效力

(1)合同义务全部移转的,新债务人成为合同一方当事人,如不履行或不适当履行合同义务,债权人可以向其请求履行债务或承担违约责任。合同义务部分移转的,则第三人加入合同关系,与原债务人共同承担合同义务。

(2)债务人转移义务的,新债务人可以主张原债务人对债权人的抗辩,但原债务人对债权人享有债权的,新债务人不得向债权人主张抵销。

(3)从属于主债务的从债务,随主债务的转移而转移,但该从债务专属于原债务人自身的除外。

(4)第三人向债权人提供的担保,若担保人未明确表示继续承担担保责任,则担保责任因债务转移而消灭。

(三)合同权利义务的一并转让

合同关系的一方当事人将权利和义务一并转让时,除了应当征得另一方当事人的同意外,还应当遵守有关转让权利和义务的规定。

(四)法人或其他组织合并或分立后债权债务关系的处理

当事人订立合同后合并的,由合并后的法人或者其他组织行使合同权利,履行合同义务。当事人订立合同后分立的,除债权人和债务人另有约定的以外,由分立的法人或者其他组织对合同的权利和义务享有连带债权,承担连带债务。

任务六　合同的消灭

合同的消灭，又称为合同权利义务终止，是指依法生效的合同，因具备法定情形和当事人约定的情形，合同债权、债务归于消灭，债权人不再享有合同权利，债务人也不必再履行合同义务，合同当事人双方终止合同关系，合同的效力随之消灭。

合同的消灭，除导致合同权利义务终止外，还发生如下效力。

(1)从权利义务(如保证债权)归于消灭。

(2)债权人应当将债权文书返还债务人。

(3)当事人应当遵循诚信等原则，根据交易习惯履行通知、协助、保密、旧物回收等义务。

(4)合同的消灭，不影响合同中有关解决争议的方法、结算和清理条款的效力。

一、清偿

(一)清偿的概念

清偿是指债务人按照合同约定的标的、质量、数量、价款或报酬、履行期限、履行地点和方式全面履行债务，使得债权债务关系消灭的行为。

清偿与给付、履行三者意义相近，只是表述的视角有所不同。清偿侧重于债获得满足而消灭的结果；给付是表述债务人的特定行为；如强调满足债权的给付过程，称履行。

(二)清偿人

清偿人多为债务人或债务人之代理人，但法律规定或当事人约定不得由代理人清偿的除外。清偿也可由第三人代为清偿。根据《民法典》第五百二十四条的规定，债务人不履行债务，第三人对履行该债务具有合法利益的，第三人有权向债权人代为履行；但是，根据债务性质、按照当事人约定或者依照法律规定只能由债务人履行的除外。

(三)清偿标的、清偿地、清偿期、清偿费用

清偿标的、清偿地、清偿期、清偿费用等问题的确定，应依照合同约定。合同没有约定或者约定不明确的，可以协议补充；不能达成补充协议的，按照合同有关条款或者交易习惯确定；仍不能确定的，适用合同履行的相关法定规则。

(四)清偿抵充

清偿抵充，是指对于同一债权人负担数项给付种类相同的债务，当债务人的给付不足以清偿全部债务时，决定该给付应抵偿哪项债务的办法。因各项债务在是否附利息、利息高低及是否有担保等方面均可能不同，确定某给付先抵偿哪项债务，往往影响双方当事人的切身利益，故《民法典》对此加以明确规定。

《民法典》第五百六十条规定：“债务人对同一债权人负担的数项债务种类相同，债务人的给付不足以清偿全部债务的，除当事人另有约定外，由债务人在清偿时指定其履行的债务。债

务人未作指定的，应当优先履行已经到期的债务；数项债务均到期的，优先履行对债权人缺乏担保或者担保最少的债务；均无担保或者担保相等的，优先履行债务人负担较重的债务；负担相同的，按照债务到期的先后顺序履行；到期时间相同的，按照债务比例履行。”

债务人在履行主债务外还应当支付利息和实现债权的有关费用，其给付不足以清偿全部债务的，除当事人另有约定外，应当按照下列顺序履行。

(1)实现债权的有关费用。

(2)利息。

(3)主债务。

(五)清偿的效力

债权债务关系因清偿而消灭，债权人从权利一般随之消灭，但通知、协助、保密、旧物回收等后合同义务因是法定之债，并不随之消灭。

在第三人代为清偿情形，债权人接受第三人履行后，其对债务人的债权转让给第三人，但是债务人和第三人另有约定的除外。

二、抵销

(一)抵销的意义

抵销是指双方当事人互负债务时，一方通知对方以其债权充当债务的清偿或者双方协商以债权充当债务的清偿，使得双方的债务在对等额度内消灭的行为。

抵销包括法定抵销和约定抵销。

抵销具有简化交易程序、降低交易成本以及确保债权实现的作用。抵销最主要的功能是担保债权的实现，若无抵销，先履行债务一方总是要面临对方不能或不会按约定清偿的风险，相反，当事人选择抵销即可防免此种风险。尤其是在破产场合，当事人一方与破产人互负债务，破产方当事人已无完全清偿之可能，另一方当事人选择抵销，相当于可确保对等债权数额的实现。

(二)法定抵销

1. 法定抵销的概念

法定抵销是根据法律规定，依当事人一方意思表示即可发生抵销效果的抵销。其中，可依单方意思表示而使自己所负债务消灭的权利称为“抵销权”。提出抵销的债权称为主动债权；被抵销的债权称为被动债权。

2. 法定抵销的要件

《民法典》第五百六十八条第一款规定：“当事人互负债务，该债务的标的物种类、品质相同的，任何一方可以将自己的债务与对方的到期债务抵销；但是，根据债务性质、按照当事人约定或者依照法律规定不得抵销的除外。”根据该条规定，法定抵销的要件如下。

(1)须当事人双方互负债务。同一当事人之间，互负债务，即互享有其债权。但此互负债务应基于不同法律关系而生，并非同一双务合同中的给付与对待给付，否则，如果允许抵销，则相当于合同解除。

(2)须双方债务种类、品质相同。只有债务的种类、品质相同，双方债务才具有可比较性，依抵销消灭双方对等的债务才可能公平。相反，若双方债务的种类、品质不同，如一方所负债务为金钱之债，另一方在另一合同中所负债务为提供劳务之债，双方应各有不同的合同目的追求，不应允许当事人一方依单方意思表示抵销互负之债务。因为此要件的限制，抵销在现实生活中主要适用于互负的金钱债务。

(3)须被动债务已届清偿期。“被动债务”即为上述法条中的“对方的债务”。对方的债务对应的债权是提出抵销的当事人一方所享有的债权，即主动债权，要求对方的债务到期就是要求主动债权已届清偿期。只有当主动提出抵销的当事人一方享有的债权已到期，对方才有义务履行，否则，允许单方提出抵销就相当于剥夺对方的期限利益。

事实上，依法理而言，主动债权除须已到期外，尚需具有实现可能性。所谓实现可能性，是指主动债权即使不按抵销方法，也得依一般债权实现的方法得以实现。所以，对于主动债权而言，如果债务人享有同时履行抗辩权或债权罹于诉讼时效等抗辩，债权人仍不得主张抵销以实现自己的债权，否则，相当于剥夺了债务人对于主动债权的抗辩权。对于被动债权而言，因为其债务人实为主动债权人，即使被动债权未届清偿期或不具有实现可能性，但对应的债务人(主动债权人)仍可主动放弃期限利益或抗辩权，所以，上述法律规范对于主动债务(被动债权)是否到期等并没有特别要求，相关的条文措辞“任何一方可以将自己的债务与对方的到期债务抵销”只是强调“自己的债务”，而非“自己的到期债务”。

(4)债务须非属不得抵销的债务。不得抵销的债务包括以下几类。

①按债务性质不能抵销。不作为债务、提供劳务的债务、与人身不可分离的债务，如抚恤金、退休金、最低生活保障金等，均不得抵销。

②按照约定应当向第三人给付的债务。如果双方当事人在订立合同时已约定债务人应向第三人履行义务，则债务人不得以对合同对方当事人享有债权而主张抵销该义务，否则将损害第三人的利益。

③当事人约定不得抵销的债务。

④因故意实施侵权行为产生的债务。这种债务是对被害人的赔偿，如允许抵销，则意味着可以用金钱补偿对债务人的人身和财产权利的任意侵犯，是有悖社会正义的。

⑤法律规定不得抵销的其他情形。

3. 法定抵销的方法

当事人主张抵销的，应当通知对方。通知自到达对方时生效。

抵销不得附条件或者附期限。因为抵销原本即追求简化法律关系，尽快确定法律状态，允许抵销附条件或附期限将与此本旨相悖。

4. 法定抵销的效力

(1)双方对等数额债务因抵销而消灭。在双方债务数额不等时，对尚未抵销的剩余债务，债权人仍有受领清偿的权利。

(2)抵销后剩余的债权的诉讼时效期间，应重新起算。抵销属于债权的行使方式之一，会发生诉讼时效中断，且中断的法律效果及于全部债权，所以，在部分抵销的场合，剩余债权的诉讼时效期间，应重新计算。

(三)约定抵销

约定抵销是基于双方当事人合意使相互债务同归于消灭。约定抵销因基于当事人合意而发生,法律重点关注合意的确实存在,未设置其他特别规则。《民法典》第五百六十九条规定:"当事人互负债务,标的物种类、品质不相同的,经协商一致,也可以抵销。"

三、提存

(一)提存的概念与功能

提存是指由于债权人的原因,债务人无法向其交付合同标的物而将该标的物交给提存机关,从而消灭债务的制度。将标的物交托有关机构的人称为提存人;债权人为提存受领人;受领并保管提存物的机构称为提存机关;被提存的相关标的物称为提存物。

提存的主要功能是使债务人得以从合同关系中解脱出来,免除债务人长期为债务履行所困扰。根据《民法典》第五百七十一条的规定,提存成立的,视为债务人在其提存范围内已经交付标的物。

(二)提存的要件

1. 提存的原因

有下列情形之一,难以履行债务的,债务人可以将标的物提存。

(1)债权人无正当理由拒绝受领。例如,在仓储合同中,存储期届满,仓单持有人不提取仓储物,保管人催告其在合理期限内提取货物后,逾期仍不提取的,保管人可以提存该货物。

(2)债权人下落不明,此类情形包括债权人失踪,其财产尚无人代管、债权人不清、地址不详、无法查找等。

(3)债权人死亡未确定继承人、遗产管理人或者丧失民事行为能力未确定监护人。此时债权人的财产没有合法的管理人,债务人无法交付。

(4)法律规定的其他情形。

2. 提存的主体

(1)提存人是债务人或其代理人。

(2)提存应在债务清偿地的提存机关进行,我国目前的提存主要是公证提存,公证机关为提存机关。

3. 提存的标的

提存的标的只能是动产。标的物不适于提存或者提存费用过高的,债务人依法可以拍卖或者变卖标的物,提存所得的价款。提存人应就需清偿的全部债务进行提存,原则上不许部分提存。

(三)提存的法律效力

1. 在债务人与债权人之间

(1)自提存之日起,提存人的债务归于消灭。

(2)提存期间,标的物的孳息归债权人所有;提存费用由债权人负担;标的物提存后,毁损、灭失的风险由债权人承担。

(3)提存人的通知义务。

提存后,除债权人下落不明等难以通知情形外,债务人应及时通知债权人或其继承人、遗产管理人、监护人、财产代管人。

2. 在提存人与提存机关之间

提存人与提存机关之间,一般可准用保管合同的规定。提存机关应妥善保管提存物。提存人可以凭人民法院生效的判决、裁定或者提存之债已经清偿的公证证明取回提存物。提存人取回提存物的,视为未提存,提存人应承担提存机关保管提存物的费用。

3. 在债权人与提存部门之间

(1)债权人可以随时领取提存物,但债权人对债务人负有到期债务的,在债权人未履行债务或者提供担保之前,提存部门根据债务人的要求应当拒绝其领取提存物。

(2)债权人领取提存物的权利,自提存之日起 5 年内不行使而消灭,提存物扣除提存费用后归国家所有。但是,债权人未履行对债务人的到期债务,或者债权人向提存部门书面表示放弃领取提存物权利的,债务人负担提存费用后有权取回提存物。此 5 年期间为不变期间,不适用诉讼时效期间中止、中断或延长的规定。

四、免除

(一)免除的概念

债务的免除是指权利人放弃自己的全部或部分权利,从而使合同义务减轻或使合同终止的一种形式。

(二)免除的要件

(1)债权人或其代理人应向债务人或其代理人作出抛弃债权的意思表示。

(2)免除是债权人处分其债权的法律行为,所以,免除应符合法律行为要件的有关规定,如免除人须具备民事行为能力。

(3)免除不得损害第三人的利益。如债权人免除其债务人的债务,使得债权人无法清偿自身债务,债权人的债权人可以依法行使债权人撤销权,撤销债权人免除债务的行为。

(三)免除的效力

(1)债权人免除债务人部分或者全部债务的,合同的权利义务部分或者全部终止,但是债务人在合理期限内拒绝的除外。

(2)免除债务,债权的从权利如从属于债权的担保权利、利息权利、违约金请求权等也随之消灭。

(3)债权人免除连带债务人之一的债务的,其余连带债务人在扣除该连带债务人应分担的份额后,仍应就剩余债务承担连带责任。

五、混同

(一)混同的概念

混同,即债权债务同归于一人,致使合同关系消灭的事实。

债的关系应有两个不同的主体,因混同致债权债务归于同一人,债的关系无法维系,故归于消灭。例如,由于甲、乙两企业合并,甲、乙企业之间原先订立的合同中的权利义务同归于合并后的企业,债权债务关系自然终止。

(二)混同的效力

《民法典》第五百七十六条规定:“债权和债务同归于一人的,债权债务终止,但是损害第三人利益的除外。”

(1)合同关系及其他债之关系消灭,附属于主债务的从权利和从债务也一并消灭。

(2)混同不导致债之关系消灭的例外情形。

①债权是他人权利之标的。如债权为他人权利质押的标的,债权债务即使同归于一人,债权也不消灭,否则将损害质权人的利益。

②法律规定混同不发生债之关系消灭效力。法律另有规定的,债权债务不因混同而消灭。如《票据法》规定,票据未到期前依背书转让的,票据上债权债务即使同归于一人,票据仍可流通,票据上的债权债务不消灭。

六、合同解除

(一)合同解除的概念

合同解除是指合同有效成立后,因主客观情况发生变化,使合同的履行成为不必要或不可能,根据双方当事人达成的协议或一方当事人的意思表示提前终止合同效力。合同解除有约定解除和法定解除两种情形。

(二)约定解除

1. 协商解除

合同生效后,未履行或未完全履行之前,当事人以解除合同为目的,经协商一致,可以订立一个解除原来合同的协议,使合同效力消灭。这种情形即属协商解除。

2. 约定解除权

解除权可以在订立合同时约定,也可以在履行合同的过程中约定.可以约定一方解除合同的权利,也可以约定双方解除合同的权利。

约定解除权与协商解除有所不同.约定解除权是双方在解除事由发生前的约定,是给予当事人解除权,并非直接消灭合同,合同是否消灭取决于当事人是否行使解除权;协商解除则是当事人基于合意直接消灭原合同关系。

(三)法定解除

法定解除是当事人行使依据法律规定取得的解除权以消灭合同关系的行为。解除权取得的基础在于法律的明文规定。解除权人依其解除的单方意思表示即可使合同关系归于消灭。

1. 法定解除权取得的原因

(1)因不可抗力致使不能实现合同目的。不可抗力是指不能预见、不能避免且不能克服的客观事件。只有不可抗力致使合同目的不能实现时,当事人才可以解除合同。

(2)预期违约。在履行期限届满之前,当事人一方明确表示或者以自己的行为表明不履行主要债务的,对方当事人可以解除合同。

(3)当事人一方迟延履行主要债务,经催告后在合理期限内仍未履行。

(4)当事人一方迟延履行债务或者有其他违约行为致使不能实现合同目的。这种情形中的迟延履行因致使合同目的不能实现,债权人可不经催告直接解除合同。

(5)法律规定的其他情形。

如以持续履行的债务为内容的不定期合同,当事人可以随时解除合同,但是应当在合理期限之前通知对方。再如房屋承租人未经出租人同意转租的,出租人可以解除合同。

此外,《民法典》第五百三十三条规定了情势变更原则。该条规定:“合同成立后,合同的基础条件发生了当事人在订立合同时无法预见的、不属于商业风险的重大变化,继续履行合同对于当事人一方明显不公平的,受不利影响的当事人可以与对方重新协商;在合理期限内协商不成的,当事人可以请求人民法院或者仲裁机构变更或者解除合同。人民法院或者仲裁机构应当结合案件的实际情况,根据公平原则变更或者解除合同。”根据该条的规定,当合同履行满足情势变更诸要件,且当事人在合理期限内协商不成的,可以通过司法途径请求变更或者解除合同,但是否允许变更或解除合同属于司法决定权。

2. 解除权的行使

(1)解除权行使的主体。因不可抗力致使合同目的不能实现的情形,因双方均无过错,所以,双方均可解除合同。在法定解除权发生的其他情形,解除权的行使主体应限于守约方,合同解除是因违约方根本违约而赋予守约方的救济路径。

(2)享有解除权的一方向对方表示解除的意思。享有解除权的一方依法主张解除合同的,应当通知对方。合同自通知到达对方时解除。通知载明债务人在一定期限内不履行债务则合同自动解除,债务人在该期限内未履行债务的,合同自通知载明的期限届满时解除。

当事人一方未通知对方,直接以提起诉讼或者申请仲裁的方式依法主张解除合同,人民法院或者仲裁机构确认该主张的,合同自起诉状副本或者仲裁申请书副本送达对方时解除。

(3)对方对于解除权行使有异议的,应诉诸司法程序。根据《民法典》第五百六十五条的规定,对方对解除合同有异议的,任何一方当事人均可以请求人民法院或者仲裁机构确认解除行为的效力。

(4)解除权应在法定或约定的期限内行使。法律规定或者当事人约定解除权行使期限,期限届满当事人不行使的,该权利消灭。法律没有规定或者当事人没有约定解除权行使期限,自解除权人知道或者应当知道解除事由之日起一年内不行使,或者经对方催告后在合理期限内不行使的,该权利消灭。

3. 合同解除的效力

（1）合同解除后尚未履行的，终止履行；已经履行的，根据履行情况和合同性质，当事人可以要求恢复原状、采取其他补救措施，并有权要求赔偿损失。

（2）合同的权利义务终止，不影响合同中结算和清理条款的效力。

（3）合同因违约解除的，解除权人可以请求违约方承担违约责任，但是当事人另有约定的除外。

（4）主合同解除后，担保人对债务人应当承担的民事责任仍应当承担担保责任，但是担保合同另有约定的除外。

任务七　违约责任

一、违约责任的概念与基本构成

违约责任，即违反合同的民事责任，是指合同当事人一方或双方不履行合同义务或者履行合同义务不符合约定时，依照法律规定或者合同约定所承担的法律责任。依法订立的有效合同对当事人双方来说，都具有法律约束力。如果不履行或者履行义务不符合约定，就要承担违约责任。

《民法典》第五百七十七条规定："当事人一方不履行合同义务或者履行合同义务不符合约定的，应当承担继续履行、采取补救措施或者赔偿损失等违约责任。"据此，在我国，除非法律有特别规定，违约责任属于严格责任，即违约责任的承担不以违约方有过错为条件。一般违约责任的构成要件仅包括违约行为以及无法定或约定的免责事由。当然，不同的违约责任承担形式，其构成要件可能略有不同，如违约损害赔偿，除了前述两个要件外，尚需具备损害以及违约行为与损害之间存在因果关系两个要件。违约行为分为实际违约与预期违约。实际违约包括履行不能、履行拒绝、履行迟延与不完全履行。对于预期违约，《民法典》第五百七十八条规定："当事人一方明确表示或者以自己的行为表明不履行合同义务的，对方可以在履行期限届满前请求其承担违约责任。"

二、承担违约责任的形式

（一）继续履行

继续履行，又称为强制履行，是指在一方当事人不履行合同义务或者履行合同义务不符合约定时，另一方可请求法院强制违约方继续履行合同义务。订立合同的目的是实现合同的约定，继续履行合同既是为了实现合同目的，又是一种违约责任。当事人一方未支付价款或者报酬的，对方可以要求其支付价款或者报酬。当事人一方不履行非金钱债务或者履行非金钱债务不符合约定的，对方可以要求履行，但有下列情形之一的除外。

（1）法律上或者事实上不能履行。

（2）债务的标的不适于强制履行或者履行费用过高，前者如以具有人身性质的劳务为债务的，后者指履行费用大大超过实际履行合同所能获得的利益。

(3)债权人在合理期限内未请求履行。有前述除外情形之一,致使不能实现合同目的的,人民法院或者仲裁机构可以根据当事人的请求终止合同权利义务关系,但是不影响违约责任的承担。

当事人一方不履行债务或者履行债务不符合约定,根据债务的性质不得强制履行的,守约方可以请求违约方负担由第三人替代履行的费用。

(二)采取补救措施

当事人一方履行合同义务不符合约定的,应当按照当事人的约定承担违约责任。受损害方可以根据受损害的性质以及损失的大小,合理选择要求对方适当履行,如采取修理、更换、重作、退货、减少价款或者报酬等措施,也可以选择解除合同、中止履行合同、通过提存履行债务、行使担保债权等补救措施。

(三)赔偿损失

赔偿损失,是指当事人一方不履行合同义务或者履行合同义务不符合约定而给对方造成损失的,依法或根据合同约定应承担赔偿对方当事人所受损失的责任。当事人一方不履行合同义务或者履行合同义务不符合约定的,在履行义务或者采取补救措施后,对方还有其他损失的,应当赔偿损失。当然,对方也可以不选择要求继续履行或采取补救措施,直接主张赔偿损失。损失赔偿额应当相当于因违约所造成的损失,包括合同履行后可以获得的利益,但不得超过违反合同一方订立合同时预见到或者应当预见到的因违反合同可能造成的损失。

当事人一方违约后,对方应当采取适当措施防止损失的扩大;没有采取适当措施致使损失扩大的,不得就扩大的损失要求赔偿。当事人因防止损失扩大而支出的合理费用,由违约方承担。

(四)支付违约金

为了保证合同的履行,合同当事人可以约定一方违约时应当根据情况向对方支付一定数额的违约金,也可以约定因违约产生的损失赔偿额的计算方法。与损失赔偿相比,违约金的支付可以避免损失赔偿方式在适用中经常遇到的计算损失范围和举证的困难。

合同违约方支付违约金不足以弥补非违约方遭受的损失的,非违约方仍然可以向违约方请求赔偿损失。但原则上,非违约方获得的赔偿应与其实际受到的损失大致相当,所以,《民法典》规定了如下的违约金调整情形。

约定的违约金低于造成的损失的,人民法院或者仲裁机构可以根据当事人的请求予以增加;约定的违约金过分高于造成的损失的,人民法院或者仲裁机构可以根据当事人的请求予以适当减少。

当事人就迟延履行约定违约金的,违约方支付违约金后,还应当履行债务。

(五)定金责任

1. 定金的概念与种类

定金是指合同当事人约定一方向对方给付一定数额的货币作为合同的担保。定金既可以作为担保方式,也可以作为一种民事责任方式。

定金根据当事人的约定，有以下种类。

(1)违约定金。违约定金指定金设立的目的在于保障合同的履行。当事人约定以交付定金作为主合同债务履行担保的，给付定金的一方未履行主合同债务的，无权要求返还定金；收受定金的一方未履行主合同债务的，应当双倍返还定金。

(2)成约定金。当事人约定以交付定金作为主合同成立或者生效要件的，给付定金的一方未支付定金，但主合同已经履行或者已经履行主要部分的，不影响主合同的成立或者生效。

(3)解约定金。定金交付后，交付定金的一方可以按照合同的约定以丧失定金为代价而解除主合同，收受定金的一方可以双倍返还定金为代价而解除主合同。

2. 定金的生效

定金合同是实践性合同，从实际交付定金时成立。

定金的数额由当事人约定，但不得超过主合同标的额的20%。超过部分不产生定金的效力。

实际交付的定金数额多于或者少于约定数额，视为变更约定的定金数额。收受定金一方提出异议并拒绝接受定金的，定金合同不成立。

3. 定金的效力

(1)债务人履行债务的，定金应当抵作价款或者收回。

(2)给付定金的一方不履行债务或者履行债务不符合约定，致使不能实现合同目的的，无权请求返还定金；收受定金的一方不履行债务或者履行债务不符合约定，致使不能实现合同目的的，应当双倍返还定金。此定金责任被称为“定金罚则”。

(3)在同一合同中，当事人既约定违约金，又约定定金的，一方违约时，对方可以选择适用违约金或者定金条款，即二者不能同时主张。买卖合同约定的定金不足以弥补一方违约造成的损失，对方可以请求赔偿超过定金部分的损失，但定金和损失赔偿的数额总和不应高于因违约造成的损失。

三、免责事由

(一)法定事由

1. 不可抗力

不可抗力是指不能预见、不能避免且不能克服的客观情况。常见的不可抗力情形主要包括自然灾害、政府行为或社会异常事件等，当事人可以在合同中通过约定限定不可抗力的具体范围。

因不可抗力不能履行合同的，根据不可抗力的影响，部分或者全部免除责任，但法律另有规定的除外。当事人迟延履行后发生不可抗力的，不能免除责任。

当事人一方因不可抗力不能履行合同的，应当及时通知对方不能履行或不能完全履行合同的情况和理由，并在合理期限内提供有关机关的证明，证明不可抗力及其影响当事人履行合同的具体情况。若当事人怠于通知，致使对方当事人损失的，仍须就对方的损失承担赔偿责任。

2. 受害人过错

受害人过错是指受害人对于违约行为的发生或违约损害后果扩大所具有的过错。《民法典》第五百九十二条规定："当事人一方违约造成对方损失，对方对损失的发生有过错的，可以减少相应的损失赔偿额。"据此，受害人过错是部分减免违约方责任的法定事由。

(二)免责条款

免责条款是指合同双方当事人在合同中约定，当出现一定的事由或条件时，可免除或限制违约方的违约责任的条款。免责条款是对当事人合意尊重的体现，但以下免责条款无效。

(1)提供格式条款的一方不合理地免除或减轻其责任，加重对方责任，限制对方主要权利。

(2)约定造成对方人身损害免责或者故意或重大过失造成对方财产损失免责的条款。

(三)法律的特别规定

在法律有特别规定的情况下，可以免除当事人的违约责任。如《民法典》第八百三十二条规定："承运人对运输过程中货物的毁损、灭失承担赔偿责任。但是，承运人证明货物的毁损、灭失是因不可抗力、货物本身的自然性质或者合理损耗以及托运人、收货人的过错造成的，不承担赔偿责任。"

【思政角】

低保办主任骗贫困户救命钱赌博，为贫困户申请养殖扶贫资金，索要4.5万元后直接失联；为居民申请大病救助款7.3万元中却有4.5万元装进自己口袋。某民政局低保办原主任赵某，任职期间将敛财黑手伸向贫困户，把钱全部扔在了麻将桌上。

党组织给予了贫困养殖户莫大的支持，出台了贫困户可申请养殖扶贫资金来发展自己的养殖事业这一政策，但万万没想到，养殖支持资金却进了低保办主任的口袋。

无论处于哪一个岗位的工作人员，对待工作都要有职业操守，守得住底线，知法遵法守法，绝不触动法律红线。

【案例分析】

一、案例介绍

某羊毛衫厂(以下简称A厂)与某畜产品公司(以下简称B公司)订立了一份买卖合同，合同规定：由B公司出售给A厂特级羊毛400 kg，总价款为20万元。交货时间为订立合同之日起3个月内(即2022年10月20日之前)。合同还规定：A厂向B公司先支付总价款20%的定金。任何一方若违约，违约方应承担对方的全部经济损失。A厂于合同签订后10日内汇去了全额定金。10月初，A厂致函B公司询问提货情况。B公司回答，公司因没有现货，组织人员到牧区收购，但因现在不属于剪毛季节，无法收到，要求延迟到明年春季履行。A厂因生产急需，所以又组织货源，幸未造成经济损失，但提出解除合同。双方发生争执，A厂提起诉讼。A厂要求解除合同，并追究违约责任。B公司辩称，无法收到羊毛是季节原因，属不可抗力，应予免责，况且并未造成A厂的经济损失，因此A厂无权单方解除合同。

问题：(1)A 厂是否有权解除合同？法律依据是什么？

(2)B 公司是否应承担违约责任？如应承担责任，应如何承担责任？

二、案例分析

(一)A 厂有权解除合同

《民法典》规定，有下列情形之一的，当事人可以解除合同。

(1)因不可抗力致使不能实现合同目的。

(2)在履行期限届满之前，当事人一方明确表示或者以自己的行为表明不履行主要债务。

(3)当事人一方迟延履行主要债务，经催告后在合理期限内仍未履行。

(4)当事人一方迟延履行债务或者有其他违约行为致使不能实现合同目。

(5)法律规定的其他情形。

(二)B 公司应承担违约责任，双倍返还 A 公司交付的定金

《民法典》规定，当事人可依法约定一方向对方给付定金作为债权的担保。债务人履行债务后，定金应当抵作价款或者收回。给付定金的一方不履行约定的债务的，无权要求返还定金；收受定金的一方不履行约定的债务的，应当双倍返还定金。

《民法典》规定，当事人既约定违约金，又约定定金的，当一方违约时，对方可以选择适用违约金或者定金条款。

【考核评价】

一、考核题目

(1)某养殖企业(如养猪场或养牛场)需要长期从饲料公司购买不同类型的配合饲料，养殖企业需要与饲料公司签订一份饲料买卖合同。

(2)某畜禽产品加工企业(如肉类、奶类加工企业)需要长期从畜禽产品生产企业(如养猪场或养牛场)购买各种加工原料(如猪肉、鲜奶等)，某畜禽产品加工企业需要与畜禽产品生产企业签订一份畜禽初级产品(或粗产品)买卖合同。

(3)某大型综合超市需要长期从畜禽产品生产企业或畜禽产品加工企业购买各种初级产品(如鲜肉、鲜奶等)或各种加工产品(如火腿肠、酸牛奶等)，大型综合超市需要与畜禽产品生产企业或畜禽产品加工企业签订一份畜禽初级产品(或粗产品)买卖合同或畜禽加工产品买卖合同。

根据上述任一情形，模拟订立一份畜禽产品买卖合同。

二、评价标准

(1)养殖企业必须遵循《民法典》合同关于订立经济合同的原则。

(2)经济合同的基本结构必须合理。

就结构而言，合同包括三部分：第一部分，首部(包括标题、双方当事人、明确甲乙方)。第二部分，正文(包括：标的，数量和质量，价款和酬金，履行期限、地点和方式，违约责任)。第三

部分，结尾（包括双方落款、签名、盖章）。

(3)经济合同的内容（或条款）必须真实、完备、具体。经济合同内容必须真实，要求编写合同时，不允许玩弄辞藻、掩饰违法的经济行为或隐瞒真相欺骗对方。

经济合同内容必须完备，对于合同的主要条款，要按规定写入合同书内，使合同的内容做到全面、周详、具体，以便于履行。

(4)订立经济合同的程序必须规范。双方当事人就合同的内容经过反复磋商，最后达成一致协议，通常分为三个阶段：要约、承诺、实际签约。

(5)编写经济合同时必须精通业务，进行畜产品市场调研，及时了解和掌握市场行情。

(6)编写经济合同时措辞必须准确，做到合同书上没有一句废话，没有一句似是而非的话，没有一个错别字或多余的字。像“大致”“估计”“尽量”之类的文字，在合同中严禁使用。

【码上学习】

买卖合同　　赠与合同　　借款合同

保证合同　　租赁合同　　融资租赁合同

项目六

养殖企业生产要素的利用与管理

【先导案例】

生猪存栏快速回升意味着饲料消耗大幅增加，这给饲料加工企业带来了不错的市场销量，但是饲料生产企业为何还要涨价呢？在安徽省合肥市的大北农饲料生产基地的成品仓库，仓库保管员正在忙着饲料出库前的核验工作，她告诉记者，当下，饲料的出库速度加快不少，饲料成品基本上一个星期会周转一次。负责人介绍，饲料的成本中，玉米约占六成、豆粕占两成，玉米的现货价格每吨上涨了400元，豆粕则逼近吨价4 000元的区间，较去年同期吨价上涨超过800元，虽然今年他们的出货量提升了三成，但由于原材料持续高位，无奈之下，只能提升饲料的销售价格，以缓解成本压力。多家饲料企业先后发布了产品提价公告，饲料产品普遍提价50元到100元。事实上，2021年饲料行业经历了多轮价格调整，但相关企业却增收不增利。从2021年中报来看，饲料行业上半年营业收入普遍提升，海大集团、新希望和大北农的饲料业务营业收入分别为338.5亿元、328.3亿元、112.1亿元，同比增长均超了四成。受原料价格高位和其他因素的影响，饲料板块上市公司的毛利率多数出现下滑，市值排名前三的饲料企业，经营毛利率分别为10.30%、6.92%和13.58%，较去年同期分别下降了1.52%、0.95%和5.25%。

不难看出，饲料作为养殖企业生产经营的重要生产要素，其价格变动对于养殖企业生产经营的影响深远，不可小觑。除了饲料以外，人力资源、经济信息、资金等其他生产要素对于养殖企业的生产经营又有什么作用和影响呢？本章我们将学习养殖企业的生产要素的利用和管理。

【学习目标】

了解养殖企业人力资源、经济信息、饲料、资金等生产要素在养殖企业生产经营中的作用；理解人力资源、经济信息、领导艺术、资金的概念；熟悉养殖企业劳动的特点、经济信息的特征、饲料的经济特点、资金的筹集原则；掌握合理利用人力资源的方法、经济信息处理的程序、主要的领导艺术、资金筹集的渠道和方式。

【学习内容】

任务一　人力资源与劳动管理

一、人力资源在养殖企业生产经营中的作用

(一)人力资源的含义

经济学上把可以投入生产中去创造财富的而且是经济活动中居于主导地位的能动性资源称为人力资源。它具有再生性、时效性和“活”性等基本特征。

(二)养殖企业劳动的特点

养殖企业劳动与其他物质生产部门的劳动相比有以下四个特点。

1. 劳动对象的特殊性

养殖企业劳动的主要对象是有生命的畜禽。各种畜禽是人类经过长期驯化培育出来的，对自然灾害和疾病的抵抗力十分脆弱，对供给的条件十分敏感。因此，饲养和照料畜禽，所需劳动力不多，但对劳动者的责任心和劳动技能要求却很高。

2. 生产劳动的多样性

养殖企业生产劳动，除了饲养畜禽和放牧劳动外，还要从事饲料的生产、加工、购运、贮存、保管等方面的劳动。这样就要求养殖企业生产技术和管理人员必须兼有“种植”和“养殖”两方面的丰富知识和技能，必须把第一性草料生产劳动和第二性的畜禽饲养劳动放在同等重要的地位，并把这两方面的劳动有机地结合起来，这就给畜牧业劳动带来了复杂性和艰巨性。

3. 规模养殖劳动的均衡性

养殖企业劳动季节性不明显，劳动延续时间长，用工量在全年基本上是均衡的，不管有没有产品产出，均需不断投入劳动力进行科学的饲养管理，故要求养殖企业劳动组织常年固定，饲养畜禽务必有严格的责任制度。

4. 劳动产品的阶段性

畜产品的产出往往不是连续的，具有明显的阶段性。例如肉猪是分批出栏的，奶牛产奶有泌乳期和干乳期之分，蛋鸡产蛋有产蛋期和停产期之分。这就要求企业管理者及时计算劳动报酬，把平时劳动和最终劳动成果结合起来，充分调动劳动者的积极性。

(三)人力资源的作用

理解了养殖企业劳动的这些特殊性，客观要求从事养殖企业生产经营，要以人为核心，以提高人员的素质为核心。尽管先进的科学技术生产手段对整个畜牧业经济的发展起到巨大的推动作用，但丝毫没有改变人力资源即劳动力在振兴畜牧业经济中的决定性作用。科学技术要靠人开发、掌握、推广，企业经营管理更要靠人来决策、计划、运筹。总之，在人与物的关系

中，人是生产的主体，是主动、决定的因素，是企业生存、发展的内在动力。各种物质因素要通过人的能动作用才能更好地发挥作用。我们经常讲“事在人为，物在人管，财在人用”，指的就是这个道理。

明白上述道理后，就要克服传统管理中“见物不见人”和主次颠倒的片面观点，高度重视人这一因素的重要性，重视人力投资的重要性，把企业经营管理特别是劳动管理的重心真正放在“人”的身上，表现出对人的高度关心，切实做好人的工作，真正建立起物质激励机制，充分发挥人的积极性和创造性，提高人的科技和管理素质，重视、培养、引进以及合理使用人才。总之，对人的工作做得好坏，将决定一个企业或家庭经营盈利的程度。随着市场竞争的日趋激烈，“人才第一”的理念已成为企业家们的共识。可以这样说，企业的衰亡主要是由于不能合理地选才、用才、育才、留才，以致不能建立和保持一个有效率、有活力的员工队伍。这一结论的正确性不仅体现在现今社会，也必然体现在未来社会。

重视和研究人力资源在养殖企业生产经营中的作用，其意义重大。良好的人力资源投入能够显著提升畜牧养殖业绿色全要素生产率，包括人力资本自身综合素质、教育水平、专业技能建设情况、身体素质等。在人力资本综合素质以及专业技能建设较为良好的情况下，能够显著地促进畜牧业养殖技术的有效发展，提升劳动生产率。为此，在畜牧养殖业发展中应当不断提升人力资源的专业技术水平，提升员工的综合素质，促进劳动生产率的提升。同时也能够实现乡村振兴背景下农村劳动力稳定就业。

二、人力资源的开发利用与管理

(一)招聘

招聘是使潜在的合格人员对企业的特定岗位产生兴趣，并使其前来应征该职位的过程，它是目前企业引进所需人员的主要途径。

(二)教育培训

企业在人力资源上的教育培训，是企业为了提高劳动生产率和个人对职业的满足程度，直接有效地为企业生产、经营服务，从而采取各种方式，对企业各类人员进行的教育培训投资活动。它是企业把人力资源转化为人力资本的有效方式之一，也是企业生存和发展的有效途径。

1. 教育培训的方向

企业经营在于用人，企业培训的主体，是企业的所有人才，只有人尽其才，企业才可能达到经营目标，所以企业应该千方百计地开发培训各层次人才。目前企业培训开发的人才一般分为三类。

(1)决策层人才。这一层次的人才决定着本企业的经营方向、生产规划、分配制度和重大人事安排，因此对他们的培训首先必须保证其具备领导决策者的素质，使其具备决策能力，科学地决策重大改革方案及措施，如生产经营、技术改造和开发、基本建设等领域的决策；具备长远规划、大项资金的运用、制订重要条例和规章等能力。

(2)管理层人才。这一层次的人才具体指挥、调配、组织人力物力，具备使决策得到落实和执行的能力。进一步分析，还可把这部分人再细分为两个层次，一部分是那些在生产第一线执行管理职能的人员，可称为直接管理层，他们的工作性质，决定了他们与实际操作层的员工最接近，因此他们的管理素质的好坏直接影响到员工的积极性和对企业的忠诚度。另一部分人是从事设计研究的技术人员和人事劳动、计划、财会等部门的管理人员，可称为间接管理层。他们在较高层次上行使管理职能，主要精力是间接地处理生产一线传报上来的信息，其技能更加专业化。

(3)操作层人才。这一层次的人才从事具体操作，直接生产物质产品，他们有的在生产第一线，有的在辅助、维修部门工作，但都直接使用各种工具设备，严密协作，完成物质生产任务，使生产过程得以最终完成。这一层次的内部还可以分为三个小层次：其一是技术骨干；其二是熟练工人；其三是“智力工人”。

2. 教育培训的内容

制订公司培训内容，必须与企业的事业进步、发展战略目标相联系，因此，应当把企业长期发展与当前的生产结合起来，共同纳入企业培训内容。

长期培训的内容，一般计划性较强，企业根据经营发展战略要求、技术变化的预测以及将来对人力资源的数量、质量、结构的要求，需要对所有员工，进行有计划、有组织的培训，即所谓“全员培训”。培训的内容包括企业文化、管理决策、生产技术、营销、文化基础等方面。由于培训的对象层次不同，培训的内容还应结合岗位目标来进行，例如对生产技术人员，要进行专门技术和同行业技术信息的培训；对营销人员进行产品定位、市场开发、促销等方面的培训；对新进公司员工，不仅要进行岗位基础知识和技能的培训，还要增加文化基础知识的培训等。

短期培训的内容，一般针对性较强，大部分是跟随生产急需而设置的，比如，为改善企业经济技术指标急需掌握的知识和技能；为产品创优、产品开发应急需掌握的知识和技能；为掌握公司已决定采用的新工艺、新技术、新设备所急需的知识和技能；为掌握已决定进行的攻关课题、革新项目所急需的知识和技能；为强化企业内部运行机制，急需掌握的管理工作的基本技能等。短期培训内容的好处是急用先学，立竿见影，近期成效较突出。

3. 教育培训体系

企业培训体系分为内培训体系和外培训体系。

(1)企业内培训体系。它一般包括基础培训、适应性培训、日常培训、个别培训、目标培训。

①基础培训：指加强员工岗位基础技术的培训和强化基本技能的培训。这部分培训的内容还包括对新进员工的职前培训。

②适应性培训：主要指为适应企业新的工作要求而进行的培训。这部分培训对象包括大、中专毕业生和转岗或即将上岗的专业技术工人、管理人员。

③日常培训：也称为岗位练兵、技术比武、技术表演赛等。根据本岗位的生产、技术和操作的要求，组织有关人员，强化基本功的训练，整体掌握和不断提高操作技能。

④个别培训：为满足企业特殊需要和个别人事安排与结构调整，要对有关人员进行个别培训。

⑤目标培训：为达到企业人力资源管理的计划目标，所做的综合专门培训。

(2)企业外培训体系。企业外培训体系，按教育机构可以划分为三类。①全日制大中专院校和成人高等院校。②地方政府和行政部门举办的教育培训机构。③社会力量办学机构。

4. 教育培训时应注意的问题

(1)企业应加强师资队伍的建设。企业培训是因工施教。按企业不同的岗位规范要求所进行的一种特殊教育，这本身就要求师资必须具备一定的专业理论知识水平和实践操作技能，所以师资队伍的素质水平，直接关系到企业员工培训的质量。

(2)企业应考虑其培训经费的来源和使用。由于企业培训自身的特点，它的经济性要比一般学校教育强烈得多，要求核算其经济效益，即核定培训的投入和产出，需要考虑并解决培训经费的来源，计算培训给企业带来的经济收益。

(3)企业应注意员工培训的心理问题。员工知识和技能的学习提高存在个体差异，导致个体差异的原因主要有学习动机和学习能力这两个方面。前者是思想问题，要靠教导和合理的培训计划来解决；后者是心理品质问题，要靠合理地选择人员和因人施教具体培训方法来解决。

(4)企业应注意培训效果的迁移效应问题。员工在培训中所学到的知识和技能影响实际工作效绩的大小就是培训效果的迁移效应问题。一般来说培训内容与以后工作的相似成分越多，越容易获得积极的迁移效果，这样就可以改进以后的工作，使之大有进展。这正是企业对员工进行教育培训的目的所在。

(5)企业应注意培训时间与内容的合理分配。培训时间的合理分配依据训练内容的难易程度和培训所需的总时间而定。一般说来，简单而短时间的培训，可使用集中练习，使之一气呵成，尽快掌握。而内容复杂，难度高，时间较长的学习，则宜采用分散学习的办法，以减少浪费，提高效率。

(6)企业应及时反馈培训中的问题。在整个训练过程中，使受训者及时了解自己的训练成绩和进展状况，不仅有助于激发学习动机，而且能使他们及时发现自己在学习中的问题。同时，这样做也可以使管理者根据这些信息及时发现培训中存在的各种问题，及时给予帮助和示范，使员工的技术水平尽快提高。反之，如果教学双方心中无数，或重复学习，或忽略重点，就会造成无谓的浪费，甚至使不正确的行为继续下去，最后形成坏习惯。

(三)人员使用

人员是企业生产力中最能动的因素，在生产力中起主导的作用。能否合理而有效地使用员工，取决于企业是否建立起一整套的员工工资制度，取决于企业是否具有有效的员工奖励制度，取决于企业是否有客观而合理的员工效绩评估方法，这是企业人力资源管理的一项十分重要的工作。

1.员工工资制度

工资是企业员工的基本收入来源。企业根据生产经营特点和激励方式及目标，确定采用何种工资制度。

(1)结构工资制。结构工资制是把员工工资划分成若干组成部分，构成动态性的工资结构模式，用“工资分解”的方式，确定和发挥各部分工资各自不同的功能。它一般有下列4个组成部分。

①基础工资。基础工资是员工工资收入中的基本部分，是维持劳动力简单再生产，保障员工基本生活条件的工资收入。

②岗位(职务)工资。岗位工资按照各个岗位的工作繁简、劳动轻重、责任大小和劳动条件等因素，分别确定其工资等级的数目和工资标准的起止点，并规定一个技术(业务)等级标准管几个工资等级，同时考虑脑力劳动和体力劳动的差别，对普通员工和管理者分别实行两种不同序列的工资标准。

③工龄工资。工龄工资按员工工龄的长短和员工工龄应计的工资额而确定。

④奖励工资。奖励工资以基础工资和岗位工资为基础，把员工的收入和企业的生产发展、

经济效益及个人贡献大小相结合，联产，联利，多超多得、少超少得、不超不得。

结构工资各个组成部分随着相应的影响因素，经常变动，更加灵敏地反映企业和员工个人的变化，起到激励作用。

(2)岗位等级工资制。岗位等级工资制是根据员工所在岗位的不同，以及同一岗位内技术复杂程度的不同所划分的等级，确定员工工资的制度。岗位等级工资制体现岗位之间的差别，体现员工在劳动成果上的差异。有利于解决专业工龄短、劳动成果大，或从事有毒有害工种的员工得不到相应报酬的矛盾。

(3)保密工资制。保密工资制是灵活反映企业经营状况和劳务市场供求状况，并对员工的工资收入实行保密的一种工资制度。它有利于员工之间不在工资上相互攀比，减少矛盾；工资是由企业和员工共同商定，双方都可以接受，一般都比较满意，有利于调动员工的积极性；工资水平随着企业经营状况和劳务市场供求状况而升降，促使员工转向紧缺的工种，保持各类人员之间合理的比例关系；有利于员工在最佳年龄期间取得最佳报酬。

(4)浮动工资制。浮动工资制是把员工工资的多少和企业经营效果及员工劳动成果结合起来，挂钩浮动。企业经营效果好，员工劳动成果多，员工工资额就上升，反之就下降。

(5)计时工资制。计时工资是根据员工的实际工作时间和劳动者的工资等级以及工资标准核算和支付劳动报酬的工资形式。计时工资一般分为：①小时计时工资。根据员工的小时工资标准和实际工作小时数计算工资。②日工资。根据员工的日工资标准和实际工作天数计算工资。③月工资。根据规定的月工资标准支付工资。计时工资适应性强，实行范围广，比较简单易行。

(6)计件工资制。计件工资是直接以一定质量的产品数量和计件单位计算员工劳动报酬的一种工资形式，是计时工资的一种转化形式。只是在工资表现形式和计算方法上有所不同。合理的计件工资制，必须在具有一定管理水平基础的企业中实行。其主要条件是：①员工的生产成果能够直接统计计量。②企业的生产任务饱满，产品属于批量生产。③有一定的企业管理水平，生产的原始记录比较完备，有较健全的管理制度，有合理的生产组织和劳动组织。④有合理的劳动定额，有适当的技术组织措施。

2. 员工奖金与津贴

奖金与津贴是在不同条件下超额劳动和特殊劳动的报酬形式。

(1)奖金。

①奖金的形式。企业中奖金形式，可以根据本企业的实际情况，自行创造和灵活运用。通常采用的奖金形式有下面几种：a. 综合奖。以员工集体或个人全面完成的各项指标作为得奖条件的奖励形式。b. 单项奖。以员工集体或个人完成某一项指标作为得奖条件的奖励形式。c. 超额奖。以员工集体或个人超额完成任务作为得奖条件的奖励形式。d. 合理化建议奖。以员工提出有实效的合理化建议作为得奖条件的奖励形式。e. 其他特殊奖。除上面几种形式以外，其他方面为企业生产经营活动做出特殊贡献，付出超额劳动，需要以奖金形式加以表扬的，也可以给予奖励。

奖金实行上不封顶，下不保底，超过限额，征收奖金税的政策。所以，企业要有原则地、合理地使用奖金，既要发挥奖金的补偿和鼓励的作用，又不能滥发奖金。

②做好奖金奖励工作的基础工作。a. 奖励条件要合理，奖金标准要适当。多劳者多奖，少劳者少奖，没有超额劳动或没有特殊贡献的不奖。奖励与否主要根据超额劳动量的多少和特殊贡献的大小。b. 有根据地计奖。根据奖励条件规定的有关项目、具体指标，根据奖金标准

直接计算奖金。计算结果是多少就是多少，使奖金工作直观、明确，数量化。c. 正常的生产经营活动和健全的奖励制。奖励项目、奖励条件、奖金标准、奖励方法、计奖单位等，都要拟定具体规章，照章办理。d. 经常疏导奖励工作中的认识问题。在奖励工作中，要教育员工自觉为社会、为企业、为集体多做贡献，不能只为奖金而工作。要纠正有关部门企图依靠奖金解决一切问题的错误做法，帮助干部群众正确认识奖金的作用，处理好与奖金相关的各种关系，使奖励工作确有成就。

(2)津贴。津贴是贯彻按劳分配的又一种补充的劳动报酬形式。它是对那种劳动强度大、劳动条件差的工种，对那些特别繁重、艰苦、复杂或有损害健康的劳动，对在特殊条件下有特殊贡献的一种补充报酬。从事养殖业工作的员工一般都享有津贴，如畜牧兽医医疗卫生津贴、动物检疫保健津贴等。

3. 员工绩效评估

员工绩效评估是指对企业组织中成员的工作表现和工作效果的正式评价。企业一般每月、每季度或每年对员工做绩效评估。

(1)员工绩效评估的意义。一是帮助员工认识自己的潜在能力并在工作实际中充分发挥这种能力，以达到改进员工工作和促进员工的培训与发展。二是为人力资源管理等部门提供制定有关人力资源政策和决策的依据。例如，员工工作绩效评估结果可以作为工资、奖金、职务的升迁、调动和辞退的重要依据。三是有利于改进企业人力资源管理工作，企业从定期的工作绩效评估中可以检查诸如招聘、培训和激励等人力资源管理方面的问题，从中吸取经验教训，以便今后的改进。

(2)员工绩效评估的基本步骤。

①建立绩效标准。员工的工作绩效必须与某一个固定的标准相对比才可能得出公正的评价，工作标准越明确，绩效评估才可能越准确。因此，对员工评估实施有效管理的第一步就是要审核原有的标准或建立新的标准。工作绩效标准一般应包括两类基本的信息：其一是员工应该做什么，包括工作任务量，工作的职责等关键因素；其二是做到何种程度，包括具体的工作要求和工作标准。

②正式评估。将所设定的标准和员工实际工作绩效比较衡量，加以评估。评估的方式可由直接主管逐级考核，或由各级主管研究决定。越是涉及基层员工的评估，越要尊重基层管理人员的意见，因为其最了解员工的工作情况。

③评估结果。将评估结果作为企业组织的反馈，用于规划奖惩、提职等人力资源的有关活动，并作为员工个人的反馈，以修正或激励员工的工作态度与行为。

(3)员工绩效评估的方法。

①定量评估方法。它是一种对企业各部门和员工的工作绩效及其表现比较准确的评估方法。这种方法对有定量具体指标的部门和员工比较适合。其优点是可以比较准确地反映出被评估部门和员工的工作绩效，但是对部门和员工的工作进行准确量化比较困难，不易收集所需资料，适用范围比较小，故不再详细介绍。

②非定量评估方法。它是企业评估员工较广泛使用的一种方法。包括两个环节：正式评估和面谈。

A. 正式评估。常用的方法有以下 4 种。

a. 分等法。分等法主要用以评估在操作层工作的员工。通常按员工的综合工作表现和员工潜在的发展能力进行分等评估。先将被评估员工分成5个等级,然后确定每个等级在被评估员工中所占百分比。例如:部门A共有员工100人,分成较好、高于标准、平均标准、低于标准、较差5个等级。其中平均标准的员工应占40%,即40人。各个等级的百分比确定之后,将被评估员工按评估结果分等列表,如表6-1所示。

表6-1　分等评估

项目	评估标准工作综合表现				
等级	较好	高于标准	平均标准	低于标准	较差
百分比/%	10	20	40	20	10
名单	甲	乙	丁	辛	癸
		丙	戊	壬	
			己		
			庚		
	……	……	……	……	……

b.配对比较法。配对比较法是一种适合于员工人数较少的部门的评估方法。使用这种方法评估时,首先要确定评估的项目,然后按照评估项目(如工作绩效或工作努力程度等)将每个员工与其他员工进行比较。例如:表6-2和表6-3表示有5位员工,分别按他们的工作绩效和努力程度两个项目进行配对评价。表中:"+"表示优于,"—"表示劣于,"*"表示不能比较。其中表6-2是对员工的工作绩效进行考核。员工甲与乙、丙比较,甲劣于乙和丙;而甲与丁、戊比较,甲优于丁和戊。每个员工配对比较完成后,即可得出结论:在工作绩效方面,乙最佳,获4个"+"号。而在工作努力程度方面甲最佳,也获4个"+"号,如表6-3所示。

表6-2　工作绩效评价

项目	评估项目工作绩效				
	甲	乙	丙	丁	戊
甲	*	—	+	+	+
乙	+	*	+	+	+
丙	+	—	*	—	—
丁	—	—	+	*	—
戊	—	—	+	+	*

表6-3　努力程度评价

项目	评估项目工作绩效				
	甲	乙	丙	丁	戊
甲	*	+	+	+	+
乙	—	*	+	+	+
丙	—	—	*	—	+
丁	—	—	+	*	—
戊	—	—	—	+	*

c.描述法。即评估者将被评估员工的优点、缺点以及培训发展方向，潜在能力等，运用文字表达的方式来加以描述的方法。此方法是评估中经常采用的一种方法。

d.小组总结评估法。小组总结评估法是一种用于评估管理人员的方法。评估者不是以个人形式出现，而是由3～4名成员组成的评估小组。其中包括被评估者的直属主管，人事部门代表以及其他评估人员。这种评估方法既不需要评估表格，也不进行等级划分和对照比较。由小组成员坐在一起，围绕被评估者的工作绩效、工作表现以及工作努力程度进行自由议论。为了避免个人偏见和偏差，只有在小组全体成员均表示同意时，才能把评估结果记录下来，成为小组正式评估意见。评估的结论应该对被评估者的工作做出一个概括而又明确的评价，一般可分3种情况，即认定被评估者的工作绩效为：优秀、合格或不合格。

B.面谈。在评估结束，评估表格填报以后，直属主管必须与被评估者进行面谈。面谈是直属主管与被评估的员工之间的直接沟通。通过双方的谈心和讨论，直属主管可以发现和了解今后对工作的改进的方法，并了解被评估者工作上有什么要求；是否具备完成工作的能力，怎样提高，个人有什么要求。通过企业面谈，管理人员还可以从员工的工作绩效与表现中了解企业制订的长、短期目标是否需要调整等。

（四）人员激励

激励是指激发人们动机的心理过程。人们由需要引起动机，动机引起行为，行为指向一定的目标。企业人力资源的合理利用，员工积极性的提高离不开激励，激励是现代管理的重要职能之一。

1.激励原理

在人力资源管理过程中，激励措施的制订一般要有一定的理论作为依据。马斯洛是美国心理学家和行为科学家，他的需求理论是几个影响比较大的激励理论之一，这一理论的主要内容可以概括为三个要点。

(1)人的需要分为五个层次。如图6-1所示。

①生理需要。这是人的最原始、最基本的需要，包括人的衣、食、住、行、医疗等方面的需要。这些需要如果不能满足，就会有生命危险，所以要求最强烈，是必不可少的最低层次的需要。而当食物等人类最基本的生理需要得到满足，其他的需要才能成为新的激励因素。

②安全需要。指人们寻求免受生理上和心理上侵害的需要。包括人身安全、财产安全、劳动安全、职业安全、生活稳定、社会保险等方面的需要。当一个人生理需要得到一定程度的满足之后，自然地就会产生安全的需要。

③社交需要。又称爱和归属的需要。是指人们对人际交往、对集体或家庭的依赖、对同事的友谊以及渴求得到异性的爱情的需要。社交需要的满足可以避免孤独和无助，避免空虚和无意义感。

④尊重需要。指希望具有各种能力和知识，希望有名誉、地位和声望，希望受到他人的尊重、信赖和认可的需要；同时也希望自己具有实力、自由、独立性等，感到自己存在价值，从而产生自尊、自信心。

⑤自我实现需要。是指人希望从事与自己能力相称的工作，使自己的能力得到充分的发挥，成为自己所期望的人，并从事业的成功中得到内心的满足。

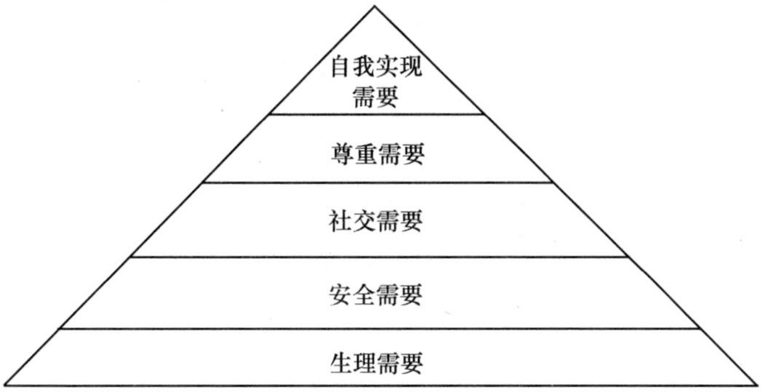

图 6-1　马斯洛的需求层次

(2)五种需要之间呈递进规律。一般来说,较低层次的需要得到满足之前,较高层次的需要强度不会很大,不会成为影响行为的主导需要。当较低层次的需要获得相对满足后,下一个较高层次的需要就会占主导地位,成为驱动行为的主要动力。

(3)人可能同时存在多种需要,但其行为的主要推动力来自占优势地位的需要。满足后的需要一般不再对行为起激励作用。但满足后的需要并不消失,只是对行为的影响退居次要地位而已。

由马斯洛的需要层次论可以知道,任何对人的激励都不能忽视对人的生存需要的关注,在生存需要得不到满足的情况下片面追求精神上的激励是不现实的。该理论还告诉我们,管理者在实施激励之前,要善于发现和区别被管理者各种不同的需要,以便采取不同的措施给予满足。管理者可以通过改善生活条件和工作环境,提供各种社会保险,加强组织文化建设,制订合理的人事升迁制度,表彰制度,提高员工对管理的参与程度等来满足员工不同层次的需要。

2. 激励方法

只有满足人的需要才能激发他的动机,调动他的积极性。那么,如何能够使人们的需要得到满足呢?基本方法有两种,即直接满足和间接满足。

(1)直接满足。直接满足又称"职务内满足"或"岗位上满足"。就是工作本身和工作中与其他人的正常关系使他得到满足。一般来说,直接满足的内容有如下几种。

①工作本身有利于自我成长,专业对口,满足兴趣,符合志愿,适应特长等。

②工作本身能获得社会的认可,评价较高。

③工作具有挑战性,干起来有奔头,能获得成就感。

④工作中,同志间和谐、友爱、安定、团结,对劳动者有内吸力。

(2)间接满足。间接满足又称"职务外满足"或"岗位外满足"。这是工作以外,即工作过程以后获得的满足,把工作当成以后得到满足的手段。间接满足的内容,基本的有两种。

①工资。工作一定时期后,人们从工作和工资本身并未获得实际需要而是用所得工资去购买食物、衣服、用品等后,才满足了多方面的实际需要。所以说,工资是间接满足的一种重要形式。

②津贴、奖励、福利费、医疗费、养老金、休假等,也是间接满足的重要形式。

间接满足是满足人们需要的重要方面,是人们工作动力的基本来源,它能保持人们的积极性,增加向心力,增强归属感,因此必须给予足够的重视。

3. 激励方式

(1)从人员安排、使用上来满足需要。对人任用得当,能提供直接满足,他就会长时间处于激发状态之中。这是不需要增加什么成本就能做到的事。在人事安排上,从个人来说,服从分配和工作需要是必要的。从管理者的角度来说,必须合理安排,充分注意人的专业、特长、兴趣和爱好,满足他们的要求,以有利于发挥他们的聪明才智。要做到这一点,必须考虑如下原则。

①用人之长,避人之短。发挥自己的才能,展现自己的特长,是人们内在心理的强烈倾向。人只有通过能发挥自己才干的劳动,才会感到是一种享受和幸福,也才有更大的创造性。

②用人不疑,用人不嫉。人都有受人尊敬、社交和实现抱负的需要,用人不疑才能满足这些需要,才能增强职员的主人翁责任感,使其心情舒畅地积极工作。疑人可以不用,但用人一定不疑。用人不嫉指的是不嫉妒人才,不要怕后来者超过自己。

③增加压力,激发动力。人是要有压力的,没有压力就会安于现状,停滞不前,有了压力,才能振作精神,激发动力,奋力向前。管理人员要善于安排,为人们发挥聪明才智提供一个广阔的天地,使之有点压力,以便迎接挑战。这是一项重要的领导艺术。

④有表扬,有批评,赏罚分明。人有尊敬、荣誉的需要。受到奖励或表扬,行为会加强,工作会更加积极。反之,行为就会受到抑制,甚至停止改变。批评要使人认识到错误,有信心去改正,有勇气奋发努力。奖罚一定要分明,成绩卓著者奖,渎职失责者罚。这已是管理者常用的方法之一。

(2)从组织设计上来满足需要。组织设计先进合理,也能给员工提供直接满足的需要,一般考虑如下要求。

①在保证组织目标完成的前提下,尽量缩小单位规模。②注意授权,使权责相适应。③明确主管,避免多头领导。④扩大群众参加管理的权限。⑤改善工作条件和环境。

(3)从职务上来满足需要。分工适当,也能提供直接满足,使人受到激励。具体做法可考虑以下原则。

①分工要有利于个人负责。②分工时要求个人不能从集体中孤立出来。③分工时应注意技术性工作和行政性工作适当搭配。④分配任务时应注意有一定难度。⑤工作内容要丰富化、多样化,实行工作轮换。⑥逐步实行弹性工作时间制度。

(4)工资待遇上来满足需要。工资待遇是一种间接满足需要的方式,是根据按劳分配原则,借助于货币,在劳动者之间分配个人消费品的一种主要形式,能满足劳动者的多种需要,是一个重要的激励因素。

三、劳动管理

(一)劳动定员

劳动定员是指根据养殖企业已定的产品方向和生产规模,在一定时期和一定的技术组织条件下,规定企业各类人员的数量界限和质量标准。定员是企业实现分工协作,明确岗位职责的重要手段,也是企业内部劳动力调配的主要依据。

劳动定员是企业劳动计划工作的基础。有了定员,企业在用人方面就有了明确的目标,进行劳动力的平衡和余缺调剂、监督检查劳动力的使用状况也就有了依据;有了定员,还可以促进企业改善劳动组织,巩固劳动纪律,建立健全岗位责任制,克服人浮于事,工作效率低等现象。对于新建企业来说，有了设计定员，可以有计划地、分期分批地根据需要配备各类人员，防止过早、过多地招工。

企业定员的范围，包括从事生产、技术、管理和服务工作的基本生产工人、辅助工人、工程技术人员、管理人员和服务人员，不包括与企业生产经营和职工生活无关的其他人员，如出国援外人员、长期病假人员等。

劳动定员的方法有劳动效率定员计算法、设备定员计算法、岗位定员计算法、比例定员计算法、职责定员法。这五种定员方法，在一个企业里是同时使用、互相补充的。

(二)劳动定额

劳动定额是养殖企业管理中一项最基础的工作。首先，劳动定额在劳动分工与协作中起着双重的量的规定性作用：一方面它确定一个劳动者完成一项工作所需的时间，规定职责的数量标准；另一方面，在此基础上核算和平衡各工作项目、各部门之间劳动量的比例以及所需要的劳动者人数。在现代分工日益深化、细化与协作条件下，劳动定额保证生产的连续性、比例性的作用日益显著和重要。其次，劳动定额是确定工资、奖金、考核和评价职工劳动，贯彻按劳分配原则的重要依据。再次，劳动定额是编制生产计划，成本计划，实施经济核算制和经济责任制的基础和依据。

劳动定额有两种基本形式。①工时定额，指工人生产单位合格产品或完成某项工作所需的时间。这是用时间表示的劳动定额，也可称之为时间定额。②产量定额或工作量定额，指工人在单位时间(每小时或每个轮班)内应该完成的合格产品数量或应完成的工作量。这是用产量或工作量表示的劳动定额。这两种定额在数值上呈反比关系，可以相互换算。

劳动定额的制订依据有技术依据、经济依据、心理和生理依据等。劳动定额的制订方法有技术测定法、比较类推法、经验估工法、统计分析法。

(三)劳动保护

劳动保护是指为了保护劳动者在生产劳动过程中的安全与健康，在预防和消除工伤事故，防止职工中毒和职业病，改善劳动条件等方面所进行的工作和采取的措施。劳动保护是安全生产、使生产能够顺利进行的重要条件，对调动员工的积极性、促进生产的发展具有重要的作用。

劳动保护的内容有：①立法与组织上的保证。从主体上、组织上给予支持和保证。例如制定法律、法规、条例、标准等。实施安全监察、安全教育、技术训练等措施，来确保员工安全健康。②安全技术措施。通过完善多种防止工伤事故发生的技术措施来保证员工生产安全。例如通过改进生产工艺和设备，变不安全的生产流程、操作方法为安全的流程和操作。设计防护装置、保险装置、信号警报系统，消除人为的或机械、物质的危险因素。③卫生保障技术。卫生保障技术则是“慢性”的职业病的预防技术。许多毒害因素，从开始作用于人体到导致人体患病，往往有积累过程。而许多慢性职业病一旦形成，便终身难以治愈，不仅会给生产和企业造成损失，而且会给受害者及其家属带来负担。因此，应该尽一切可能消除各种危害人体健康的因素。

(四)劳动制度

劳动制度主要指企业劳动力的招工制度和用工制度。招工制度是指企业通过招收录用手续,从社会上吸收劳动力,以满足生产发展的需要。招工首先应确定招工的工种、人数,并建立招工组织,制订招工简章,组织招工考试(考核),张榜公布录取名单,办理招工录用手续,对录取职工进行岗位培训等。用工制度是指企业因使用劳动力而与劳动者建立劳动关系的一种基本制度。在国家有关法律规定范围内,实行合同用工制。全员合同用工制,是指企业的管理人员、技术人员、生产服务人员等所有职工都要与企业签订劳动合同,明确规定双方责、权、利。企业用工制度,应建立职工能进能出、能上能下,工资能升能降的新机制,促进人才合理流动,以充分调动每个员工的积极性和创造性。

四、加强人力资源的利用与管理

充分利用养殖企业人力资源,一方面要求提高劳动力利用率,另一方面要求提高劳动生产率。前者表明劳动力的利用程度,后者表明劳动力的利用效果。

(一)提高劳动力利用率

劳动力利用率指已经利用的劳动力占劳动力资源总数的比例,表明有劳动能力的人实际参加劳动的程度。

1.衡量劳动力利用率的指标

衡量劳动力利用率的指标主要有:①出勤率,即实际参加劳动的人数占应参加生产劳动人数的比例,或实际参加劳动的时间占劳动者应参加劳动时间的比例。②工时利用率,即养殖企业劳动者在班工作日中纯工作时间占工作时间的比例。用公式表示如下:

$$出勤率=\frac{实际参加劳动的人数}{应参加劳动的人数}=\frac{实际工作日数}{应当出勤的工作日数}$$

$$工时利用率=\frac{纯工作时间}{工作时间}$$

在劳动力总量和劳动生产率不变时,提高劳动力利用率,能够完成更多的工作量和产品生产量。

2.提高劳动力利用率的方法

要因地制宜,既要从长计议,又要着眼当前。主要途径如下。

(1)加强畜牧业基础设施的建设,变粗放经营为集约经营。在农区除了进行农田基本建设,建设高产、稳产农田从而增加粮食和作物秸秆等粮食副产品的生产用于发展畜牧业以外,在有条件的地区,可以发展粮食作物与饲料作物的套种来增加饲料的生产,这样既提高了粮食产量,又增加了饲料的生产,从而可以扩大畜牧业的养殖规模。

(2)发展畜产品加工业,走牧工商一体化综合发展的道路。不仅可以提高农村、牧区劳动力的利用率,还可以拉长畜牧业产业链条,增加畜牧业产值。

(3)发展多种形式的经济联合,促进劳动力的合理利用。要进一步深化改革,鼓励从事养殖业生产的农户之间,从事养殖业生产的农户与从事种植业生产的农户之间,农户与企业之间，城乡之间在资金、技术、劳动力和其他各种资源条件方面，实行自愿互利、入股分红等多种形式的联合，实行产业化经营，从而充分利用农村、牧区的劳动力资源。

(4)鼓励和帮助养殖业剩余劳动力外出做工、经商。在有些牧区，由于草场面积的制约，或由于采用机械化作业，出现了劳动力剩余的现象，鼓励牧民外出做工、经商，可以增加牧民的收入，开阔牧民的视野，掌握做工、经商的技能，加强与外界的联系，带动牧区经济的建设与发展。

(二)提高劳动生产率

劳动生产率就是指畜牧业生产人员在单位时间内生产的产品数量(产值)或者生产单位产品所消耗的劳动时间。劳动生产率反映了在一定时间内，生产劳动者的劳动成果和劳动消耗量之间的对比关系。用公式表示如下：

$$\text{畜牧业劳动生产率}=\frac{\text{畜产品数量或产值}}{\text{劳动时间}}$$

或

$$\text{畜牧业劳动生产率}=\frac{\text{劳动时间}}{\text{畜产品数量或产值}}$$

1. 衡量畜牧业劳动生产率的常用指标可分以下两类

(1)直接指标。直接指标即按产量、产值计算的指标。又可分为以下五种。

①平均每个畜牧业劳动力一年内生产的主要畜产品的数量。这个指标能综合反映畜牧业劳动生产率和劳动力利用率，是一个具有重要国民经济意义的指标。

②平均生产单位畜产品所消耗的劳动工时数。这一指标国外科研单位用得较多。

③平均每个生产者一年内所创造的总产值。这个指标便于综合考核各种不同产品、不同单位不同年份间的劳动生产率水平。

④平均每个劳动者一年内所创造的纯收入。它是劳动者所创造的畜产品价值扣除畜产品成本后，用年平均劳动者人数去除求得的。表明劳动者对社会的贡献。

⑤平均每个农牧业劳动者可供养的人数。它是指劳动者生产的畜产品除供养劳动者本人外，剩余畜产品可供养非农牧业劳动者的人数。供养的人数越多，表明劳动生产率越高。

(2)间接指标。养殖业生产周期长，按产品产量或产值计算劳动生产率时，只能等待生产过程结束而取得最终产品后，才能计算出来。为了及时考查日常劳动的工作效率，还要采用劳动生产率的间接指标，即劳动效率来表明劳动生产率。所谓劳动效率，就是指劳动者在单位时间内所完成的工作量，其计算公式如下：

$$\text{劳动效率}=\frac{\text{完成某项作业工作量}}{\text{消耗或劳动时间}}$$

2. 提高劳动生产率的途径

养殖企业劳动生产率的提高，受多种因素影响，有物质技术因素、社会经济因素、自然条件因素和劳动力因素等。根据这些因素，结合我国养殖企业的具体情况，现阶段提高劳动生产率的主要途径如下。

(1)充分调动劳动者的积极性。要提高劳动生产率，必须首先调动养殖企业劳动者的积极性，否则一切技术措施都难以收到良好的效果。调动劳动者的积极性，要科学运用“需要层次理论”，贯彻物质利益激励和精神激励相结合的原则，采取多种激励措施；还要合理制订劳动定额和劳动报酬的形式。

(2)积极推广和采用先进的科学技术。实践证明，振兴畜牧业经济，最终取决于科学技术的进步及其广泛应用。因此，要切实加强宣传教育，提高全民族的文化科学素质和科技意识，牢固树立“科学技术是第一生产力”的观点，在养殖生产中广泛应用先进的、适用的科学技术和科学成果，逐步使传统畜牧业转到现代化畜牧业的轨道，求得劳动生产率的极大提高。

(3)加快实现畜牧业机械化和物质技术装备现代化。实现畜牧业机械化和物质技术装备现代化，不仅能够减轻人们的劳动，而且能够大量节约劳动力。因此，要学习国外畜牧业机械化的先进经验，结合我国当前牧区的自然经济条件和家庭经营的特点，实现具有中国特色的畜牧业机械化和畜牧业技术装备的现代化，以提高畜牧业劳动生产率。

(4)不断提高从业人员的素质。随着畜牧业生产力水平的提高，畜牧业生产越来越需要更多的有文化懂技术的劳动者和专业技术人才，去掌握现代生产技术和现代管理技术、采用先进的物质技术装备。因此，应加强培养高、中级畜牧、兽医和草原建设人才。有条件的地区，还可以充分发挥当地技术部门的作用，组织广大农牧民干什么学什么，从而提高劳动生产率。

(5)大力推进产业化经营。产业化经营可以集中科学技术、现代管理、先进的生产工艺于一体，是转变畜牧业增长方式的有效途径，可以较好地解决小规模经营与大市场之间的矛盾，解决提高劳动生产率与安排剩余劳动力就业之间的矛盾，提高畜牧业科技运用水平，从而提高劳动生产率。

(6)合理利用、改善和保护自然资源，维护生态平衡。良好的自然资源、自然条件是实现高产、高效、高质量畜牧业的基础。合理利用、改善和保护自然资源，维护生态平衡，为畜牧业可持续发展创造良好的条件，是提高养殖业劳动生产率的重要途径。

任务二　资金的筹集与使用

一、资金

(一)资金的概念

要开办企业，从事经济活动，就需要一定数量的资金。所谓资金从广义上讲，指社会再生产过程中，生产、分配、流通和消费各环节中各种财产的货币表现；从狭义上讲，是指养殖企业通过各种方式筹集、在生产经营活动中支配和运用的那一部分财产的货币表现。包括实物形态和货币形态的两类资金。一个企业只有拥有一定数量的生产经营资金，才能保证企业生产活动的顺利进行。

(二)资金的作用

养殖企业的资金，是生产经营活动的必需条件，其重要作用表现在以下几个方面。

(1)保证养殖业再生产过程的完整实现。养殖业再生产过程，也是物质资料消耗的过程。不论简单再生产，还是扩大再生产，资金都是必要的前提条件。

(2)养殖企业的资金体现为生产资料，是企业进行生产的物质基础。

(3)养殖企业资金，联系着再生产过程中的各种生产要素，通过一定形式，组合到生产领域中转化为现实生产力。

(4)资金在流通过程中是交换手段，使生产成果的社会价值得以实现，使养殖业再生产过程得以周而复始地持续进行。

(5)运用资金对养殖企业进行经济核算，考核畜产品生产成本，评价投资效果和经营成果，确定资金投入的方向。

二、资金筹集

资金筹集是指根据企业生产经验、对外投资及调整资本结果的需要，通过各种筹资渠道和资金市场，运用适当的筹资方式从企业外部有关单位、个人和企业内部筹措和集中所需资金的财务活动。

(一)筹资的目的

企业筹资的基本目的是自身生产经营的维持和发展。在实践中筹资的目的有时是单一的，有时是综合的，归纳起来主要有以下几个方面。

1. 为企业创立而筹资

资金是企业从事生产经营活动的基本条件。养殖企业的创立是以充分的资金准备为基本前提的。如新建一个畜禽养殖场，首先必须筹集足够的资本金，然后取得会计师事务所出具的验资证明，据此到工商行政管理部门办理注册登记手续后，方能开展正式生产经营活动。企业创立时必须有最低资金需要量，即法定资本金。

2. 为企业发展而筹资

企业的发展集中表现为扩大收入。扩大收入的根本途径是扩大销售量、提高产品质量、增加新品种。这就要求企业不断扩大生产经营规模，增加经济增长点，不断更新设备进行技术改造，合理调整企业的生产经营结构或扩大新的投资领域，经常对企业员工业务水平进行培训等。而这些都会引起企业资金需求量的增加，只有具备足够的资金投放才能保证其目标的实现。因此，企业的发展阶段，也是企业资金需求量扩张的阶段。

3. 为偿还债务而筹资

企业为了获得杠杆收益或是为了满足资金周转的临时需要，可以通过举债方式来满足生产经营过程中所需的资金。而债务都有一定的期限，到期必须归还。如果企业现有支付能力不足以偿还到期债务，或企业虽有支付能力，但偿还到期债务将影响资本结构的合理性时，就需要为偿还债务而筹集资金。

4. 为调整资本结构而筹资

资本结构调整是企业为了降低筹资风险，减少资本成本而对资本与负债间的比例关系进行的调整。资本结构的调整属于企业重大的财务决策事项，同时也是企业筹资管理的重要内容。由于在资本结构中任何项目及其比例的变化都会引起资本结构的变化，当企业资本结构不合理时，就可以通过采用不同的筹资方式筹集资金来实现资本结构调整，使资本结构趋于合理，从而保证企业生产经营活动的经济效益不断提高。

(二)筹资的原则

企业筹资工作的好坏,直接关系到企业的发展,为此,在筹资过程中必须遵守以下原则。

1. 正确把握筹资的数量

筹集资金首先应该确定筹措的数量,一般以满足企业正常生产经营最低需要量为限。既要防止筹资不足而影响企业生产经营活动的正常开展,又要避免盲目筹资而影响企业的经营效益。

2. 合理确定筹资的时间

企业对资金的需要是有一定时间性的,资金过早进入企业会造成资金闲置浪费,增加筹资成本;过迟进入又不能及时满足需要,因此要注意资金在需要的时间和数量上的衔接。

3. 降低筹资代价,提高筹资效益

企业为了取得某种资金的使用权必须付出一定的代价。例如银行借款利息、债券利息、股票股利等。这些费用的高低直接影响筹资的效益。因此,要综合考虑各种因素,选择最经济方便的资金渠道,以最小的筹资代价获得所需要的资金,并保证将获得的资金投入经营过程后,能给企业带来较好的经济效益。

4. 合理确定资本结构

确定资本结构主要是合理安排资产与负债之间的比例。使负债规模与权益资本和可偿债资产相适应,既要防止负债过多,导致财务风险过大,偿债能力降低,又要有效地利用负债的财务杠杆作用,提高权益资本的收益水平。

5. 依法筹资,维护投资者的利益

企业在筹资过程中,应遵守国家制定的有关法律、法规、制度、政策。认真执行筹资、使用、归还资金的工作程序,严格履行各类合同条款,维护投资者的各项权益。

(三)筹资的渠道

筹集资金的渠道是指企业取得资金的来源。养殖企业的资金来源渠道,主要有以下几种。

1. 国家财政资金

国家财政资金指国家对畜牧业的投资。现在国家主要对一些新建、重点、骨干大型、龙头畜牧养殖企业提供资金,因此国家财政资金是这类企业筹资的主要渠道。

2. 银行信贷资金

银行贷款是养殖企业筹资的主要来源,贷款项目有养殖基本建设贷款,各种流动资金贷款,各种专用贷款等。

3. 非银行金融机构资金

非银行金融机构资金主要指银行以外的、由各级政府主办、以融通资金为主要目的的金融市场机构。主要有信托投资公司、经济发展投资公司、租赁公司、保险公司、信用合作社和民间金融组织。

4. 其他企业资金

其他企业资金主要指通过联营、入股、债券及各种商业信用等形成的资金。随着“公司+

农户”和横向经济联合的发展，企业之间、地区之间的资金联合和资金融通将会广泛发展。另外，外贸和销售部门通过预付定金、贴息贷款、赊销种苗、发放生产扶持金和周转金、实行补贴等形式，增加对养殖业的资金投入。

5. 民间资金

一些有条件的大型企业可采用发行股票、债券等方式把企业员工和社会居民手中闲置的资金筹集起来用于企业生产。

6. 企业留存收益

企业留存收益主要指企业从税后利润中提取形成的盈余公积金和未分配利润等。这是企业内部的筹资渠道。

7. 境外资金

境外资金主要指境外的银行、公司、其他经济组织和个人手中的资金。利用外资是企业筹资的又一重要渠道。

（四）筹资的方式

筹集资金的方式指企业取得资金的具体形式。筹集长期资金(能使用一年以上)的方式有国家投资、发行股票、银行贷款、发行企业债券、企业内部积累等。筹集短期资金的方式有银行信用、商业信用和其他短期借款。养殖企业主要的筹资方式有以下几种。

1. 发行股票

股票是股份公司为筹集资金而发行的有价证券，是企业股份的表现形式。股票具有代表所有权、不可返还性和可交易性三个基本特征。股票筹资没有固定的利息负担，不需还本，而且筹资面广，能迅速大量地筹集资金，但筹资成本较高。

2. 企业债券

企业债券是企业为取得资金而发行的有价证券。债券具有可返还性和可交易性，可表示债权债务关系，持券者有按期获得利息和本金的权利。按规定，企业发行债券的总额不得大于其自身的资产净值；债券利率可略高于银行一定时期储蓄存款利率，略低于同期银行贷款利率。债券筹资的成本低，但风险较大，万一不能按期还本付息，债权人有权迫使企业破产。

3. 银行信用

银行信用包括无担保贷款和担保贷款两类。无担保贷款是银行对信誉好、实力大的公司提供的无抵押贷款。担保贷款是银行对信用不好或不了解的企业或对财务状况不好的企业在有抵押品担保的情况下给予的贷款。银行信用方式筹资，对企业来说只要信用好或能提供必要的抵押品，便可随时获得大量急需的资金，但资金成本较高，对企业经营活动有一定的限制。

4. 商业信用

商业信用是指企业之间在商品交易中延期付款或延期交货而形成的借贷关系，是一种最主要的短期资金筹资方式，其实质是利用商品交易中货币与商品的交付时间差来筹资。商业信用的形式一般有应付账款、应付票据、商业承兑汇票、预收账款等几种形式；商业信用方式使用方便，而且对企业经营活动基本无限制，但融资时间较短。

三、资金的使用

企业资金包括资金的投放、占用和耗费。养殖企业用筹集来的资金购建生产经营所需的畜舍、仓库等房屋、建筑物、畜禽生产和防疫设备、种畜禽、饲料以及先进适用技术的投资;支付生产经营中的各种费用,形成企业的各项资产,包括流动资产、长期投资、固定资产、无形资产、递延资产和其他资产;资金耗费是指企业在生产经营过程中所发生的以价值形式表现的消费,具体表现为房屋、机器设备的折旧、职工工资、消耗各种材料及其他费用的支出,各种生产耗费的货币表现就是畜禽产品的生产成本。产品的生产成本连同企业的销售费用、管理费用和财务费用最终都要通过产品的销售而收回。

企业筹集资金就是为了使用资金。企业在生产经营中必须合理地使用资金,将资金投放到有市场前途、效益较高的生产项目上去。投放以后,尽可能地减少资金的占用和资金耗费,以求资金使用效益的最大化。

四、资金的回收与分配

企业筹集和使用资金的目的是取得理想的营业收入,即所取得的收入不仅能补偿生产经营中资金的耗费,而且还能带来营业利润。

营业收入是指企业销售畜禽产品或提供劳务等所得到的货币收入。通过营业收入回收生产经营资金。资金的回收是资金运动的重要环节。只有回收资金,企业的生产经营才能继续进行,在生产过程中创造的新价值才能实现。

企业再生产过程中获得的利润要按有关规定,在国家、企业、投资者之间进行分配。上缴给国家的税收和分配给投资者的利润这两部分资金从企业的资金运动中退出。企业的资金分配取决于企业资金的收入即所谓“量入为出”,合理分配资金能促使企业再生产和经营活动健康发展,从而使企业的收入不断增加。

总之,资金的运动是资金筹集、资金使用和资金回收与分配三个阶段循环往复的过程。对资金运动的这三个阶段的管理是企业财务管理的主要内容。

任务三　经济信息、科学技术、领导艺术与时间的利用

一、经济信息

(一)经济信息的概念

1. 信息

信息是指消息、指令、情报、密码、数据、知识的统称,是客观世界中各种事物的特征和变化的最新反映,它表达着客观事物的联系特征,再现着客观事物的状态。随着科技的发展和社会的进步,信息在不断地生成和传递着;信息反映着客观事物在一定条件下相互作用、相互联系而引起的物质结构和量度的变化;信息的范围十分广泛。

2. 经济信息

经济信息是信息的一种，是对经济运动及其属性的一种客观描述，是经济活动特征与发展变化的真实反映。

(二)经济信息的特征

1. 有效性

只有有用的信息才是经济信息。它的效用表现在对管理的贡献；有用的信息会帮助管理者采取有效的决策和控制措施，从而产生积极的经济效果，故又被人们称为"特种经济资源"和"无形财富"。无用的信息，其价值等于零。

2. 变动性

由于经济信息始终处于运动之中，因而信息的产生流动是源源不断地进行着，为反映经济动态，必须进行信息的积累。同时，随着时间的流逝，会出现信息的老化，所以又需要进行信息的不断更新。

3. 不可分性

信息是由信息实体与信息载体构成的整体，是不可分的。信息实体指信息的内容，信息载体是反映信息的数据、文字、声波、光波等。现代管理的信息不能脱离载体而存在。信息技术现代化着重研究采取什么样的载体，用什么样的技术手段进行信息处理和传输，以便快速、准确地为各方面提供信息。

4. 可采纳性

根据准确的信息，组织有目的的生产，可以实现产销对路；货畅其流，扩大生产，提高经济效益。

5. 可代替性

利用经济信息可以代替资本、劳力、物资、材料或者减少它的消耗，获取经济效益。

6. 共享性

信息可以同时为多个使用者利用，不会因为使用者的增加而使信息量减少。不仅如此，信息还可以扩充；占有越多，使用越多，信息价值就越大。同时，信息在分享的过程中也会扩充。

7. 时空性

这一特点使信息的适用性受到一定的限制，随着时间和地区的变化也将不断扩充和变更。

8. 可储存性

经济信息可以通过人的大脑、文字、符号、录像以及电子计算机等储存起来。储存的时间可以是临时的，也可以是永久的。

(三)经济信息的处理

经济信息的处理，也称数据处理，是指运用各种手段对生产经营活动和管理过程中所反映的信息，进行分析和处理的技术，包括对数据的收集、存储、分类、传输、排序、计算及打印成报表或输出图形，在需要时对已存信息检索和修改等。

1. 经济信息处理的要求

受信者在处理经济信息时必须符合以下几点要求(“八字方针”)。

(1)及时。就是传递信息要快、要适时。信息传输的主要目的在于指挥、调整、控制,时间性很强。科学技术发展很快,如果利用过时的信息,就起不了作用,甚至会起反作用。

(2)准确。就是信息反映的情况要真实可靠。信息只有符合客观事实,准确无误,才能实现有效利用,做出正确的决策。如信息不准,就会造成经济上的损失。

(3)适用。就是信息要符合实际需要。企业管理中需要的信息,必须符合不同管理层,不同职能部门需要的信息。而且要尽量免除阅读大量无关紧要的报表资料信息和浪费时间,尽可能提高信息适用程度。

(4)经济。指采用的信息处理方式,必须符合经济性原则。用最少的劳动、费用和时间取得最大的报酬。

2. 经济信息处理的程序

经济信息处理要经过以下程序来完成。

(1)信息收集。经济信息的收集工作就是经济工作者或有关人员有意识地收集经济信息,并用文字、数字、符号等记载下来。这是整个信息处理过程的第一环节,也是处理经济信息各阶段工作的基础和起点。

(2)信息加工。它是信息处理的内容,包括对信息的分类、排序、计算、比较、选择等工作,并要求它服从某项管理任务,为实现管理目标而提供有用信息。

(3)信息传播。信息通过各种传输方式,使信息的输出方与输入方各得所用,并使信息充分发挥其应有的效用。图 6-2 是被誉为经典的拉斯韦尔信息传播模式。

图 6-2　拉斯韦尔信息传播模式

(4)信息储存。信息储存实际上是信息传输的一种特殊情况,是为了解决信息获得和信息使用在时间上的不一致而进行的。为了日后取得经济信息有效而不失真,要求储存经济信息时做到资料安全、节约空间、查找迅速、更新方便。

二、科学技术

(一)基本概念

1. 科学的含义

科学是人类在长期社会实践过程中,积累起来的认识客观世界的知识体系,是人类改造客观世界的指南。科学反映了人类对客观事物及其规律性的认识。科学要回答“是什么”“为什么”“能不能”等这样几个问题。

2. 技术的含义

技术是运用科学原理发展而成的各种工具、机器、设备的工艺操作方法,以及劳动者掌握和运用工具、设备、机器的技能、经验和技巧等。技术告诉人们“做什么”“怎么做”“做出来有什么用"等。

现代科学与技术的关系是:科学理论的突破推动着技术的进步,科技成果转化为技术的速度越来越快,同时科学把技术纳入自己的体系,科学的发展越来越离不开技术;技术进步越来越依靠科学的指导,技术的提高又推动着科学研究和发展。科学与技术相互渗透,互相结合,某些科学同时也是技术,现代技术也都科学化了,二者逐步趋向一体化,"科学技术"概念的形成便是由此而来。

(二)科学技术是第一生产力

科学技术是第一生产力的含义从三个方面理解。

1. 科学技术在生产力结构中占第一位决定性的地位

科学技术与生产力诸要素的关系,可以用公式表达为:

生产力＝科学技术×(劳动力＋劳动工具＋劳动对象＋生产管理)

从这一关系式可以看出,由于科学技术具有乘数效应,它放大了生产力各要素。

劳动者是在社会生产力中起主导作用的最积极、最活跃的因素。劳动者的劳动能力取决于体力的大小和智力的高低。掌握科学技术的劳动者远远超过普通人的能力,能创造出更多的使用价值。20 世纪以来,随着生产过程自动化程度的提高,科技革命的发展使劳动者的智能迅速提高,劳动力结构向着智能化趋势发展,体力劳动与脑力劳动的比例不断发生变化。

改革和创新劳动工具,对生产力的发展起着巨大的作用。科学技术的发展水平决定劳动工具的改革和创新。人类历史上每一次产业革命,都是以劳动工具的变革为标志的。

随着科学技术的进步,人类不断发现、利用、改造、扩大劳动对象范围。劳动已不仅仅是以自然物、半自然物为对象,更多的是用真正属于人类创造的全新材料、原料作为劳动对象。

2. 现代科学技术是新的先进生产力的生长点

直到 19 世纪以前新的先进生产力,无论是劳动者的素质,还是先进的生产工具、劳动对象和生产管理,都是依赖于工匠技艺的经验积累及其基础上的改进,没有科学理论指导,就没有真正意义上转化为生产力的科学技术。自从 19 世纪热力学、电磁学、化学等诞生与科学研究的成果应用于生产后,科学技术才与生产越来越紧密地联系起来。20 世纪以后情况更发生了根本的变化,微电子技术、生物工程技术、新材料、新能源等越来越显现出现代科学技术是新的先进生产力的生长点的特性。尤其是微电子技术具有巨大而深刻的辐射力和渗透力,使一系列产业发生革命性飞跃。

3. 现代科学技术具有明显的超前性,并且正在成为未来社会的主导产业

21 世纪以前,科学、技术、生产三者相互作用的关系,往往是生产实际的需要刺激了技术的发展,是按照生产—技术—科学的顺序发展的,生产和技术的实践为科学理论的形成奠定了基础。在当代,生产、技术、科学的相互作用机制已经完全逆转过来。科学理论不仅走在技术和生产前面,而且为技术和生产的发展开辟了各种可能的途径,形成了科学—技术—生产的发展顺序。一方面,企业的性质更多地具有科研性质,在现代化的大规模企业内部都设有庞大的科研机构,有高额的科研经费投入,科学研究成为第一生产过程,它的成果直接在企业内转化为产品,成为商业竞争的根本保证。另一方面,科研机构越来越企业化、产业化。"硅谷现象"

“科学园”和“工业园”的崛起，就是一个最明显的信号。科学技术正在成为整个社会产业结构中的主导产业。

（三）科学技术的推广

1. 科学技术推广的含义

养殖业科学技术推广是应用养殖业科学及行为科学原理，采取教育、咨询、开发、服务等形式，采用示范、培训、技术指导等方法，将养殖业生产过程中各方面的新技术、新技能、新知识与信息，扩散、普及、应用到养殖业生产实践中去，将养殖业潜在生产力尽快有效地转化为现实生产力的集科技、教育、管理、生产于一身的一种社会性、系统性及综合性的专项养殖业活动过程。

2. 科学技术推广的中心任务

养殖业科学技术推广的中心任务为：试验、示范科技新成果；总结和提高群众技术交流；开展各种培训活动，不断提高农牧民科技素质；开展系列服务促进商品生产发展；做好政府部门的参谋。

我国的畜禽种类很多，需要推广的科技成果也很多，地区间资源与技术条件差异明显，推广中要科学地选择和确定推广项目和内容。首先，要根据需求单位多数生产者的实际兴趣和需要来选择。其次，按照推广者掌握的新知识、新技能、新成果来选择。再则，根据某一时期政府提出的养殖业中心任务和推广计划来选择。推广要同当地农民的实际需要紧密结合。从实际成效看，选择推广内容，既要把生产者的兴趣和需要放在首位，又不能忽视新知识、新成果、新技术的传播。要针对推广对象的不同需求，生产经营中存在的实际问题，灵活地选择。

3. 科学技术推广的途径

（1）多种形式的技术承包。技术承包是以科技人员作为承包的主体，把科学技术作为商品直接应用到生产过程，通过签订技术承包合同，确定双方利益共沾、风险共担的生产组织形式。养殖业技术承包是近年来养殖业技术推广工作的新创举，承包的内容和形式正在发展和完善。

（2）建立技术示范区、示范户。示范是推广的前奏，也是推广的过程。多点示范、大面积示范实质上就是推广。一项技术从引进到推广一般都要经过示范过程。示范的优点在于看得见、摸得着，使人眼见为实。由于我国农牧区长期封闭，大多数农牧民的保守意识较浓，他们宁愿相信传统经验，而不愿相信没有见过的现代技术；他们宁可要相对比较稳定的低产量，而不愿担风险去追求高效益。打破农牧民这种落后的、保守的思想，建立技术推广示范区、扶助一些技术示范户，是最直接、最有效的途径。

（3）组织技术报告团巡回服务。利用每年的岁末年初农闲季节，组织一批有理论又有实践经验的科技人员、科技户和能工巧匠，采用“大篷车”的形式，巡回到各个村宣传科学技术和实践经验，这种理论和实践结合的技术服务是短期培训的好形式。因为有典型养殖户的现身说法，农牧民最容易接受。

（4）多层次开展联合。农牧区应当主动地同大中专学校、科研推广部门联系，争取技术支持；科教部门也要充分发挥技术人才优势，积极为农牧区经济建设服务。通过联合、对接，达到优势互补，利益均沾，各得所需，共同发展。横向联合可以通过协作达到推广技术、发展经济的目的；也可以是承包性的，通过签订合同明确双方的权利和义务。

(5)坚持有偿服务与无偿服务相结合。目前养殖业技术推广多数是无偿服务。但是,随着人们科技意识的增强,科技人员社会地位的提高,技术商品化的进程会进一步加快。科技成果无偿转让的时代,科技人员劳动得不到补偿的时代也会随之结束。在经济发达地区,农牧民的科技文化水平较高,购买技术的欲望比较强烈,对一些成熟的新技术应积极推行技术商品化;相反,落后地区人们对技术的需求欲望较低,目前采取无偿服务的较多。

三、领导艺术

(一)领导艺术的概念和特点

1. 领导艺术的含义

领导艺术是指在领导的方式方法上表现出的创造性和有效性。一方面是创造性,是真善美在领导活动中的自由创造性。"真"是把握规律,在规律中创造升华,升华到艺术境界;"善"就是要符合政治理念;"美"是指领导使人愉悦、舒畅。另一方面是有效性,领导实践活动是检验领导艺术的唯一标准。

领导艺术是领导者个人素质的综合反映,是因人而异的。黑格尔说过:"世界上没有完全相同的两片叶子",同样也没有完全相同的两个人,没有完全相同的领导者和领导模式。有多少个领导者就有多少种领导模式。领导模式就是领导方法,哪位领导者在错综复杂的矛盾中抓住了主要矛盾,他就能把领导艺术演绎得出神入化。

2. 领导艺术的特点

领导艺术具有非模式化、直觉性、随机性、创造性、情感性、模糊性、实践性和科学性的特点。

(二)主要的领导艺术

1. 用人的艺术

如何用好人,除了要端正用人思想,让那些想干事的人有事干,能干事的人干好事外,在用人技巧上还要注意以下问题。

(1)善于用人所长。用人之诀在于用人所长,且最大限度地实现其优势互补。用人所长,首先要注意"适位"。唐僧之所以能西天取经成功,主要是他能做到知人善任,把孙悟空、沙和尚、猪八戒安排到最适合他们的岗位上去,实现了人才所长与岗位所需的最佳组合。其次要注意"适时"。"用人用在精壮时"。界定各类人才所长的最佳使用期,不能单纯以年龄为依据,而应以素质为依据,对看准的人一定要大胆使用、及时使用。再次要注意"适度"。领导者用人不能搞"鞭打快牛","快牛"只能用在关键时候、紧要时刻,如果平时只顾用起来顺手、放心,长期压着那些工作责任心和工作能力都较强的人在"快车道"上超负荷运转,这些"快牛"必将成为"慢牛"或"死牛"。

(2)善于用人所爱。领导者在用人的过程中,就要知人所爱、帮人所爱、成人所爱。

(3)善于用人所变。很多名人名家的成功人生告诉我们:人的特长是可以转移的,能产生特长转移的人,大都是一些创新思维与能力较强的人。对这种人才,领导者应倍加珍惜,应适时调整对他们的使用,让他们在更适合自己的发展空间里去施展才华。

2. 决策的艺术

决策是领导者要做的主要工作，决策一旦失误，对单位就意味着损失，对自己就意味着失职。这就要求领导者要强化决策意识，尽快提高决策水平，尽量减少各种决策性浪费。

(1)决策前注重调查。领导者在决策前一定要多做些调查研究，搞清各种情况，尤其是要把大家的情绪和呼声作为自己决策的第一信号，不能无准备就进入决策状态。

(2)决策中注意民主。领导者在决策中要充分发扬民主，优选决策方案，尤其碰到一些非常规性决策，应懂得按照“利利相交取其大、弊弊相交取其小、利弊相交取其利”的原则，适时进行决策，不能未谋乱断，不能错失决策良机。

(3)决策后狠抓落实。决策一旦定下来，就要认真抓好实施，做到言必信、行必果，决不能朝令夕改。一个领导者在工作中花样太多，是一种不成熟的表现。

3. 处事的艺术

常听到不少领导者感叹：现在的事情实在太多，怎样忙也忙不过来。一个会当领导的人，不应该成为做事最多的人，而应该成为做事最精的人。

(1)多做自己该做的事。当前，摆在领导者面前的事情，主要有三类：一是领导者想干、擅长干、必须要干的事，如用人决策等。二是领导者想干、必须干、但不擅长干的事，比如，跑路子挣资金等。三是领导者不想干、不擅长干、也不一定要干的事，如一些小应酬、一些可去可不去的会议等。领导者对该自己管的事一定要管好，对不该自己管的事一定不要管，尤其是那些已经明确了是下属分管的工作和只要按有关制度就可办的事，一定不要乱插手、乱干预。

(2)多做着眼明天的事。领导者应经常去反思昨天，干好今天，谋划明天，多做一些有利于本企业高质量发展的事。比如，勾画一个明晰且富于自身特点的长、中、短期工作目标，打造一个团结战斗且优势互补的领导班子。

(3)多做最为重要的事。比如，如何寻找到一条能适合本企业发展的新路子，如何调动下属的工作积极性。领导者在做事时应先做最重要和最紧要的事，不能主次不分见事就做。

4. 协调的艺术

没有协调能力的人当不好领导者。协调，不仅要明确协调对象和协调方式，还要掌握一些相应的协调技巧。

(1)对上请示沟通。平时要主动多向领导请示汇报工作，若在工作中有意或无意得罪了上级领导，靠“顶”和“躲”是不行的。理智的办法，一是要主动沟通，错了的要大胆承认，误会了的要解释清楚，以求得到领导的谅解。二是要请人调解，这个调解人与自己关系要好，与领导的关系更要非同一般。

(2)对下沟通协调。当下属在一些涉及个人利益的问题上与单位或对领导有意见时，领导者应通过谈心、交心等方式来消除彼此间的误解。对能解决的问题一定要尽快解决，一时解决不了的问题，也要向人家说清原因，千万不能以“打哈哈”的方式去对待人或糊弄人。

(3)对外争让有度。领导者在与外面平级单位的协调中，其领导艺术就往往体现在争让之间。大事要争，小事要让。不能遇事必争，也不能遇事皆让，该争不争，就会丧失原则；该让不让，就会影响全局。

5. 用时的艺术

时间是一种无形的稀缺资源，领导者不能无视它，更不能浪费它。

(1)强化时间意识。有人作了统计:一个领导者的有效当“领导”时间就是10～15年。一旦错过这个有效时间,思想再好、能力再高,也常常是心有余而力不足。所以,领导者要利用这宝贵的时间多做点有意义的事。

(2)学会管理时间。领导者管理时间应包括两个方面:一是要善于把握好自己的时间,二是不随便浪费别人的时间。有人做过统计,某领导者有3/5的时间用在开会上。领导者要力戒“会瘾”,不要动不动就开会,万一要开会,也应开短会,说短话,千万不要让无关人员来“陪会”。

(3)养成惜时习惯。人才学的研究表明:成功人士与非成功人士的一个主要区别,就是成功人士年轻时就养成了惜时的习惯。能站着说的东西就不要坐着说,能站着说完的东西就不要进会议室去说,只有这样才能形成好的惜时习惯。

6. 理财的艺术

经费不足是当前各单位普遍存在的一个主要问题,它要求领导者要提高理财艺术。

(1)懂得怎样去找钱。找钱就是要学会“开源”,也就是要利用各种可行的途径去广开财路,增加收入。

(2)懂得怎样去管钱。对单位的一些主要经费开支情况,领导者一定要定期进行审核,看看有没有违规违纪的情况,有没有不该花的钱。

(3)懂得怎样去用钱。钱应该花在有经济效益的项目建设上。

7. 说话的艺术

说话是一门艺术,它是反映领导者综合素质的一面镜子,也是下属评价领导者水平的一把尺子。

(1)做到言之有物。所谓言之有物,就是领导者在下属面前讲话,不能空话连篇,套话成堆,要尽量做到实话实说,让大家能经常从领导者的讲话中,能获取一些新的有效信息,能听到一些新的见解,能受到一些新的启发。

(2)做到言之有理。领导者在下属面前讲话,不能官气十足,应注意情理相融。不能拿大话来压人,要多讲些大家眼前最关心的问题、大家心里最想念的问题。

(3)做到言之有味。领导者在下属面前讲话时,语言要带点甜味,要有点新意,要有点幽默感。

8. 激励的艺术

管理要重在人本管理,人本管理的核心就是重激励。领导者要调动大家的积极性,就要学会如何去激励下属。

(1)激励注意适时进行。一个聪明的领导者要善于经常适时、适度地表扬下属,这种“零成本”激励,往往会“夸”出很多为你效劳的好下属。

(2)激励注意因人而异。领导者在激励下属时,一定要区别对待,最好在激励下属之前,要搞清被激励者喜欢什么?讨厌什么?忌讳什么?尽可能“投其所好”,否则,就有可能好心办坏事。

(3)激励注意多管齐下。领导者在进行激励时,要以精神激励为主,以物质激励为辅,只有形成这样的激励机制,才是一种有效的激励机制,才是一种长效的激励机制。

四、时间

时间与养殖企业拥有或使用的畜禽、饲料、劳动力、资金一样，是一种资源。因为它参与了人类的物化劳动，作为价值的本质，实质地决定着劳动成果。但时间又不是一般的资源，而是一种特殊的资源。它的特殊性表现为：①时间资源附在人身上，个人对它的所有权伴随生命始终，具有不可剥离性。②个人对时间资源的耗用持续进行，直到死亡终点。所谓“时不我待”，没有任何力量能够阻止这一进程。③时间资源在个体之间不能转让，不能买卖。所以说“寸金难买寸光阴”。由于时间资源完全不能流动，从来也不存在一个时间市场。④时间资源的取用具有一次性，它是一种不可再生资源。一方面，过去的时间不可能再追索回来；另一方面，由于人的各个生命阶段（童年、青年、壮年、老年）具有很大的异质性，个人在利用时间资源上受到相当程度的阶段性限制。

时间不仅是一种特殊的资源，而且是一种最重要、最宝贵的资源。因为一切资源的存在都只有在时间允许的前提下才有意义。因此，向时间要效率、要效益，树立时间效益观念。所谓时间效益，就是指完成的工作量与完成这些工作量所需时间的比。企业员工不仅要有时间观念，而且要有时间效益观念，在一定的时间里，高质量高速度地完成工作任务。

树立时间效益观念是现代畜牧养殖企业经营的客观要求。现代企业经营的目标就是要获得最大的经济效益。它要求用尽可能少的劳动消耗和劳动占用，提供尽可能多的符合社会需要的产品。时间管理的目的，就是要求获取最大的时间效益。

树立时间效益观念是提高企业市场竞争力的要求。浪费时间，无疑会增加生产成本或工作成本。成本增加，价格升高，产品缺乏竞争力。树立时间效益观念，就会“分秒必争”。

实践表明，高明的管理者实施管理，总是首先从掌握时间开始，机不可失，时不再来。大量的工作需要时间，但时间有限，这就需要科学地支配时间。科学地支配时间包括时间安排、时间节省和怎样挤时间三个方面。成功的管理者必定首先是一位成功的时间管理者。

任务四　饲料的经济利用

一、饲料对养殖企业生产的重要意义

所谓饲料是指凡能供给家畜营养，并能够促进家畜健康成长，繁殖后代和生产畜产品，而不发生毒害的物质，都称为饲料。饲料是家畜营养物质的来源。养殖生产是利用家畜的生命机制将饲料加工成畜产品，所以畜产品是饲料的转化物，饲料是畜牧业的物质基础。在畜产品成本中占 60%～70%的比例。饲料的供应效果如何，直接关系到养殖企业的经营成果的好坏。因此，家畜的发展受饲料发展的制约，发展养殖业的问题，根本上是发展饲料的问题。

（一）可利用饲料的供应是否充足决定着养殖业生产的规模和发展速度

一个地区、一个企业饲料的供给能力就决定了其养殖业生产发展的规模和潜力。充足的饲料供给是养殖业生产稳定发展的前提。因此，养殖业在发展生产、制订生产发展计划时，必须首先考虑饲料数量的限制，增加饲料生产，提高饲料利用率。

(二)饲料质量对畜产品的质量有重大影响

品种优良、营养丰富的饲料是保证畜产品质量的必要条件。特殊风味、特殊质量的畜产品对饲料条件有专门的要求。因此,发展养殖业生产,不仅要有数量充足的饲料,而且还应改进饲料品质,增加各种营养素的含量,提高饲料配方的科学水平,充分发挥牲畜的生产性能,提高饲料转化率,获得优质畜产品。例如通过改进饲料品质而实现的羊肉去膻、鸡蛋加碘、牛奶含钙等。

(三)饲料科学对畜牧业生产有深刻的影响

饲料科学和饲料工业的每一重大进步,都会给畜牧业生产带来一场革命。现在,饲料科学和饲料工业已经发展到了能够生产和配制各种畜禽所需的全价饲料,这促成了畜牧业的机械化、工厂化生产。

(四)饲料对养殖企业的经济效益有重大影响

饲料费用是畜产品成本的重要组成部分,饲料费用的多少直接决定着畜产品成本和价格的高低,从而直接关系着养殖企业经济效益的大小,甚至关系着养殖企业的兴衰存亡。

二、饲料种类

饲料因分类标准不同,可以分为不同的种类。从饲料的技术特点上分类,按其性质可分为植物性饲料、动物性饲料和矿物性饲料三大类;按其所含营养成分的特点可划分为青饲料、粗饲料、青贮饲料、能量饲料、蛋白质饲料、矿物质饲料、维生素饲料和添加剂八大类。从饲料的经济特点上分类,按其产生可分为既有饲料和生产饲料两大类;按其在日粮中的地位可分为基础饲料和补充饲料两大类;按其取得的方式分为自产饲料和商品饲料两大类。

三、饲料的经济特点

饲料除了具有生物学特点以外,还有许多经济特点。

(一)多样性

供畜禽营养所需的饲料丰富多样,饲料的多样性为养殖企业确定生产方式、生产结构、经营方向等,提供了可行性条件。

(二)通用性

同一家畜可利用不同的饲料,同一饲料可用于不同的家畜,另外,有些饲料还可以用作饲料以外的用途,这种特点称为饲料的通用性。通用性的存在,产生了养殖业生产与其他用途之间的竞争关系。

(三)互补性

饲料之间所含营养物质虽有近似性,但也有差异性,差异性产生了互补性的特点。因为任何单一饲料所含营养物质都不能全面、合理地满足饲养要求,必须多种饲料相配合,互相补充,才能满足畜禽需要。利用这一经济特点，按照科学的要求，进行科学的配方，达到既能满足畜禽自身和畜产品的需要，又能实现饲料供应费用最低的目标。

（四）替代性

不同饲料的营养物质有相似性，因而可用一种饲料替代另一种饲料以达到生产同样数量的某种畜产品的目的。这样，就可以用本地饲料代替外购饲料，用价格低的饲料代替价格高的饲料，达到降低生产成本的目的。但是不同饲料的营养物质含量也存在一定的差异，所以这种替代关系是有限的，要掌握其最佳的替代比例。

总之，饲料的多样性为多方面开辟饲料来源提供了可能，饲料的通用性可以做到在不同的地区选择最适宜的饲料和选择最适宜的家畜，饲料的互补性可以保证畜禽营养物质的平衡，饲料的替代性可以求得日粮的成本最低。

四、饲料的经济利用

饲料的经济利用包括合理开发利用各种饲料资源和对饲料进行经济评价两方面的内容。

（一）合理开发利用各种饲料资源

1. 重视饲草饲料的开发、生产和利用

加强宣传与指导，改变农牧民重畜禽轻草料的思想观念，把畜牧业生产纳入农业生产计划之中，高度重视饲草饲料的生产、加工和利用。

2. 加强草地建设，建立健全草地责任制

草地是具有巨大潜力的天然饲料基地，我国草地面积 60 亿亩（1 亩≈667 m^2，全书同），大部分分布在自然条件比较差的北部和西部，草地的质量直接影响农牧民的经济收入。首先应通过建立固定草地使用权的责权利相结合的草地责任制，实行草畜并重，保持草畜平衡。其次运用建围栏、种草、种树、施肥、灌溉等适用技术，形成集约化的草地，提高草地的生产力。最后建立人工草地。草地治理改良的过程就是逐渐从草地转变为半人工草地和人工草地的过程，建立人工草地是草地治本的措施，例如在西部大开发中实施的退耕还林还草的措施。人工草地是草地建设的目标，属于耕地，应当把建立人工草地当作扩大耕地面积的一种方式。

3. 建立专用饲料生产基地

扩大饲料作物的面积是建立饲料基地的重要条件，一般通过减少非饲料作物（粮食作物和经济作物）面积和改进种植制度来扩大饲料作物的面积。另外，通过实现饲料作物品种专用化，改变饲料作物的栽培方式，提高饲料地的复种指数，提高饲料作物单位面积产量，实现饲料高产化，充分发挥饲料基地的作用。

4. 充分合理地利用非饲料作物的副产品

非饲料作物的副产品主要有秸秆、荚壳、藤蔓、糠麸、饼、糟、渣等，它们作为饲料，不仅是大量的，有些还是优质的，高度重视这些副产品的饲用价值，积极采用一些适用的处理技术，提高它们的饲料利用率，既可以扩大饲料来源，又可以降低畜产品生产成本。

5. 运用工业技术，发展饲料工业

所谓饲料工业就是配制混合饲料和配合饲料的加工业。利用先进的饲料加工设备，采用氨基酸、维生素等营养性添加剂以及其他无公害非营养性添加剂，大力发展配合饲料，实现饲料配合化。另外，运用适用的工业技术，开发利用副产品，将绿肥作物由肥料利用转为饲料利用，既可以开发饲料资源，又可以促进畜牧业现代化的实现。

(二)饲料的经济评价

饲料经济评价的指标主要如下。

1. 单位面积饲料产量

单位面积饲料产量，也称收获率，简称单产。它是反映饲草饲料作物生产水平的一项指标，指平均每单位土地面积上收获的饲草饲料作物的数量。其计算公式如下：

$$单位面积饲料产量=\frac{饲料总产量(kg)}{饲料收获面积(hm^2)}$$

2. 饲料生产成本

为取得饲料所花费的各种消耗构成了饲料成本，它是对饲料进行经济评价的一个重要指标。饲料成本是养殖业成本的重要组成部分，也是对饲料进行经济评价的重要指标之一。另外，为了饲料消耗分析的需要，常用“饲料单位成本”这一经济指标。饲料单位成本指畜禽饲养期内每个饲料单位所发生的费用，是对饲料经济评价的一个相对指标，便于养殖企业饲料费用之间的横向比较。其计算公式如下：

$$饲料单位成本=\frac{饲养期间全部饲料费用}{饲养期间的饲料消耗(饲料单位)}$$

3. 饲料的全价性

饲料含有满足畜禽所需的各种营养物质。单一饲料通常缺乏全价性，因为它们所含的物质中缺少某一种或数种，或某种营养物质过多而某种营养物质较少；所以，需要将不同的饲料加以配合，取长补短，使其成为有全价或接近全价的日粮。饲料的全价程度直接影响饲料报酬，在调剂全价日粮时，要注意按照一定的比例合理配制各种饲料。

4. 饲料报酬

饲料报酬也称饲料转化率，它是反映养殖企业生产和经营管理水平的重要指标。消耗一定量的饲料所获得的畜产品的数量。计算公式如下：

$$饲料报酬=\frac{畜产品数量(kg)}{饲料消耗量(kg)}$$

饲料报酬也可用消耗的饲料与所获得的畜产品比较来表示，常称为肉料比、蛋料比等。畜产品的种类很多，各种饲料所含的营养成分差别很大，为了便于比较分析，通常需要把各种畜产品数量和所用饲料量换算为能量单位(kJ)。计算公式如下：

$$饲料转化率=\frac{畜产品(或增重)量(kJ/kg)}{饲料消耗量(kJ/kg)}\times100\%$$

研究和掌握饲料的经济评价标准和方法，对于养殖企业科学地组织饲料生产和经济有效地利用各种饲料具有重要的指导意义。

任务五 机械设备的选择与使用

一、机械设备在养殖企业生产中的作用

畜牧机械是畜牧业生产的先进生产工具。按其作业的性质可分为四类：一是草原机械；二是饲料加工机械；三是畜禽饲养机械；四是畜产品加工机械。用先进的机械设备逐步代替手工工具，是实行畜牧业现代化的一项主要内容。

先进的机械设备对于发展养殖生产，具有重要的作用。

（一）提高劳动生产率

畜牧机械的使用，可使一个人能同时操作更多的工作机具，进行连续作业和复式作业。一个人可以代替多人工作，使单位产品的劳动消耗不断降低，从而使劳动生产率大幅度提高，尤其现代化的畜禽饲养场，是现代生物技术与畜牧机械的科学有机结合，它创造了传统的人工饲养所不能比拟的劳动生产率。

（二）提高畜禽生产力

使用的配套的环境控制设备，使养殖业生产逐步摆脱自然环境的影响，进入工厂化养殖的阶段，能使畜禽生长发育在最适合的环境条件下，使畜禽的个体和群体都得到最好的发展，从而获得最佳的经济效益。

（三）提高饲料报酬，降低畜产品成本

合理使用机械设备，使产品率快速提高，例如采用自动饮水器可使奶牛产奶量增加12%～15%，这就有助于降低单位畜产品成本；同时使用饲料加工机械生产配合饲料，可以大大提高饲料报酬率，据资料介绍，使用配合饲料比单纯用粮食饲料，其饲料报酬可提高30%。

（四）增加饲料来源，提高饲料质量

使用畜牧业机械设备，对天然草场的改良和人工草场的建设，以及对青粗饲料的加工贮藏，开拓饲料资源，提高饲料质量都具有重要意义。

（五）减轻劳动强度，改善劳动环境

使用机械设备的原因之一就是要减轻劳动强度，改变劳动性质和劳动条件，同时机械设备的使用对畜产品的质量、卫生、安全等方面的控制也起了很好的作用，从根本上改造了养殖业生产条件，改进了农村整个生活方式。

二、机械设备使用的经济界限

(一)机械设备使用的经济界限

在畜牧业生产过程中,用机械逐步代替畜力、手工工具,是生产发展的一种必然趋势。一般地说,这种代替必须以能够取得较大收益为原则。

所谓较大效益原则,具体地说就是:在用机械代替畜力、手工工具的时候,这种代替所带来的收益增加,必须大于由此所引起的作业费用的增加。否则,这种代替是不可行的。收益增加包括由于增产所带来的收益和由于节约劳力所带来的实际收益的增加。作业费用的增加既包括由于消耗燃油、耗电量、零件所引起的费用,也包括应摊派的机器折旧费和修理费。

一般地说,应该要求:收益>费用的数值必须等于或大于从事其他项目投资所能取得的收益。或者说:每元机械化投资的收益,必须等于或大于从事其他项目的每元投资的收益。如果进行这种代替的款项是来自专用的银行贷款,那么起码也就应该做到每元投资的收益等于或大于该项银行贷款每元应付的利息。

为了取得较大的收益,代替过程要十分慎重地进行选择,必须注意有先有后,有重点地进行。一般情况下,应该首先代替的项目如下。

(1)对增产作用比较大的。比如用饲料加工机械代替人工搅拌的作用大于用畜禽疫病防治现代化仪器代替传统兽医工作,就应该首先选用饲料加工机械化的代替。

(2)用较少投资能代替较多劳动力的。否则,就不利于畜牧业劳动生产率的提高。

(3)能够更好地减轻劳动强度和有利于保护人身健康的。如牧草人工割晒,改为机械割晒;机械撒药代替人工喷药。

(4)最有利于抢季节和避免自然风险的。如用收获机械抢收牧草和青绿饲料、高温干燥机干燥青饲料、冷藏库制冷设备冷藏畜产品等。

(5)便于实行机械化的。行走式的草原作业和固定场所的作业比较,固定场所作业就比较便于实行机械化,因为机件结构比较简单,又便于利用固定能源等。

(6)机械的技术性能和经济性能较好的。包括用油种类、耗油量、功率、耐磨损程度、通用性能等。

(7)便于为所代替的劳力找到出路的。如在生产的旺季,不易找到合适的劳动力时,可更多地考虑用机械代替人工。

(二)畜牧机械合理使用的基本要求

根据对经济界限的分析得出畜牧机械合理使用的基本要求,就是要做到高效、优质、低耗、安全。

在高效、优质、低耗、安全四项指标中,高效是中心环节。因为提高机械的工作效率,就可以缩短工作期限,保证更好地贯彻增产措施,从而有助于提高畜产品产量。只有取得高效,才能降低完成单位工作量的生产耗费。同时也只有在不断提高工效的情况下,讲安全对生产才有实际意义。当然提高工效,也不能忽视质量,不注意节约,更不能不顾安全。为了保证达到高效、优质、低耗、安全的要求,除了机械本身的性能条件外,关键在于提高机械操作人员的素质,同时还要加强对机械的保养、维修和健全机械管理制度。

三、机械设备的选择、配备与合理使用

(一)机械设备的选择

1. 机械设备选择的目的

机械设备选择的目的是为养殖企业提供最适宜的技术装备,保证生产发展的需要,以最少的投资获得最大的经济效益。机器设备的选择是其利用和管理的重要环节。

2. 机械设备选择的原则

选择技术先进、生产适用、运行可靠、便于维修、经济合理的机械设备。

3. 机械设备选择应考虑的因素

(1)设备的生产效率,一般以单位时间内所生产产品的数量来表示。高效率设备表现为大型化、自动化、高速化。

(2)设备对产品的保证程度,即要求设备能够生产出高质量的产品。

(3)设备对原材料和能源的消耗程度。

(4)设备的配套性,包括单机配套、机组配套和项目配套,这是形成设备生产能力的重要标志。

(5)设备的安全性能,设备应具有必要的可靠的安全防护措施,避免带来人身事故和经济损失。

(6)设备适应性,是指设备的结构灵巧、适用性高、通用性强等方面的内容。

(7)设备的维修性,由于现代化设备的联动性、精密性、大型化等特点要求设备尽量避免维修,或修理间隔期长,要求修理时间短、易于维修、修理费用少。

(8)设备环保性,是指设备的噪声和排放的有害物质的环境的污染要符合有关规范要求。

(二)机械设备的配备

1. 机械设备配备的一般原则

机械设备配备的一般原则是:在充分利用劳动力尚不能满足畜牧业增产增收要求时,按照用户需求确定使用机器设备完成作业量。考虑机械设备的实际生产率、动力机、传动机、工具机之间协调配套要求,结合用户实际财力、物力的实际可能性,在有选择性地重点配备的前提下,合理确定机械设备的配备量。

2. 机械设备的配备方法

(1)工作量法。根据需求确定用机械设备完成的作业量和所用机械设备的生产率,确定机器设备配备数量。即要求同经营面积、饲养规模、机械作业量相适应。

(2)最低年度费用法。从考察机械设备的年度费用入手,确定机械设备的数量。

(3)最小能量法。列出机械设备能量消耗的数学模型,寻找能量消耗的最小方案。

(4)最大利润法。应用线性规划原理,列出影响机械设备各因素的约束方程,以最大利润为目标函数,求解机械设备最优配备方案。由于电子计算机的普及,使用这种配备方法逐渐增多。

根据我国现阶段养殖业以农户经营为主，经营规模小，技术水平低，管理较为落后，特别是资金紧缺的特点，加之基础资料较少的情况，目前以用工作量法配备较为适宜，尽可能做到以小型为主，效能以中等适用为主，一机多用为主，把提高经济效益放在首位。

(三)机械设备的合理使用

养殖业机械设备合理使用的标准是：高效、优质、低耗、安全、适时地为畜牧业生产服务，不断提高养殖业生产的经济效益。

所谓合理使用，指要把提高劳动生产率与提高劳动效率结合起来，要不断提高养殖业生产的经济效益，还要在使用机器进行畜牧业生产的同时，要尽可能利用机器设备开辟新的生产门路和服务门路，充分利用机器设备向生产、流通的深度和广度进军，使节省下来的劳动力能迅速转移到新的部门中去。

还应看到，劳动和机器是牧场主要生产投入。它们之间既存在着经常性互补，也存在着相互替代。作为养殖企业经营管理者，如何保持两者之间的最佳结合，是合理使用设备，提高经济效益的重要课题。

(四)机械设备的更新

机械设备的更新是机械设备对技术上或经济上不宜继续使用的机械设备，用新的设备更换或用先进技术对原有设备进行局部改造。

对由于技术进步所引起的设备更新问题，可以通过简单的四则运算，确定其经济上是否有利。

对于设备的更新期，可以通过计算设备的经济寿命加以确定。所谓设备的经济寿命是指从设备投入生产开始到年平均使用总费用最低的使用年数。设备年平均使用总费用是设备在使用年限内，每年平均的折旧费与每年平均的维修费用之和。确定机械设备的经济寿命可用下列公式计算：

$$n=\sqrt{\frac{2S}{\lambda}}$$

式中：n 为机械设备的经济寿命；S 为机械设备原价；λ 为修理费年递增额。

利用上述公式计算出机械设备的经济寿命，得到机械设备的最佳更新年份。

【思政角】

1943 年春，毛泽东挥笔为陕甘宁边区工农业生产成绩展览会写下八个大字：“自己动手丰衣足食”。从“四万万人都要有饭吃”到“近 14 亿人吃不完”，没有哪个国家，比中国更能体会这条饱腹之路上的酸甜苦辣。

1985 年中国放开肉、蛋、奶等畜产品价格后，大牲畜、生猪等传统养殖业发展迅猛，主要畜产品产量、禽蛋产量连续多年位居世界首位。羊、牛、猪、鸡，长期与国人共同“生活”，成了最稳定的蛋白质和脂肪来源。

近年来，“肉食者”的口味也日益向猪牛羊禽多品种全面发展转向，牛肉、羊肉、禽肉产量占比分别由 1985 年的 2.4%、3.1%、8.3%上升到了 2018 年的 7.5%、5.5%、23.1%。事实证明，14 亿中国人非但没有对世界粮食造成威胁，还为全球粮食问题贡献出了“中国方案”。

如今的中国，用不到世界 9%的可耕地面积和 6.4%的淡水资源，养育着世界近 1/5 的人口；以 18 亿亩耕地红线的坚守和 95%的粮食自给率，从容保持着“手中有粮、心中不慌”。从“端好自己的碗”到“做好自己的事”，70 年来不乏荆棘塞途的时刻，14 亿芸芸众生从未止步。

【案例分析】

上海农场畜牧水产养殖公司以人为本，狠抓队伍建设

一、案例介绍

人才是事业之本，是企业的第一资源。近年来，上海农场根据畜牧产业快速发展的需要，引进了一大批畜牧专业技术人才，为进一步加强人力资源建设，坚持以人为本，强化基础培训，突出能力培养，激发创新活力，促进人才队伍整体素质的提升，着力构建一支优质、高效、可复制的畜牧养殖团队。

注重学习培训，提高员工业务能力。在技术员的工作安排上，畜牧水产养殖公司针对各场技术员比较年轻，工作充满激情的特点，先安排轮岗，根据个人特长和能力，让他们到最适合的岗位上工作，扬长避短。在日常的管理上，注重对技术员的培训与学习，公司会定期下发操作规程、技术措施等各种学习材料作为规定学习内容，并经常邀请知名专家、教授来场培训上课，进行技术指导。同时，各场每周召开一次生产例会，每月举行一次生产检查，当场提出生产中的困难和学习上的困惑，发挥大家的聪明才智，一同解决困难。几年来，公司涌现出一大批年轻的技术骨干，许多优秀的年轻人走上管理岗位，为农场畜牧产业发展做出了很大贡献。

注重交流协作，增强员工的创新能力。畜牧场的日常管理非常严格，环境也比较封闭，同时考虑到防疫的需要，各畜牧场之间的交流相对较少，尤其是技术员之间更是很少接触。畜牧水产养殖公司解放思想，在适当的时间组织技术骨干深入各场开展技术交流活动，为各畜牧场技术人员提供一个互相学习的机会和沟通的平台，共同促进生产技术水平的不断提升。技术骨干们都是来自猪场生产一线，针对同一个问题，他们各自的理解和看法不完全一样，基本上每个人手里都有个小绝活，每个人心里都有本“养猪经”。

注重绩效考核，增强员工的责任心和执行力。在技术人员的薪酬分配上，农场充分考虑到猪场基层一线员工的辛苦，不仅在收入上体现员工价值，而且为技术人员发放特殊岗位津贴，让员工的辛苦劳动和价值创造得到尊重。在饲养员管理上，根据年初与饲养员签订的责任承包书，让饲养员明白养猪生产水平的提高带来的是收入的提升，加强对新引进饲养员的现场指导和培训工作，让新饲养员在最短的时间内熟悉岗位工作。对饲养员的生产成绩实行每月考核，公布上墙，超额超产当月兑现，有效提高了饲养员的工作积极性。通过合理的绩效考核措施，进一步增强了员工的工作积极性、岗位责任心，促进了执行力的提高。

问题：上海农场畜牧水产养殖公司在人力资源管理上取得成功的密钥有哪些？

二、案例分析

上海农场畜牧水产养殖公司取得成功的密钥如下。

1. 树立“以人为本”的人力资源管理理念

“以人为本”具体含义为：依靠全新的管理理念；开发人的潜能是最主要的管理任务；尊重每一个人是企业最高的经营宗旨；塑造高素质的员工队伍是组织成功的基础；人的全面发展是管理的终极目标；凝聚人的合力是组织有效运营的主要保证。人力资源开发与管理就是针对人的开发与管理，强调以“人”为核心，突出知识资本化作用，极力寻求“人”与“工作”相互适应的契合点。

2. 让员工做他们最擅长做的事情

一个人唯有用其所长才能充分实现他的价值，企业的员工也是这样。当一个员工的长处得不到发挥时，他可能很平凡甚至很平庸，反之当他的天生优势与他的工作相吻合时，他就可能出类拔萃并且很优秀。有机会“每天发挥特长”会让员工很愉悦并且充满干劲，员工能发挥他们特长的基础是将个人才干、技能和知识与他们的工作相结合。

3. 创造机会并帮助员工学习和成长

调查显示，大多数人表示他们离开企业，并不是因为工资，而是因为在企业里没有成长与发展的机会。优秀的企业会创造持续不断的机会让员工学习和成长，根据员工的具体情况制订了不同的必修课程培训计划，以提升他们的管理水平和工作技能。同时企业为了使员工更快成长，还注意发现每个人的优缺点，并确认哪些缺点是可以通过培训得到改变的。培训一方面可以使员工具备自我发展的能力，同时还会增强员工对企业的向心力和凝聚力。

4. 建立科学的绩效考核制度

首先，要选择一个合适的支点。绩效考核的支点就是环境，许多企业不习惯于职业化、表格化、模板化、规范化的管理，重复劳动、重叠的管理还十分多，这就是效率不高的根源。必须从观念上改变这种管理模式，通过绩效考核再造新的管理模式，建立一个理想的执行环境。其次，从制度化入手，建立一个确保绩效考核运行的基础。

5. 建立有效的激励机制，给员工发展的空间

成长是人类的天性，管理理论历来强调员工发展。优秀的经理认为发展并没有什么复杂之处。发展就是在机会来临的时候向员工举起一个信号灯，让他们了解自己抓住机会，展现自己的才华和优势，去获得更高的职位、更优秀的职业、更适合于自己发展的行业等。员工都希望尽情地把工作才能发挥出来，成为促进企业成功和进步的一分子，同时也渴望通过自己辛勤的工作成为企业“重要的人”和“有用的人”。优秀的经理会告诉员工：公司的使命和目标是什么，与自己有什么关系，自己在目标中的重要性和必须性，自己怎样做才能完成企业的目标，当员工了解清楚这些问题后，就会满怀责任感和使命感，并采取最积极的心态去完成工作。

【考核评价】

一、考核题目

在科技飞速发展、竞争日趋激烈的今天，人才在企业生存发展中的作用越来越显得重要。可以说人才是企业赖以生存发展的根本，尤其面对国内外市场竞争日益加剧的情况，企业在提高产品质量、加大产品技术含量的同时，必须十分重视对人才积极性和创造力的激励，把人才激励作为一项长期的持续的工作来策划。激励对于企业发展来说起着至关重要的推动作用，也是企业人力资源工作的核心内容。人们在平常工作时候表现出来的能力只是其整体能力的30%，如果通过激励作用，可以发挥到整体能力80%～90%，甚至超能量地发挥。因此，只有通过各种有效措施，最大限度地激励员工，才能充分地挖掘和发挥他们的内在潜力，使员工自觉自愿地为实现企业目标而奋斗，只有这样才能有效地完成企业的组织远景、不断地提高企业的市场竞争力。这样，企业也能在激烈的竞争中扎稳脚跟、有所建树。分组讨论：运用激励机制如何提高养殖企业员工的劳动积极性？

二、评价标准

一套有效的激励机制，包括各种激励方法和措施，归纳起来有这几个方面。

1. 薪酬

物质需要始终是人类的第一需要，是人们从事一切社会活动的基本动因。所以，物质激励仍是激励的主要形式。就目前而言，能否提供优厚的薪水（即货币报酬）仍然是影响员工积极性的直接因素。然而，优厚的薪水不一定都能使企业员工得到满足。通常，企业的薪酬体系不能做到内部公平、公正，并与外部市场薪酬水平相吻合，员工便容易产生不满情绪。员工的这些不公平感不能及时解决，将会直接影响员工工作积极性，出现消极怠工，甚至人才流失的现象，从而影响到企业产品和服务的质量。有效解决内部不公平、自我不公平和外部不公平的问题，才能提高员工满意度，激发员工积极性。怎样才能解决这些问题呢？通常在薪酬决策时应综合考虑岗位相对价值、薪资水平、个人绩效三要素，以它们作为制订工资制度的基础。通过以上三要素的有效结合，可以使员工预先知道做得好与差对自己的薪酬收入具体的影响，有利于充分调动员工积极性，并使员工的努力方向符合企业的发展方向，推动公司战略目标的实现，使公司经营目标与个人目标联系起来，实现企业与个人共同发展。

2. 制度

对员工进行激励制订合理的制度，才能有效调动员工的积极性和主动性。

（1）奖惩制度。表彰和奖励是员工努力或积极性最重要的基础。高绩效和奖励之间有着密切的关系，奖励可以促成员工取得高绩效，取得高绩效后又有值得奖励的东西，两者是相辅相成，互为促进的关系。奖惩制度不光要奖，而且要惩，惩罚也是一种激励，是一种负激励。负激励措施主要有淘汰激励、罚款、降职和开除等。

（2）竞争机制。竞争是调动员工积极性的又一大法宝。真正在企业中实现能者上，弱者下的局面。末位淘汰制是竞争机制的一个具体形式，就现阶段我国的企业管理水平而言，末位淘汰制有其可行性，建立严格的员工竞争机制，实行末位淘汰制，能给员工以压力，能在员工之间产生竞争气氛，有利于调动员工积极性，使公司更富有朝气和活力，更好地促进企业成长。

（3）岗位制度。建立适当的岗位，使工作职位具有挑战性。“工作职位挑战性”就是要让每一个员工都能感到他所在的职位确实具有轻微的压力。怎样才能让工作职位具有挑战性呢？有2个问题要特别注意：一是要认真做好职位设置，二是要适才适位。

3. 情感激励

人本主义心理学家马斯洛，在其《动机与人格》一书提出了人的5种层次的不同需要，企业要努力满足员工的各项需求，如提供稳定可靠的就业，满足员工的生理需要和安全需要。社会需要(归属感)是指员工在企业中能有家的感觉,在这一层次上感情、人文因素要大于经济因素。员工之间的密切交往与合作、和谐的上下级关系、共同的利益等都有助于增强员工的归属感,而员工的归属感是企业凝聚力的基本条件。尊重需要是指人的社会性,是每个人都要求得到社会的承认与尊重。在当前的社会中,经济收入和职位往往是社会地位的一种体现。自我实现是指前面的需求基本得到满足以后,人们将产生进一步发展、充分发挥自己的潜能的需求,即自我实现。人在这 5 方面的需要层次是逐步加深的,只有满足了前一层次的需求后,才会追求更高层次的需要。这 5 个方面除了生理需要外,其他 4 个均为情感需要,因此,情感激励对调动员工的积极性、主动性具有重要的意义。关于情感激励的方式有很多,主要有尊重激励、参与激励、培训和发展机会激励、荣誉和提升激励等。

【码上学习】

养殖企业人才流失的主要原因及减少流失的对策

项目七

畜产品质量安全管理

【先导案例】

近年来，新冠肺炎疫情成为人们关注的焦点，殊不知，沙门氏菌导致的感染同样非常严重。在全球范围内，沙门氏菌感染都极为常见。根据相关统计，全球每年有超过1亿人感染沙门氏菌，其中有大约三成为儿童。感染者中大多数人会在短期内自行恢复，但也有大约15.5万人会死亡。感染沙门氏菌病的特点是急性发热、腹痛、恶心、呕吐和腹泻。在感染后出现症状的人群中，10岁以下儿童受影响最大，约占病例的89%。而在我国，细菌性食物中毒也有70%～80%是沙门氏菌引起的。

在我国，沙门氏菌食物中毒多年来一直位居细菌性食物中毒的首位。而引起沙门氏菌中毒的食品中，有90%以上是畜禽产品，也就是肉蛋奶。其中，蛋及蛋制品是这类细菌最爱出没地之一。有调查显示，蛋及其制品沙门氏菌检出率为3.9%～43.7%，而带菌母鸡所产的蛋中，被沙门氏菌感染的比例高达8.9%～50%。值得注意的是，鸡蛋中的沙门氏菌感染，不仅是外在病源从蛋壳外侵入。有报道称，如果母鸡被沙门氏菌感染，母鸡产的蛋中，有8.9%～50%的蛋被母鸡携带的沙门氏菌感染。

近年来，国内因鸡蛋导致的沙门氏菌食物中毒事件也时有耳闻。我国作为全球最大的蛋品消费国，每年鸡蛋消费量超过2 900万t，大约4 000亿枚，如此庞大的蛋品消费量，蛋品沙门氏菌管控问题就显得尤为重要。

国家对于沙门氏菌预防也一直十分重视。《食品安全国家标准　食品微生物学检验　沙门氏菌检验》中对肉制品、水产制品、即食蛋制品等11种即食预包装食品中的沙门氏菌都有严格的限量要求。《食品安全国家标准　消毒餐(饮)具》也规定沙门氏菌不得检出。但在鲜鸡蛋产品领域，却缺乏相应的国家标准规定。据了解，现行标准仅对鸡蛋的农兽药残留、金属残留等检测进行了规定，对于沙门氏菌却没有明确列明要求。

随着国内蛋品行业的产业化发展以及消费市场对食品安全问题的日益关注，已有蛋品企业走在前面，在国内率先建立沙门氏菌全程管控体系，并制定了相应的行业团体标准。其中，最为严苛的当属可生食鸡蛋品牌黄天鹅于2021年主导发起建立的团体标准《可生食鸡蛋》。

实际上，鸡蛋中的沙门氏菌并不是靠简单的表面清洗杀菌就可以去除的，需要从鸡苗、养殖、生产等全产业链进行管控，才能确保最后流入市场的鸡蛋不含沙门氏菌。团体标准《可生食鸡蛋》涵盖蛋鸡养殖生产8大环节、24个关键控制点，是一整套高技术含量的完整管理体系，几乎从蛋品生产流通的各个环节最大限度地保障了产品的安全。

例如从种源开始，为控制品质，黄天鹅团队自建鸡苗生产基地。在全国，黄天鹅拥有广西北海、宁夏固原、四川成都、四川绵阳等养殖基地。每一只小鸡苗要经过3次沙门氏菌检测，养殖的各个环节都有严苛的控制沙门氏菌程序，每月都要对养殖环节进行 15 个点的全面检测，以此从源头杜绝沙门氏菌的污染。鸡苗的孵化过程也有严苛的流程。采用最新的大箱体孵化工艺，整机全进全出，孵化完一批彻底清洗消毒。而且整个车间四季恒温，空气双重过滤，为鸡苗生长提供了一个洁净、舒适的环境。在蛋鸡生产环节，也都遵循着严格的管理模式。比如在鸡舍的卫生控制。养殖人员会经过全身消毒、洗澡、更衣才能进入鸡舍，杜绝带入病菌；全程 24 个关键点控制沙门氏菌，每栋鸡舍每月检测量达 1 000 枚鸡蛋，从鸡苗、饲料、水源、鸡舍水线、车间环境、鸡舍环境、GP 中心清洗用水、生产线设备，到饲料包装、产品包装、养殖人员工作服、工作人员手部、空气、地面……每月包括沙门氏菌、大肠菌群、菌落总数以及各种常规监测最多时有 2 000 多个样品。

在流通领域，黄天鹅团队在全国有 3 个分级配送中心，有着完善的仓储物流体系。可以提供全程冷链保鲜，控制病菌尤其是沙门氏菌。在很多终端卖场，黄天鹅甚至采取由企业采购冰柜的形式，提供给卖场以进行可生食鸡蛋的低温保存，以保证全链条的鸡蛋品质与安全性。

为了保证"餐桌"安全，养殖企业该如何生产经营？本章我们将学习有关畜产品质量安全管理的相关内容。

【学习目标】

了解畜产品安全的概念及主要影响因素；了解畜产品不安全的危害；掌握饲料及兽药对畜产品质量安全的影响；掌握畜产品安全生产的环节。

【学习内容】

任务一 畜产品质量安全管理概述

畜产品是绿色食品的重要组成部分，是人类脂肪、蛋白质等营养物质的主要来源，是人们的生活必需品，所以畜产品质量安全事关国计民生。

一、畜产品质量安全管理的概念及意义

(一)概念

畜产品质量安全是指畜产品中不应含有可能损害或威胁人体健康的因素，不应导致消费者急、慢性中毒或感染疾病或产生危及消费者及其后代健康的隐患。

畜产品质量安全管理就是养殖企业根据畜产品质量形成、发展过程各个环节质量活动的要求，确定各生产部门在质量管理方面的任务与职责，严格执行，并有相应机构来协调。

(二)加强畜产品质量安全的意义

1. 加强畜产品质量安全是确保食品安全的重要内容

畜产品质量安全是食品安全的重要组成部分，不仅关系着畜产品生产者、经营者以及消费

者的切身利益和生命安全，而且与社会的文明进步、公共卫生、和谐稳定都具有紧密的联系。正因如此，食品质量安全受到党和国家的高度重视。

2. 加强畜产品质量安全管理是我国未来畜牧业的发展方向

随着饲料工业和养殖业规模经营的高速发展，养殖业产品在满足了人们需要的同时，也带来了一些无法回避的现实问题。人们发现，人类常见的癌症、畸形、抗药性和某些中毒现象与肉、奶、蛋中的抗生素、激素及其他合成药物的残留有关。因此，养殖业生产的重点也必须从数量温饱型生产向质量效益型生产转变。

3. 加强畜产品质量是开拓国际市场、提高畜产品国际市场竞争力的保障

为了保证我国畜产品在国际市场上具有竞争优势，提高我国畜产品的出口能力，必须严格按照畜产品生理学要求和绿色食品生产操作的有关规定进行生产和管理。

二、影响畜产品质量安全的主要因素

(一)养殖环境

养殖环境对畜产品的质量安全有重大影响，工业生产中的“三废”含有大量汞、铅、砷、镉、铬，不合理或违法排放氟化物等金属毒物和非金属毒物，将污染空气、水体、土壤等养殖环境。过量使用农药和化肥会导致饲料中残留有机氯和多氯联苯等有毒物质，通过间接途径进入动物体内，造成残留，危及畜产品安全；畜禽产生的粪便恶臭超标，也对畜产品质量和安全构成威胁。

(二)饲料品质

饲料是畜产品生产的主要原料，饲料的质量不仅与畜禽的生产能力有关，而且与畜禽产品的质量密切相关，是畜产品质量安全的保证和前提。饲料中添加的重金属残留、农药残留、微生物污染、有机污染物、性激素、氯丙嗪等镇静剂都会对饲料造成污染，饲料在贮藏过程中也容易产生黄曲霉毒素和其他有毒物质。畜禽长期食用这些有毒有害和被污染的饲料，其畜产品中会残留相应的有毒有害物质，严重影响畜产品质量安全，当人食用了这类畜产品后，可引起中毒或诱发各种疾病，对人体健康产生不利影响。

(三)兽药残留

兽药残留是影响畜产品质量安全最直接的因素，兽药的不合理使用时刻威胁着畜产品的质量安全。部分养殖企业为了追求利益，只考虑促生长、防治病害、提高瘦肉率，没有严格按照药物的使用标准、停药期、注意事项、配伍禁忌等，导致药物在动物体内残留。抗生素和磺胺类药物滥用现象也较为严重，导致病毒和细菌产生耐药性，畜产品的有害残留大大增加，当人们食用了兽药残留超标的畜产品后，残留兽药可在人体内蓄积，导致中毒或疾病，直接危害人的健康及生命安全。

(四)畜禽疫病

畜禽疫病防控体系、防疫条件和防疫水平与现代畜牧业集约化生产发展之间的矛盾日益突出。动物疫病发生比较频繁，畜禽疾病是畜禽产品质量安全不容忽视的一个重要问题。虽然一些重大动物疫病得到有效控制，但动物产品流通渠道增多、频发，人兽共患病逐渐增多，畜禽疫病的有效预防与控制难度较大。畜禽疫病不仅会降低畜产品质量，而且通过乳、肉、蛋及其制品将疫病传染给人，引起人食物中毒、人兽共患传染病或寄生虫病的发生，直接威胁人类生命安全，给国家安全和社会稳定造成严重影响。

（五）屠宰加工

屠宰加工场环境与加工设备、器械的卫生条件直接关系到畜产品的质量。小规模的屠宰点或屠宰场存在设备简陋，场地、容器、设备、水质等卫生标准不达标，操作不规范，管理不到位，质量不合格，人员文化素质不高等现象，造成畜产品不同程度的污染。在屠宰加工环节中部分不法分子采取注水增重、违法加工病死畜禽产品、非法使用防腐剂、漂白剂及添加剂等物质，严重危害消费者的食用安全。在贮藏过程中不正常操作还会造成二次污染或再次染疫，给畜产品质量安全带来了一定的挑战。

（六）流通环节

流通环节中缺少必要的硬件措施，如包装容器易损坏、运输装载货物密度过大、缺乏专用冷藏运输车辆，容易导致畜产品在储运过程中二次污染、变质、腐败。温度不当（如贮藏温度高、运输车内温度不稳定等）容易造成畜产品腐败变质引起病原微生物、化学制剂和毒素污染。贸易商为了节约成本，长期不对运输车辆进行消毒，造成畜产品污染。产品进入市场时没有品牌商标、产地等可追溯信息，一旦畜产品出现问题，很难追究责任。

（七）政策法规

我国先后制定了《中华人民共和国动物防疫法》《中华人民共和国畜牧法》《兽药管理条例》《饲料和饲料添加剂管理条例》《中华人民共和国农产品质量安全法》《中华人民共和国食品安全法》等 10 多项有关动物产品安全质量的法律法规，在保障畜牧产业发展及畜产品质量安全方面发挥出积极的作用，为畜产品质量安全管理工作奠定了坚实的法律基础。但是，由于质量管理涉及面广，环节多，各种情况错综复杂，有些管理制度落实不到位，在一定程度上影响了畜产品质量安全管理效果。

三、畜产品不安全的危害

畜产品不安全，对人体健康的危害不仅仅是引起急性中毒，更多的是慢性的毒害作用，一些物质可引起基因突变或染色体畸变而造成对人类的潜在危害，因而影响子孙后代的健康。

（一）引起人的疾病发生

畜禽的许多传染病（如结核病、布鲁氏菌病、炭疽、高致病性禽流感、猪链球菌病、猪丹毒、伤寒、霍乱等）和寄生虫病（如猪囊虫病、旋毛虫病、血吸虫病等）是属于人兽共患病，能通过食物链传染给人，危害人体的健康。

(二)中毒

食入被微生物(如沙门氏菌、空肠弯曲杆菌、肉毒梭菌、大肠杆菌等)污染的动物性食品常常引起腹泻等中毒症状,若一次摄入量过大,可出现烦躁不安、昏迷、抽搐等中枢神经系统症状,或呼吸困难等症状。有的还出现面色苍白、口唇青紫、四肢发凉、血压下降等周围循环衰竭症状,甚至休克,如不及时救治,最后可因循环衰竭而死亡。

(三)过敏反应

一些抗菌药物如青霉素、四环素及某些氨基糖苷类抗生素、磺胺类药物能使部分人群发生过敏反应。过敏症状多样,轻者表现为麻疹、发热、关节肿痛及蜂窝织炎等;严重时可出现过敏性休克,甚至危及生命。

(四)对胃肠道菌群的影响

正常机体内寄生着大量菌群,如果长期与动物性食品中低剂量的抗菌药物残留接触,就会抑制或杀灭敏感菌,耐药菌或条件性致病菌大量繁殖,微生物平衡遭到破坏,使机体易发感染性疾病,而且由于耐药而难以治疗。

(五)对临床用药带来的影响

长期接触某种抗生素,可使机体体液免疫和细胞免疫功能下降,以致引发各种疾病,引起疑难病症,或用药时产生不明原因的毒副作用,给临床诊治带来困难。抗菌药物失效,使医疗费用过高,社会负担加重;由于药物滥用,使得抗菌药物的使用寿命变短,要求不断开发新的药物品种以克服细菌的耐药性,然而要开发一种新药并非易事。

四、畜产品安全分类

根据安全要求的不同,将畜产品分为无公害畜产品、绿色畜产品、有机畜产品。

(一)无公害畜产品

无公害畜产品是指产地环境、生产过程和产品质量符合国家有关标准和规范要求,经认证合格获得认证证书并允许使用无公害畜产品标识的未经加工或者初加工的食用农产品。

(二)绿色畜产品

绿色畜产品是指遵循可持续性发展原则,按特定生产方式生产,经专门机构认证,许可使用绿色食品标志的无污染的安全、优质、营养类动物产品。其中无污染是指绿色畜产品在生产、加工过程中,通过严密监测、控制,防止兽药残留、放射性物质、重金属、有害细菌等的污染,以确保绿色畜产品的洁净。

(三)有机畜产品

有机畜产品是指以有机方式生产加工的、符合有关标准并通过专门机构认证的畜产品及其加工品,是在原料生产和加工过程中不使用农药、化肥、生长激素、化学添加剂、化学色素和防腐剂等化学物质,不使用基因工程技术,通过有机食品认证机构认证并使用有机食品标志的产品。

任务二　饲料质量安全控制

饲料是养殖业的基础，是养殖业的命脉。抓好饲料质量安全管理是实现高产、高效养殖业的前提，是生产安全、优质畜产品的需要。

一、饲料质量安全的概念及特点

（一）概念

饲料质量安全是指饲料产品（包括饲料和饲料添加剂）中不含有对饲养畜禽的健康造成实际危害，不会在畜产品中残留、蓄积和转移有毒、有害物质，不会通过畜禽消化饲料转移至畜产品中，导致危害人体健康或对人类的生存环境产生负面影响。饲料安全是保证畜产品安全的重要环节，饲料的安全问题一方面影响畜产品的品质，危害人类健康；另一方面畜禽采食存在安全性问题，阻碍养殖业的可持续发展，最终仍将影响人类自身的健康。

（二）特点

1. 隐蔽性

一是由于技术手段的限制，一些饲料物质在投入使用之初，其危害性并不能被充分地认识到。二是对一些物质的毒副作用，利用常规的检测方法不能进行有效鉴别，对其影响程度，在一定时期内得不到研究证明。三是在一般情况下，饲料产品的危害性不能通过观察饲养畜禽及时发现。

2. 长期性

一方面，饲料产品中的不安全因素，虽然通过加强监督管理和提高安全意识，危害发生的程度和范围会减小，但短时间内不可能完全消除；另一方面，饲喂过程中蓄积在畜禽体内的有毒、有害物质直接污染环境或通过人体蓄积所造成的影响也是长期的。

3. 复杂性

饲料产品中不安全因素众多，而且复杂多变。其中，有些是人为因素，有些是非人为因素；有些是偶然因素，有些则是长期累积的结果。在已有的问题逐步得到解决的同时，新的问题还在不断出现。

二、饲料质量安全控制的内容

（一）饲料原料的质量安全控制

在影响饲料质量安全的诸因素中，原料质量安全控制尤为重要。

1. 原料标准的选择与制定

有些原料国家标准的指标较宽，各厂应制定自己的采购标准，或由购销双方协定标准。

2. 原料进厂时的质量控制

原料采购前要对原料生产厂家的状况及生产工艺进行了解，按饲料配方要求选购原料。原料待进厂时，首先对原料进行部分性（30%或 40%）取样分析；其次原料入库卸货时进行全面性（100%）取样。一旦发现品质不合格，立即停止卸货，另行处理。

3. 原料贮藏期间的质量控制

入库原料按规定位置堆放整齐，高度及宽度要适当。做到“先进先出、推陈出新”。每天对仓储原料进行盘点、核对、检查。保持仓房通风干燥，预防虫、鼠、鸟害的发生。

（二）饲料生产过程中的质量安全控制

如果把饲料产品设计比作一张“蓝图”，那么饲料生产工艺就是把这张图变为“实物”的实施过程。从原料接收与清理到产品打包及出厂，每一道工序都和产品质量密切相关。

（1）清理。主原料都应进行清杂、除铁处理。

（2）配料。对配料秤、成品包装秤等各种计量器具，进行定期检验。

（3）粉碎。应选用适当规格的筛板，经常检查筛板是否损坏。

（4）混合。为保证饲料的混合均匀度，应严格按照产品所规定的混合时间进行生产，并对混合均匀度进行定期检查。

（5）制粒。制粒时应经常检查产品的品质、外观、颗粒、气味等，须符合质量标准。

（6）包装。每批次生产时应校磅一次，每 25 包抽磅一次，抽磅次数根据批量大小进行调整。包装袋应标明产品制造日期、批号。饲料包装时在包装线上每 15 包取样一匙，每批取样一袋 400～500 g。取样后尽快进行化验。

（三）饲料产品的质量安全控制

饲料产品在仓库内的贮藏温度最好低于 20 ℃，贮藏期不得超过一周，逾期作回制处理。出厂后宜在一两周内用完，最长不超过三周。启封后饲料应当日或翌日用完，拆封剩余饲料应隔绝空气，置阴凉通风处妥善保存。

三、饲料质量安全存在的问题

（一）饲料中添加违禁药品

部分饲料生产企业社会责任感缺失，为追求经济效益最大化一味降低成本，优选价格低廉和残留化肥、农药的农业初级原料等影响较大的饲料原料，违法添加违禁添加剂，不顾安全标准与法律法规违规生产，导致饲料中有毒有害物质超标，为了迎合养殖企业追求产品的利润率，短期急速提高畜禽产品产量，会产生饲料添加剂超范围超剂量使用的情况，甚至会选择有毒替代品。饲料中添加违禁物品、添加剂的超量超范围使用，会影响畜禽产品本身的质量安全，最终导致消费者身体健康受到威胁。

（二）饲料中超标使用添加剂

饲料药物添加剂是指为预防、治疗动物疾病而掺入载体或稀释剂的兽药的预混物，常用的药物添加剂主要有抗生素和驱虫剂等。不少饲料企业和畜禽养殖场(户)不严格执行规定，超限量使用添加剂，不遵守休药期规定，不遵守配伍禁忌等规定，或者将不同品牌的饲料产品混合饲用，致使属于配伍禁忌的几种药物被同时使用。由此导致饲料中的药物成分在养殖产品中积蓄残留，产生耐药性，对人体产生不良影响，并对环境造成污染。

(三)饲料中卫生指标不合格

由于从业人员缺乏专业化培训，卫生意识较弱，未能意识到饲料生产过程规范的重要性。认为饲料是畜禽食用，在生产过程中忽视饲料安全卫生，在饲料生产、仓储、运输、贮藏等环节都可能因为操作不规范导致饲料出现变质引起饲料质量安全问题，比如：生物性污染如黄曲霉污染、沙门氏菌污染；非生物性污染如化学物质污染中有机物污染、重金属污染等，从而影响饲料安全，进而影响养殖企业经济效益和消费者身体健康。

(四)饲料标签标识问题较多

一些产品标签不规范，成分标识不清，专用性标注不明，使消费者无所适从；有些企业在饲料标签上夸大产品性能，对消费者造成误导；还有一些企业隐瞒了饲料产品的真实成分，在饲料产品中添加了一些饲料药物添加剂，但在饲料标签上不加以注明，使用者在不知情的情况下，很容易重复添加该类药物添加剂，从而造成药物中毒或过量蓄积。

(五)饲料监管不足，相关法律制度不完善

经过综合治理，合并取缔不合规范的养殖户后，仍存在部分农户采取分散养殖的方式进行自配料或使用过期饲料进行畜禽养殖，增加了饲料监管难度。监管经费不到位，基层检测点少，检测人员不足，检测设备跟不上，导致检测工作无法进行，只能送检上级部门或承包第三方。饲料监管涉及多方面内容，缺乏完善、系统、全面的饲料相关标准和行业规范，饲料质量难以保障，且因标准等不完善，饲料保质期大多由生产厂家随意规定，添加有饲料添加剂的饲料，休药期及禁忌未明确标示，容易引起饲料质量问题。

四、饲料安全战略举措

(一)优化畜牧养殖企业管理理念，提高相关人员专业化水平

养殖企业在实际经营过程中，积极转变传统经营理念，不断优化管理理念，减弱利益至上趋向，培养从业人员饲料卫生意识并进行专业化培训，避免生产不规范导致饲料安全等问题，树立企业社会责任感。国家相关部门做好法律法规教育普及、技能培训宣讲、卫生宣传等工作，建立养殖企业和从业人员的社会责任感，提高其素质，减少饲料生产安全隐患，助力畜牧养殖行业的发展。

(二)加大科研投入，积极开发推广先进饲料技术

饲料新技术不仅有利于养殖企业利润提高，也有利于消费者身体健康，因此要加大科研投入，积极研发绿色安全饲料新技术。鼓励饲料生产企业采用先进的饲料加工工艺、技术，引进先进的加工设备，应用智能化控制技术，最大程度降低饲料安全问题的发生。推广和更新饲料

技术，可以极大遏制饲料污染和农药残留问题的发生，减少饲料中存在的有害物质，提高饲料生产加工产业的生产效率和质量，也能高效使用原材料，使得饲料营养成分更加全面，保障饲料质量安全，助力畜牧行业的发展。

(三)加强饲料生产环节监管，健全法律法规

我国已建立的饲料产业法律法规虽然能应用到生产的各个环节，但是对饲料安全管理问题没有具体规定，饲料监管部门应建立健全饲料安全相关的法律法规，加大对饲料安全的监管力度，结合当地实际制定科学合理可行的实施方案确保饲料安全，如监管部门除例行监测检验、专项检查之外结合不定时随机监测等。饲料在生产的任一环节都会产生安全问题，因此，对于生产环节加强饲料原料的监管，确保不使用违规药物，避免使用化肥、农药、重金属等含量超标的饲料原料和被粪便等污染的饲料原料；对于仓储和存储环节，对保管饲料期间保管人员、保管环境进行监管，避免饲料变质或被污染；对于运输交易环节，做好相关指标监管抽查工作，杜绝有毒有害饲料进入市场。

任务三　畜产品安全生产过程与控制

一、畜禽安全饲养环境的控制

(一)场址选择

拟建的畜禽饲养场(舍)要根据饲养动物的生理特点以及当地环境、地形、地势等选择适宜的位置，合理规划整个饲养场(舍)。要求能为畜禽创造一个舒适的生活环境，便于饲养管理和卫生防疫，保证整个畜禽舍群体能健康生长，提高其生产性能。畜禽舍的环境卫生不仅直接影响到畜禽的健康生长，而且还间接地影响到畜禽产品的品质。因此，绿色食品畜禽场(舍)地应基本满足下述要求。

(1)地势。要求干燥、平坦、背风、向阳，牧场场地应高出当地历史上最高的洪水线，地下水位则要在 2 m 以下。

(2)水源。水质必须符合《生活饮用水卫生标准》(GB 5749—2022)的要求，水量充足，最好用深层地下水。

(3)地形。畜禽场(舍)要求地形开阔整齐，通风透气，交通便利。

(4)位置。饲养场(舍)应距离交通主干线 10 000 m 以上；距离居民居住区或其他畜牧场不小于 2 000 m；应位于村镇的上风处，以利于有效地防止疫病的传播。以下地段和地区不得建场：水源保护区、旅游区、自然保护区、环境污染严重的地区、畜禽疫病常发区等。

(二)场内布局

在设计建造畜禽场(舍)时，应尽量考虑避免外界不良环境对畜禽健康品质及生长发育的影响，又能使饲养效率充分发挥，取得最大的经济效益。场(舍)内的布局合理与否对生产管理影响很大，要坚持有利于生产、管理、防疫和方便生活的原则，统一规划，合理布局。要求行政、

生活区距离场(舍)250 m 以上,场(舍)要单独隔离。在场(舍)下风 50 m 左右的地势低洼处建造粪便、垃圾处理场,畜禽饲养场的粪便应进行无害化处理,如进入沼气池发酵、高温堆肥、除臭膨化等。废水的排放应达到国家《污水综合排放标准》的要求。为有效防止疫病传播,应建立消毒设施,进入场(舍)必须进行消毒。各场(舍)下风 150 m 远的地方还应建立病畜禽隔离间等。场区布局与畜禽舍建筑要充分考虑畜禽生长发育和繁殖生产的环境要求,给予其舒适的外部环境,让其享受充足的阳光和空气,尽可能为畜禽提供它们固有的生活习性所需的条件。

(三)舍内环境要求

畜禽的适宜生长环境因素主要包括温度、湿度、气流速度、光照以及舍内空气等。

(1)温度。畜禽为恒温动物,在生产中要求舍温保持在畜禽适宜生长发育的温度范围内,冬暖夏凉。

(2)湿度。畜舍空气中的湿度不仅直接影响家畜健康和生产性能,而且严重影响畜舍保温效果,是失热增多的重要原因。舍内相对湿度以 50%～70%为宜,最高不超过 75%。

(3)气流速度。舍内应保持一定的气流速度。夏季可排除舍内的热量,帮助畜体散热,增加畜禽舒适感。而在冬季低温、畜舍密闭的条件下,引进新鲜空气,可使舍内温度、湿度等空气环境状况保持均匀一致,并可使水汽及污浊气体排出舍外。因此,夏季要求畜体周围气流速度保持在 0.2～0.5 m/s,冬季则以 0.1～0.2 m/s 为宜,最高不超过 0.25 m/s。

(4)光照。不同品种的畜禽在不同的生长阶段所要求的光照时间、光照强度不同。禽类对光敏感,光照直接影响其生长发育、生产性能等活动。光照在环境因素中对畜禽生理活动起很大作用,应根据品种特性、生长发育阶段等确定合理的光照时间和强度。

(5)舍内空气。舍饲畜禽由于呼吸和有机物分解等,经常产生大量有害气体,必须及时排出。畜禽排出的有害气体主要有氨气、硫化氢和二氧化碳。氨及硫化氢的浓度过高时,不仅影响畜禽健康及生产性能,而且直接影响畜禽产品的品质。畜舍中氨浓度不应超过 20 mg/kg,鸡舍不超过 15 mg/kg。硫化氢毒性较大,舍内浓度不得超过 5 mg/kg。二氧化碳一般不引起家畜中毒,但它表明空气的污浊程度,舍内浓度以 0.1%为限。

(6)饲养密度。饲养密度与畜禽的健康和生长发育密切相关,要充分保证畜禽有效活动空间,保持合理的饲养密度。

(7)干扰。要防止有害动物及昆虫的侵扰,主要是防止啮齿类动物、鸟类和其他动物的干扰。

(四)建设要求

绿色食品养殖场建设应本着合理布局、利于生产、促进流通、便于检疫和管理、防止污染环境为原则。

(1)加强饲养场周围环境的管理,控制外来污染物。养殖场内和周围应禁止使用滞留性强的农药、灭鼠药、驱蚊药等,防止通过空气或地面的污染进而影响畜禽的健康。地面养殖畜禽以及规划的畜禽运动场还应对土壤样品进行检测、土壤中农药、化肥、兽药以及重金属盐等有害物质含量不可超标。

(2)建场前要通过环保部门的环境监测,无"三废"污染,大气质量应符合《大气环境质量标准》(GB 3095—2012)的要求;建筑应符合兽医卫生要求,养殖场环境卫生应符合《畜禽场环境质量标准》(NY/T 388)的要求。除严格按设计图施工外,还要求精心细致;建筑材料如木材、涂料、油漆等以及生产设备应对畜禽和人类的健康无害,包括潜在的危害都不能存在;内墙表面应光滑平整,墙面不易脱落;具有良好的防鼠、防虫和防鸟设施。

(3)动物饲养场和畜产品加工厂的污水、污物处理应符合国家《畜禽养殖污染防治管理办法》的要求,要求排污沟进行硬化处理,绝对禁止在场内或场外随意堆放和排放畜禽粪便和污水,防止对周围环境造成污染。

(4)做好场区绿化,改善局部小气候,采取切实有效的生态环境净化措施,从源头上把好质量安全关。

二、畜禽安全饲养管理的控制

(一)选择优良品种

选择适应当地环境条件的畜禽品种饲养,一个畜禽品种都是在特定的自然经济环境下,按照人们的需要,经过长期的自然和人为选择的结果。保障畜禽健康是养殖畜禽的前提。因此,养殖场在选择畜禽品种时,除了考虑其生产性能外,还要重点考虑畜禽品种对当地环境的适应性,即选择对外界环境和疾病抵抗力强的畜禽品种饲养为宜。

选择无特定病原畜群(简称 SPF)饲养,培育无特定病原畜群,是畜牧兽医行业的神圣使命。目前实施无特定病原畜(禽)群培育或控制研究的有无特定病原猪群、无特定病原鸡群等,但推广应用于生产的较少。

选择从无规定动物疫病区(简称无规区)引进动物品种饲养,无规定动物疫病区就是在规定期限内没有发生过某种或几种疫病。同时在该区域及其边界外围内,对动物、动物产品、动物源性饲料、动物遗传材料、动物病料、兽药(包括生物制品)的流通实施官方有效控制并取得国家认可的特定区域。我国部分省(自治区、直辖市)已通过农业农村部无规定动物疫病区验收。

(二)科学饲养管理

(1)根据生理特点饲养。不同的畜禽有着不同的生物学习性和生理特点,对饲养管理也有着不同的要求。根据畜禽所处的生理阶段,合理安排工作日程。

(2)合理搭配日粮。不同的畜禽有着不同的营养需要,即使同一畜禽,在不同的生理阶段,其营养需要也不相同。因此,日粮中精粗饲料的比例要适宜,营养平衡,饲料种类要多种多样,加工调制合适。

(3)坚持正确饲养。合理安排每天的饲喂次数和正确的饲喂顺序,采用 TMR(全混合日粮)等新的饲养技术,不断提高养殖效益。

(4)保证充足饮水。水是最重要的营养物质。饮水不足或质量不符合标准,必将影响畜禽健康和生产性能。因此,要保证畜禽充足饮水。

(5)细心管理。合理安排整个生产管理环节,保证畜禽的编号、运动、刷拭、护蹄、去势、断尾、剪毛、抓绒、挤奶、转群、断喙等工作有序进行。

(三)畜禽保健

(1)加强检疫。在集约化畜禽生产中,按畜禽饲养期的长短及发病特点、流行病学进行定期与不定期的检疫。对整群畜禽以视检为主,必要时作病理解剖学检验、病原体检查,以及各种病理及生理指标的实验室检验。

(2)免疫接种。做好畜禽的定期预防接种,是控制疫病的重要措施,根据不同疾病及畜禽的发病规律,制订免疫程序,做好计划免疫。在预防传染病的各种手段中,免疫预防接种是经济、方便、有效的手段,对畜禽以及人类健康均起着积极的重要作用。

(3)疫病预防。搞好场舍卫生可控制和切断传染源及传染途径,通过及时淘汰处理易感动物和带菌动物,及必要的药物治疗来控制疫病。采取消毒、隔离、封锁等措施,对病原污染的饲料及其他物品要及时消毒和做无害化处理,从根本上控制传染和传播途径。

(四)防疫检疫

(1)防疫。采取多种措施预防传染病的发生。当发生传染病时,要针对消灭传染源、切断一切传播途径和提高畜禽群体对传染的抵抗力等三个环节采取措施,尽最大努力将传染病消灭在萌芽时期,或将其控制在最少的发病头数以减少损失。消毒是扑灭传染病的一项重要措施。应根据病原体的特点,选择最佳消毒药物和消毒方法进行消毒。

(2)检疫。动物检疫是指由国家法定的检疫、检验监督机构和人员,采用法定的检验方法,依照法定的检疫项目、检疫对象和检疫、检验标准,对动物及其产品进行检查、定性和处理,以达到防止动物疫病的发生和传播、保护畜牧业生产和人民身体健康的一项带有强制性的技术行政措施。动物检疫是兽医疫病预防工作的一个主要组成部分,是预防疫病发生的一个关键环节。

三、畜产品质量安全监管的有效措施

(一)动物养殖防疫条件审查

畜禽养殖场的动物防疫条件是否达标关系到动物疫情风险,也是畜禽规模养殖的前提条件,必须要求限期完善和达到。

(二)定期到场巡查监督

官方兽医须定期对责任养殖场进行巡查监督,内容包括:防疫管理和保障畜禽产品安全管理相关制度是否制订并上墙;养殖档案记录是否完善;畜禽是否健康正常;防疫制度是否严格执行;饲料、兽药使用是否符合规定;引进畜禽手续是否齐全,是否严格实施隔离观察饲养;销售畜禽及产品是否经过官方兽医检疫等。

(三)引进动物的监管

畜禽养殖场在引进动物前须向动物卫生监督管理部门申请办理审批手续,引进动物到场后及时向动物卫生监督管理部门报告,由官方兽医实施落地检疫,并做好隔离观察饲养及监督工作。

(四)出售动物的检疫

畜禽养殖场在出售动物及产品前应向当地动物卫生监督部门申报检疫,官方兽医按时到现场施行检疫,经检疫合格的出具检疫证明。

(五)屠宰场(点)的驻场检疫

国家实行畜禽定点屠宰制度,官方兽医实施驻场程序检疫,严格执行畜禽进场查验、途中定时巡查、屠宰程序检疫等技术操作规程,把好动物产品检疫关。

(六)流通环节质量控制

畜产品在流通过程中要发生多次交换,过程相对复杂,难以对过程中的畜产品质量进行有效评价。有些畜产品质量问题在流通环节发生,也有一些在进入流通环节前就可能已经存在,为了把好消费前的最后一关,流通环节的监测必不可少。

(七)消费环节质量控制

消费环节的畜产品监测主要是对未加工畜产品的卫生指标和由进入消费环节前引起的质量问题的监测。

【思政角】

牛羊肉是重要的“菜篮子”产品,市场需求旺盛。正确使用好饲料添加剂,对保证畜禽健康、提高畜禽生产力起着至关重要的作用,但一些养殖者为了提高牛羊增重速度,少数收购贩运及屠宰者为了非法注水增重,故意使用“瘦肉精”等禁用物质,带来较大质量安全隐患,各级农业农村部门对此保持“零容忍”,坚决严查重处。监管中也发现,部分牛羊及其产品检出“瘦肉精”等禁用物质系误用投入品所致。为指导肉牛肉羊养殖、收购贩运和屠宰者提高风险防控能力,更好地保障产品质量安全,2022 年 11 月 30 日,农业农村部农产品质量安全监管司会同畜牧兽医局组织肉牛肉羊养殖管理专家团队制定了《肉牛肉羊防止误用“瘦肉精”等禁用物质技术性指导意见》,其中指出了禁止使用的药物及其他化合物与违法使用需要承担的责任。

一、禁止使用的药物及其他化合物

以《食品动物中禁止使用的药品及其他化合物清单》(农业农村部公告第 250 号)为准。包括β-兴奋剂类及其盐、酯,酒石酸锑钾,汞制剂[氯化亚汞(甘汞)、醋酸汞、硝酸亚汞、吡啶基醋酸汞],毒杀芬(氯化烯),卡巴氧及其盐、酯,呋喃丹(克百威),氯霉素及其盐、酯,杀虫脒(克死螨),氨苯砜,硝基呋喃类(呋喃西林、呋喃妥因、呋喃它酮、呋喃唑酮、呋喃苯烯酸钠),林丹,孔雀石绿,类固醇激素[醋酸美仑孕酮、甲基睾丸酮、群勃龙(去甲雄三烯醇酮)、玉米赤霉醇],安眠酮,硝呋烯腙,五氯酚酸钠,己二烯雌酚、己烯雌酚、己烷雌酚及其盐、酯,锥虫砷胺,万古霉素及其盐、酯。其中,β-兴奋剂类及其盐、酯就是俗称的“瘦肉精”。

二、违法使用的后果

在肉牛肉羊养殖中违法使用禁用药物,或者明知肉牛肉羊使用过禁用药物而提供屠宰等加工服务或销售其制品的，依照刑法及有关司法解释，以生产、销售有毒、有害食品罪追究刑事责任。对人体健康造成严重危害或者有其他严重情节的，处五年以上十年以下有期徒刑，并处罚金；致人死亡或者有其他特别严重情节的，处十年以上有期徒刑、无期徒刑或者死刑，并处罚金或者没收财产。

【案例分析】

三鹿奶粉事件

一、案例介绍

2008 年 9 月 8 日甘肃岷县 14 名婴儿同时患有肾结石病症，引起外界关注。至 2008 年 9 月 11 日甘肃全省共发现 59 例肾结石患儿，部分患儿已发展为肾功能不全，同时已死亡 1 人，这些婴儿均食用了三鹿 18 元左右价位的奶粉。而且人们发现两个月来，中国多省已相继有类似事件发生。我国卫生部高度怀疑三鹿牌婴幼儿配方奶粉受到三聚氰胺污染，三聚氰胺是一种化工原料，可以提高蛋白质检测值，人如果长期摄入会导致人体泌尿系统膀胱、肾产生结石，并可诱发膀胱癌。很快三鹿集团承认自检发现 2008 年 8 月 6 日前出厂的部分批次三鹿婴幼儿奶粉曾受到三聚氰胺污染，市场上大约有 700 t，同时发布产品召回声明。

根据 2008 年 9 月 13 日，国务院启动国家安全事故Ⅰ级响应机制（“Ⅰ级”为最高级：指特别重大食品安全事故）处置三鹿奶粉污染事件。患病婴幼儿实行免费救治，所需费用由财政承担。有关部门对三鹿婴幼儿奶粉生产和奶牛养殖、原料奶收购、乳品加工等各环节开展检查。质检总局将负责会同有关部门对市场上所有婴幼儿奶粉进行了全面检验检查。据我国官方公布的数字，截至 2008 年 9 月 21 日，因使用婴幼儿奶粉而接受门诊治疗咨询且已康复的婴幼儿累计 39 965 人，死亡 4 人。2009 年 1 月 22 日，河北省石家庄市中级人民法院一审宣判，三鹿前董事长田文华被判处无期徒刑，三鹿集团高层管理人员王玉良、杭志奇、吴聚生则分别被判有期徒刑 15 年、8 年、5 年。三鹿集团作为单位被告，犯了生产、销售伪劣产品罪，被判处罚款人民币 4 937 余万元。涉嫌制造和销售含三聚氰胺的奶农张玉军、高俊杰及耿金平三人被判处死刑。2014 年，72 岁高龄的田文华改判有期 18 年。

尽管三鹿奶粉事件过去了很多年，但事件造成的伤害永远值得我们反思，尤其对于现代化的养殖企业来说，更像是高悬头顶的警钟。

问题： 1. 造成三鹿问题奶粉事件直接原因有哪些？

2. 三鹿问题奶粉事件给人们带来哪些启示？

二、案例分析

（一）三鹿奶粉事件发生的原因

三鹿问题奶粉事件造成的危害十分严重，通过调查反思，这一事件之所以发生，主要有六个方面的直接原因。

（1）小农散养的奶源供应方式与现代化企业规模生产严重不适应。因奶源生产地分散，质量控制难度大，这一问题一直没有得到足够的重视。

(2)少数奶源经营者利欲熏心、违法犯罪。为追求利润,明目张胆地制造、销售和向原料奶中添加三聚氰胺。

(3)三鹿集团见利忘义、故意隐瞒真相。三鹿集团公司在得知产品质量出了安全问题之后,不是积极处理,召回产品,应对危机,而是在长达8个月的时间里未向政府和有关部门报告,也未采取积极补救措施,导致事态进一步扩大,结果给消费者造成了重大的人身伤害。

(4)食品安全监督管理存在漏洞。由于要追求利润,质检过严必然提高成本。因此,并不是每一个企业对产品质量控制都十分重视。三鹿集团的产品质量控制形同虚设,落实不够,漏洞很多。

(5)社会监督软弱无力。从"三鹿奶粉"事件中,我们可以看到,来自外部的监管几乎没有。

(6)政府处置不力、报告不及时。食品安全监管体制运行中存在明显的政出多门、职能交叉重叠、权责不明等问题。

(二)三鹿奶粉事件带来的启示

1. 强化企业社会责任

作为一个食品企业,不仅要追求经济效益,也要追求社会效益。生产安全的食品,不仅是它长期生存的基本前提和根本保证,也是其应该具备的社会责任和基本道德。因此要严格按照食品标准生产和加工食品,加大原材料的质检力度,确保原料质量,真正保护消费者权益。

2. 建立健全食品安全法规及相应的司法工作和仲裁工作

坚持立法重在预防的方针,不断完善有关食品监管的法律法规,形成以《食品安全法》为基础,其他具体法律配合的多种层次的法律法规体系,使食品安全监管工作有法可依,让不法企业无漏洞可钻。

3. 企业的领导者必须扮演好管理者的角色

首先必须扮演好监督者的角色,持续关注组织内外环境的变化以获取对组织有用的信息。其次要扮好企业家的角色,一个企业不管被管理得多么好,它在运行的过程中,总会遇到或多或少的冲突或问题。管理者必须善于处理冲突或解决问题,例如平息顾客的怒气、同不合作的供应商进行谈判、对员工之间的争端进行调解等。

4. 加强现场控制

人们常说,领导的实质是一要决策,二要用人,但是,如果做出了决策,制订了计划,配备了必要的人员,却不检查这些人员的工作情况,则难以保证计划目标的有效实现。因此,管理者必须指导下属以正确的方法进行工作,从而保证计划的执行和经营目标的实现。

【考核评价】

一、考核题目

2021年的"3·15"晚会上,河北省沧州青县有部分养殖户为增加出肉率,偷偷使用国家明令禁止的"瘦肉精"喂羊,且已有"瘦肉精"羊肉逃过监管流向多地的事情曝光后,引起消费者极大关注。北京、湖北等多地市场监管局对此迅速响应,连夜发起专项排查,依法严厉打击违法行为。

曝光视频中，凌晨三点，在河南郑州几个农产品交易市场，一些商贩并不在市场内销售羊肉，而是在附近货车上交易。商贩表示，这些羊肉无法通过检测，羊在饲养的过程中，喂了药。羊肉经销商表示，羊是青县来的。青县是河北省一个重要的养羊基地，每年大约出栏 70 万只羊。在熟悉了相当长一段时间之后，养殖户向记者透露，这里的羊在饲养过程中添加了瘦肉精。加了“瘦肉精”的羊体重增加，一只要多卖五六十元，如此暴利正是一些商户铤而走险的原因。“瘦肉精”会在动物组织内形成残留，消费者食用后直接危害人体健康。我国在 2002 年就已经严禁瘦肉精作为兽药或饲料添加剂。青县一名饲料推销员称，加瘦肉精这种事“差不多有十年了”。

通过阅读上述资料，认真分析影响畜产品安全的主要因素有哪些？应如何加强畜产品质量安全的监管？

二、评价标准

(1)畜产品质量不安全的危害。

(2)影响畜产品安全的主要因素。

(3)畜产品质量安全的控制包括饲料质量安全控制和畜产品安全生产过程与控制。

(4)造成畜产品质量安全的主要问题。

(5)畜产品质量安全监管的有效措施。

【码上学习】

畜产品质量安全管理制度　　中华人民共和国畜牧法　　中华人民共和国动物防疫法

动物防疫条件审查办法　　中华人民共和国食品安全法　　中华人民共和国农产品质量安全法

项目八

畜产品物流管理

【先导案例】

2021年，农业农村部制定印发《“十四五”全国畜牧兽医行业发展规划》，系统总结“十三五”以来畜牧兽医工作成效，全面分析判断未来五年发展趋势，对“十四五”时期全国畜牧兽医行业发展作出系统规划。

《“十四五”全国畜牧兽医行业发展规划》提出，到2025年，全国畜牧业现代化建设取得重大进展，奶牛、生猪、家禽养殖率先基本实现现代化。在产品保障目标上，猪肉自给率保持在95%左右，牛羊肉自给率保持在85%左右，奶源自给率达到70%以上，禽肉和禽蛋保持基本自给。在产业安全目标上，实现动物疫病综合防控能力大幅提高，兽医社会化服务发展取得突破，饲料、兽药监管能力持续增强。在绿色发展目标上，畜禽粪污综合利用率达到80%以上，形成种养结合、农牧循环的绿色循环发展新方式。在现代化建设目标上，实现畜禽核心种源自给率达到78%，畜禽养殖规模化率达到78%以上，养殖、屠宰、加工、冷链物流全产业链生产经营集约化、标准化、自动化、智能化水平迈上新台阶。

近几年，冷链物流在百姓生活中扮演了越来越重要的角色，各大畜产品、速冻食品等均离不开冷链运输。在新冠肺炎疫情持续蔓延和消费升级快速提升的双重影响下，我国冷链物流展现出强劲韧性和巨大潜力。

交通运输部采取一系列举措，推进冷链物流运输加快发展，取得了积极成效。近几年来，全国冷链运输车辆保有量年均增速达到20%以上，截至2021年年底，已达34万辆，冷库容量达1.96亿立方米，冷链运输基础设施逐步完善，组织模式不断创新，为冷链物流加快发展创造了良好的环境。

现代物流对于养殖业的发展有较大的影响，加之国家近年来出台的各项支持政策，养殖企业的未来发展前景一片光明。本章我们将学习有关畜产品物流管理的相关内容。

【学习目标】

了解畜产品现代物流的概念与类型；了解畜产品运输、仓储与包装的概念；掌握畜产品运输、仓储与包装的功能及合理化。

【学习内容】

任务一　畜产品物流概述

一、物流的概念

通俗意义上讲，物流主要指物的流通，既包括“物”，也包括“流”。“物”是一切可以进行物理位置变换的物质资料，“流”是运动，但物流并不能简单地等同于“物”的“运动”。

(一)我国对物流的定义

《物流术语》(GB/T 18354—2021)将物流定义为：“根据实际需要，将运输、储存、装卸、搬运、包装、流通加工、配送、信息处理等基本功能实施有机结合，使物品从供应地向接收地进行实体流动的过程。”

(二)现代物流概念

传统意义上的物流主要指产品出厂后的包装、运输、装卸、仓储，较为简单。现代物流理念认为，物流是一个系统、总体、综合的概念。具体地说，现代物流从采购物流开始，经过生产物流、销售物流、回收物流，使物流向两头延伸，并赋予物流新的内涵，使社会物流与企业物流、物资流与信息流有机地结合在一起。可以说，现代物流包含了产品从“生”到“死”整个物理性的流通全过程，并实现了物资流、信息流、资金流的综合与统一。

总之，从物流运作角度来看，物流是实现物资运输、仓储、装卸、配送、包装、加工等一体化管理的经济活动。从增值功能角度来看，物流是对生产、销售组织管理及相关资源进行重新整合，以优化企业资产结构及经营活动的资本升值活动。从价值功能角度来看，物流是通过降低输送费用、实施零库存、优化资金流等途径，实现企业经营成本节约的创造价值的活动。

(三)畜产品现代物流概念

畜产品物流是物流业的一个分支，是指为了满足消费者需求而进行的畜产品物质实体及相关信息从生产者到消费者之间的物理性流动，包括畜产品生产、收购、运输、储存、装卸、搬运、包装、配送、加工、营销、配送和信息活动等一系列环节。畜产品物流的发展目标是增加农产品附加值，节约流通费用，提高流通效率，降低物流损耗，从而规避市场风险。也就是说，畜产品物流是以畜产品产出物为对象，通过畜产品产后加工、包装、贮藏、运输和配送等物流环节，做到畜产品保值增值，最终送到消费者手中。

二、畜产品物流的类型

(一)畜产品生产物流

畜产品生产物流是通过饲料生产、饲养管理、配种繁殖、环境卫生、疾病防治等环节生产出合格畜产品的整个过程中，由于配置、消耗和回收各种劳动要素所形成的物流，它需要与生产过程同步，与工业生产物流相比，受自然条件制约性大，具有不稳定性，因此在物流过程中要充分考虑畜牧业生产的地理布局、季节性生产、分散性生产、疫病侵袭等因素的影响，所以畜产品生产物流要与当地、本企业的生产条件相结合。

畜产品生产物流按照生产环节可以分为三段。

(1)产前物流。如饲料种子、肥料、饲料播种、收割、加工机械、生产工具、种畜的调配和运作。

(2)产中物流。饲养管理各项工作。

(3)产后物流。畜产品的收集、加工、包装、入库等，以及饲草饲料的收割、回运、堆垛、捆扎、加工等。

(二)畜产品销售物流

畜产品销售物流主要包括根据物流合理化原则，确定运输路线、储备系统、包装水平、加工水平和送货方式等相关内容。这一物流过程，是畜产品实现其价值的关键阶段，若销售物流不畅，就会造成畜产品积压，甚至丧失价值。在如今的买方市场中，销售物流活动带有极强的服务性，以满足买方要求，最终实现销售。畜产品销售物流的运作，大部分是先通过收购，从分散的生产者手中把小批量的畜产品集中起来，再销售到各个城镇，因此，销售物流的空间范围很大。

(三)畜产品废弃物物流

在畜产品生产、加工、销售及消费过程中，必然产生大量粪尿、污水、垫草、草渣、残料、污毛、肠胃内容物等废弃物、无用物，对它们的收集、归堆、盛装、运输、装卸和处理的物流活动，构成了畜产品废弃物物流。为此，应建立起废弃物的回收、分流、氧化、发酵、利用系统，以实现资源的再利用。在这个过程中，应因地制宜使养殖业与种植业、林业、渔业、特种养殖业等管理部门结合，实现绿色物流，走生态畜牧业之路。

三、畜产品物流的作用与特点

(一)畜产品物流的作用

畜产品物流是畜产品从供应者向消费者转移过程中的运输、包装、保管、装卸、搬运、流通加工、配送以及信息传递，是企业经营活动的重要内容。高效的物流对于企业及时满足市场需求，提高企业竞争力和经济效益具有十分重要的意义，从企业经营的角度看，畜产品物流的作用有以下几点。

1. 缩短生产者、供应者与消费者之间的距离，及时满足市场需求

高效发达的物流可以克服时间间隔、距离间隔、人的间隔，将畜产品迅速地从生产者、供应者手中转移到消费者手中，使消费者的需求得到及时满足。

2. 节约资源和费用，降低经营成本

良好的物流，能够节约自然资源、人力资源、能源和时间，同时也能够节约费用。比如，集装箱化运输，可以节约包装材料；机械化装卸作业，仓库保管自动化，可节省人力，从而降低开支;科学规划运输路线可节约能源等。资源的节约带来费用的节约,从而降低企业经营成本。

3. 保值、增值、创造效益

畜产品从生产到最终消费的过程中,都要经过运输、保管、包装、装卸、搬运等多个环节、多次数的物流活动。这些活动为防止产品可能的受潮、水浸、破损、丢失等现象的发生,保证了产品的质量和数量,保护了产品的使用价值。同时,通过包装、流通加工、保管,运输等物流环节还增加了产品的附加值、时间价值和空间价值,从而使产品得到了增值。搞好畜产品物流既增加了企业的经济效益,又给消费者带来了安全、优质、满意的消费,进而带来了良好的社会效益。

4. 提高服务水平,增强企业竞争力

畜产品物流可以为服务对象提供良好的服务,这种服务有利于企业和品牌的形象,有利于与服务对象建立长期、稳定、良好的合作关系,从而有利于企业长远的发展,增强企业的竞争力。

(二)畜产品物流的特点

由于畜牧业生产及畜禽产品本身的特点,决定了畜产品物流具有以下特点。

1. 畜产品物流涉及的产品品种多、数量大、物流工作复杂

畜产品涵盖肉、蛋、奶、皮毛等多种产品和猪、牛、羊、禽等多个品种,不同的畜禽产品的物流需要不同的载体,具有不同的理化要求,由此引发出许多不同种类的畜产品的物流及其独特的仓储、运输、配送等物流方式。

2. 畜产品物流难度大

畜产品具有鲜活性、易变质、脆弱性、不耐储存、不便远途运输等特点,因此在物流过程中,包装、装卸、运输、仓储等难度都比较大。

3. 畜产品物流要求高

畜产品物流主要要求有:一是生产的季节性要求物流的及时性;二是为保证产品及环境安全必须实施畜产品绿色物流;三是要满足畜产品的特殊物流方式的要求,比如分割肉的冷藏运输,牛奶等制品的恒低温运输等,即采用冷链物流方式。

4. 畜产品物流涉及从源头到消费的多环节过程

畜产品物流包括从良种培育到畜禽饲养、屠宰、产品加工、流通、消费的全过程。畜产品物流链条的形成,有利于建立畜产品可追溯体系,加强食品安全控制。

任务二　畜产品的运输

运输是畜产品物流活动的中心环节之一,也是构成畜产品物流系统要素之一,随着全球经济一体化,不同国家和地区间的商品交易越来越频繁,使得运输在国民经济中的地位日趋显著,从物流的角度看,物品通过运输手段实现不同地域范围间(如两个城市、两个工厂之间或两个物流节点之间)运动,把空间上相隔的供应商和需求者联系起来。

一、运输概述

(一)运输的概念

运输是指:“用设备和工具将物品从一地点向另一地点运送的物流活动。其中包括集货、分配、搬运、中转、装入、卸下及分散等一系列操作。”

运输是物流的主要功能之一。按物流的概念,物流是货物实体的物理性运动,这种运动不仅改变了货物的时间状态,也改变了货物的空间状态。运输承担了改变货物空间状态的主要任务,是改变货物空间状态的主要手段。运输再配以搬运、配送等活动,就能圆满地完成改变空间状态的全部任务。

(二)运输的功能

在物流中,运输主要有以下两个功能:其一,实现畜产品的移动。这是运输的基本职能,无论物品处于什么形式,不管是在加工过程中,还是接近最终的客户,运输都是必不可少的。其二,运输还对畜产品进行短期储存,创造了时间“效用”,畜产品在运输途中时,运输工具则成为畜产品短期存储的场所,这种临时储存场所是移动的。

二、运输方式

畜产品的运输方式有多种,它们分别是公路运输、铁路运输、水路运输、航空运输和管道运输。这些运输方式各有特点,它们相互协调、相互配合,同时也展开竞争,共同构成畜产品的运输系统。

(一)公路运输

公路运输是使用公路设备、设施运送货物的一种运输方式,在整个运输领域中尤其是在国内运输领域中占有非常重要的地位。

公路运输可分为自用卡车运输和营业用卡车运输,主要承担近距离、小批量的货运和水路、铁路难以到达地区的长途、大批量运输,以及铁路、水路优势难以发挥的短途运输。

1. 公路运输的优点

(1)灵活性强,实现“门到门”运输。汽车不仅是其他运输方式的接运工具,还可以直达运输,不需转运或反复装卸搬运。

(2)投资少,资金周转快。公路建设周期短,汽车车辆购置费较低,原始投资回收期短。

(3)受自然条件限制小。由于汽车运输灵活方便、送达速度快,且对不同的自然条件适应性较强,有利于保持货物运输质量。

2. 公路运输的缺点

(1)如载重量小,不适宜装载重件、大件货物,不适宜走长途运输。

(2)车辆运行中震动较大,易造成货损、货差事故。

(3)运输成本费用较水路和铁路高。一般认为,公路运输的经济半径一般在 200 km 以内。

(二)铁路运输

铁路运输是使用铁路设备、设施运送货物的一种运输方式。铁路货物运输可分为车皮运输和集装箱运输。主要承担长距离、大数量的原材料和价值低的制成品的运输,在没有水路运输条件的地区,几乎所有大批量货物都是依靠铁路,在干线运输中起“主力军”作用。

1. 铁路运输的优点

(1)适应性强。铁路运输是在自己的专用轨道上行驶,受自然条件限制少,具有较高的连续性和可靠性。

(2)运载量大。铁路运输依靠大动力机车牵引,可以运送大批量物品。

(3)速度快。在长距离运输中送达速度仅次于航空运输(但在过短距离,则又不及公路运输)。

(4)安全程度高。在不同运输方式中,按所完成的货物吨计算的事故率,铁路运输是最低的。

(5)能耗小、污染少。铁路运输在轨道上行驶,接触面积较小,行驶阻力较小,能耗较少。

2. 铁路运输的缺点

由于铁路轨道的建设是固定的,运输只能在固定线路上实现运输,需要以其他运输手段配合和衔接。但在衔接的过程中会带来很多不便,如运输速度减缓、装卸时货物损失等。一般认为,铁路运输的经济里程在 200 km 以上。

(三)水路运输

水路运输简称水运,是使用船舶在通航水域进行货物运输的一种运输方式。水路货物运输可分为内河运输、沿海运输、近海运输和远洋运输,主要承担大数量、长距离的运输,是在干线运输中起主力作用的运输形式。在内河及沿海,水运也常作为小型运输工具使用,担任补充及衔接大批量干线运输的任务。

1. 水路运输的优点

(1)运载量大、运输成本低。船舶的运载量大,运输里程远,路途运行费用低。

(2)投资少。水路运输利用天然航道,投资少。

(3)劳动生产率高。水路运输因运输能力大,劳动生产率较高。

2. 水路运输的缺点

水路运输适用性低,受港口、水位、季节、气候影响较大,一年中中断运输的时间较长,必须靠其他运输手段加以配合和衔接;船舶在水中行驶,水流阻力大,速度较慢。

(四)航空运输

航空运输简称空运,是使用飞机运送货物的一种运输方式。航空货物运输的单位成本很高,因而适合运载的主要物品有两类:①价值高、运费承担能力强的物品,如种用畜禽、高档皮毛产品等;②紧急需要的物品,如救灾抢险物品等。

1. 航空运输的优点

(1)速度快。航空运输是速度最快的运输方式。

(2)灵活性强。航空运输不受地形、地貌、山川、河流的障碍,对于交通不发达地区或自然灾害的紧急救援,均可采用飞机空投方式。

(3)安全程度较高。航空运输平稳、安全,货物在运输中受到的震动、撞击等均小于其他运输方式。

(4)航空运输建设周期较短,回收快。航空运输建设主要包括飞机、机场和其他辅助保证设施。一般来说,修建机场比修建铁路周期短,投资回收快。

2. 航空运输的缺点

航空运输成本高、载运量小,设备投资大,技术要求严格。

(五)管道运输

管道运输是利用管道输送气体、液体和粉状固体的一种运输方式。其运输形式是靠物体在管道内顺着压力方向循序移动实现的,和其他运输方式重要区别在于,管道设备是静止不动的,例如牛奶的输送。

三、畜产品运输合理化

畜产品运输合理化,就是在实现畜产品实体从生产地至消费地转移的过程中,充分有效地运用各种运输工具的运输能力,以最少的人、财、物消耗,及时、迅速、按质、按量和安全地完成运送任务。其标志是:运输距离最短、运输环节最少、运输时间最短和运输费用最省。运输合理化是实现物流系统优化的关键问题。在进行畜产品物流系统设计和管理时,实现运输合理化是一项最基本的任务。

(一)影响运输的因素

1. 运输距离

运输过程中,运输时间、运输运费等若干技术经济指标都与运输距离有一定的关系,运距长短是运输是否合理的一个最基本的因素。

2. 运输环节

每增加一个运输环节,都要增加运输的附属活动,如装卸、包装等,各项技术经济指标也会发生变化,因此减少运输环节对运输合理化有一定的促进作用。

3. 运输工具

各种运输工具都有其优势领域,对运输工具进行优化选择,最大限度地发挥运输工具的特点和作用,是运输合理化的重要的一环。

4. 运输时间

运输时间在全部物流时间中占绝大部分,尤其是远距离运输,因此,运输时间的缩短对整个流通时间的缩短,起决定性的作用。此外,运输时间缩短,还可加速运输工具的周转,充分发挥运力效能,提高运输线路通过能力,不同程度地改善运输不合理状况。

5. 运输费用

运输费用简称运费。运费在全部物流费用中占很大的比例,运费高低在很大程度上决定整个物流系统的竞争能力。实际上,运费的相对高低,无论对货主还是对物流企业都是运输合理化的一个重要的标志。运费的高低也是各种合理化措施是否行之有效的最终判断依据之一。

(二)运输不合理的表现

不合理运输是在现有条件下可以达到的运输水平而未达到,从而造成了运力浪费、运输时间增加、运费超支等问题的运输形式。目前我国存在主要不合理运输形式有。

1. 返程或启程空驶

空车无货载行驶,可以说是不合理运输的最严重形式。在实际运输组织中,有时候必须调运空车,从管理上不能将其看成不合理运输。但是,因调运不当,货源计划不周,不采用运输社会化而形成的空驶,是不合理运输的表现。造成空驶的不合理运输主要有以下几种原因。

(1)能利用社会化的运输体系而不利用,却依靠自备车送货提货,出现单程重车、单程空驶的不合理运输。

(2)由于工作失误或计划不周,造成货源不实,车辆空去空回,形成双程空驶。

(3)由于车辆过分专用,无法搭运回程货,只能单程实车,单程回空周转。

2. 对流运输

对流运输又称"相向运输""交错运输",指同一种货物,或彼此间可以互相代用而又不影响管理、技术及效益的货物,在同一线路上或平行线路上作相对方向的运送,而与对方运程的全部或一部分发生重叠交错的运输称对流运输。已经制定了合理流向图的产品,一般必须按合理流向的方向运输,如果与合理流向图指定的方向相反,也属对流运输。

在判断对流运输时需注意的是,有的对流运输是不很明显的隐蔽对流,例如不同时间的相向运输,从发生运输的那个时间看,并无出现对流,可能做出错误的判断,所以要注意隐蔽的对流运输。

3. 迂回运输

迂回运输是舍近取远的一种运输。可以选取短距离进行运输而不办,却选择路程较长路线进行运输的一种不合理形式。迂回运输有一定复杂性,不能简单处之,只有当计划不周、地理不熟、组织不当而发生的迂回,才属于不合理运输,如果最短距离有交通阻塞、道路情况不好或有对噪声、排气等特殊限制而不能采用时发生的迂回,不能称为不合理运输。

4. 重复运输

本来可以直接将货物运到目的地,但是在未达目的地之处,或目的地之外的其他场所将货卸下,再重复装运送达目的地,这是重复运输的一种形式。另一种形式是,同品种货物在同一地点一边运进,同时又一边向外运出。重复运输的最大毛病是增加了非必要的中间环节,这就延缓了流通速度,增加了费用,增大了货损。

5. 倒流运输

倒流运输是指货物从销地或中转地向产地或启运地回流的一种运输现象。其不合理程度要甚于对流运输,其原因在于,往返两程的运输都是不必要的,形成了双程的浪费。倒流运输也可以看成是隐蔽对流的一种特殊形式。

6. 过远运输

过远运输是指调运物资舍近求远,近处有资源不调而从远处调,这就造成可采取近程运输而未采取，拉长了货物运距的浪费现象。过远运输占用运力时间长、运输工具周转慢、物资占压资金时间长、远距离自然条件相差大。又易出现货损，增加了费用支出。

7. 运力选择不当

未选择各种运输工具优势而不正确地利用运输工具造成的不合理现象，常见有以下若干形式。

（1）弃水走陆。在同时可以利用水运及陆运时，不利用成本较低的水运或水陆联运，而选择成本较高的铁路运输或公路运输，使水运优势不能发挥。

（2）铁路、大型船舶的过近运输。不是铁路及大型船舶的经济运行里程却利用这些运力进行运输的不合理做法。主要不合理之处在于火车及大型船舶启运及到达目的地的准备、装卸时间长，且机动灵活性不足，在过近距离中利用，发挥不了运速快的优势。相反，由于装卸时间长，反而会延长运输时间。另外，和小型运输设备比较，火车及大型船舶装卸难度大、费用也较高。

（3）运输工具承载能力选择不当。不根据承运货物数量及重量选择，而盲目决定运输工具，造成过分超载、损坏车辆及货物不满载、浪费运力的现象。尤其是“大马拉小车”现象发生较多。由于装货量小，单位货物运输成本必然增加。

8. 托运方式选择不当

对于货主而言，在可以选择最好托运方式而未选择，造成运力浪费及费用支出加大的一种不合理运输。例如，应选择整车未选择，反而采取零散托运；应当选择直达，而采取了中转运输；应当选择中转运输，而采取了直达运输等都属于这一类型的不合理运输。

（三）提高畜产品运输合理化的措施

1. 合理选择畜产品运输方式、运输路线和运输工具

合理选择畜产品运输方式、运输路线和运输工具，就是在组织畜产品运输时，按照畜产品运输的特点、要求及合理化原则，对所采用的运输路线和运输工具，就其运输的时间、里程、环节、费用等方面进行综合对比计算，消除增大运输时间、里程、环节、费用等各种不合理因素和现象，选择最经济、最合理的运输方式、运输路线和运输工具。

2. 采用直达、直线、直拨运输

（1）直达运输。直达运输是指将畜产品从产地或供应地，直接运送到消费地区、销售单位或主要用户，中间不经过其他经营环节和转换运输工具的一种运输方式。采用这种运输方式运送畜产品，能大大缩短商品待运和在途时间，减少在途损耗，节约运输费用。新鲜畜产品，尤其是易腐易损畜产品的运输，应尽可能采用直达运输方式。有些畜产品，如毛、皮等，虽然耐储运，但由于供销关系比较固定，而且一般购销数量多、运量大、品种单一，采用直达运输方式。在组织畜产品直达运输中，应当和“四就直拨”（就地、就厂、就站、就库直接调拨）的发运形式结合起来，灵活运用，其经济效益会更好。

（2）直线运输。直线运输是指在畜产品运输过程中，从启运地至到达地有两条以上的运输路线时，应选择里程最短、运费最少的运输路线，以避免或减少迂回、绕道等不合理运输现象。

直线运输和直达运输的主要区别在于:直线运输解决的主要是缩短运输里程问题,直达运输解决的主要是减少运输中间环节问题。在实际工作中,把二者结合在一起考虑,会收到双重效果。所以,通常合称直达直线运输。

(3)直拨运输。直拨运输是指调出畜产品直接在产地组织分拨各地,直拨运输一般适用于品种规格比较简单,挑选不大的大宗畜产品运输。

3. 中转运输

中转运输通常是指畜产品集散地的批发机构,将畜产品集中收购起来,然后再分运出去。中转运输也是组织畜产品运输的一种必要方式,有许多功能:可以把分散收购的畜产品集中起来,再根据市场需要转运至各地,有利于畜产品经营单位按计划组织调拨;可以根据畜产品的收购、储存情况和市场需求的缓急程度,正确编制运输计划,提高畜产品运输的计划性;便于选择合理的运输方式、运输路线和运输工具,开展直达、直线、直拨运输,使农产品运输更加合理化。

4. 大力开展联运

联运是指运用两种以上的运输工具的换装衔接,联合完成畜产品从发运地到收货地的运输全过程。联运的最大特点是,畜产品经营部门只办理一次手续即可完成全过程的托运。现阶段我国的联运主要是水陆、水水(江、河、湖、海)、陆陆(铁路、公路)联运和航空、铁路、公路三联运。开展畜产品联运,既适应我国交通运输的客观条件和运输能力,也综合畜产品产销遍布全国、点多面广的特点。只要联运衔接合理,就可缩短待运时间,加速运输过程。

5. 大力发展集装箱运输

集装箱是交通运输部门根据其运输工具的特点和要求,特制的装载商品的货箱。我国铁路运输集装箱有 1～30 t 的几种不同规格。在选用时,要根据畜产品的重量和用以装载的车型来确定,以求装满载足,减少亏吨。

集装箱运输过程机械化、自动化操作程度高,是现代高效运输形式。采用集装箱运输,有利于保证商品安全,简化节约包装,节约装载、搬运费,加快运输速度,便于开展直运和联运。集装箱运输适应畜产品易腐易变的特点和运输要求,应大力发展这种运输方式。

6. 提高运输工具的使用效率和装载技术

运输工具的使用效率,是指实际装运重量与标记载重的比率。提高运输工具使用效率的要求是,既要装足吨位,又要装满容积。这就要求必须提高装载技术。

提高运输工具使用效率和装载技术可以挖掘运输工具潜力,运送更多的商品,降低运输成本,节约运费开支。

7. 推广冷藏链运输

冷藏链运输是指对鲜活畜产品从始发地运送到接收地,每一环节的转运或换装都保持在规定的低温条件下进行。比如鲜鱼的运输,就应用冷藏船运到冷藏汽车,再运到冷藏火车,下站后再用冷藏汽车运到冷库。

冷藏链运输能抑制微生物繁殖和细菌的活动,防止畜产品腐烂变质和减少在途损耗,同时,还能延长其保存期,有利于调节其市场供求。可见,冷藏链运输对于保证畜产品质量,减少畜产品运输损耗,改进畜产品经营很有好处,应该积极推广。

任务三　畜产品的仓储

在现代经济社会中，由于消费的多样化、个性化越来越普遍，使得畜产品的生产和物流活动也愈加复杂化，经济活动和人们生活中的不均衡和不同步现象普遍存在，致使许多动物产品都需要经过一定时间的储存，才能进入消费领域。因此，仓储作为克服产品生产和消费在时间上间隔的一种措施不可缺少。

一、仓储概念

《物流术语》中指出，仓储是指通过仓库对物资进行储存和保管。储存是指保护、管理、储藏物品；保管是指对物品进行保存和数量、质量管理控制活动。仓储是物流的重要基本功能，它和运输一起构成物流的核心基本功能。

畜产品仓储指畜产品离开生产过程，尚未进入流通领域之前，在流通过程中的停留。由于畜产品有产地集中和易腐烂等特点，在畜产品流通的各个环节上都有程度不同地要对畜产品进行仓储，仓储的时间不同、要求不同，可以在产地仓储也可以在销地仓储，可以是现代化的仓储条件，也可以是传统的仓储设施。

二、仓储的功能

1. 保管功能

仓库具有一定的空间，用于储存物品，并根据储存物品的特性配备相应的设备，以保持储存物品完好性。在仓库作业时，还有一个基本要求，就是防止搬运和堆放时碰坏、压坏物品。从而要求搬运器具和操作方法的不断改进和完善，使仓库真正起到储存和保管的作用。

2. 调节功能

调节功能包括调节供需的功能和调节货物运输能力的功能。

(1)调节供需的功能。现代化大生产的形式多种多样，从生产和消费的辩证关系来看，每种产品都有不同的特点，有些产品的生产是均衡的，而消费是不均衡的，还有一些产品生产是不均衡的，而消费却是均衡不断地进行的。要使生产和消费协调起来，这就需要仓库来起“蓄水池”的调节作用。

(2)调节货物运输能力。各种运输工具的运输能力是不一样的。船舶的运输能力很大，海运船一般是万吨级，内河船舶也有几百吨至几千吨的。火车的运输能力较大，每节车皮能装运30～60 t，一列火车的运量最多达几千吨。汽车的运输能力较小，一般每辆车装 4～10 t。它们之间的运输衔接是很困难的，这种运输能力的差异，也是通过仓库进行调节和衔接的。

3. 信息传递功能

现代仓库的功能已处在由保管型向流通型转变的过程之中，即仓库由储存、保管货物的中心向流通、销售的中心转变。仓库不仅要有储存、保管货物的设备，而且还要增加分拣、配套、捆绑、流通加工、信息处理等设置。这样，既扩大了仓库的经营范围，提高了物质的综合利用率，又方便了消费，提高了服务质量。伴随着以上功能的改变，导致了仓库对信息传递的要求。

在处理仓库活动有关的各项事务时，需要依靠计算机和互联网，通过电子数据交换（EDI）和条形码技术来提高仓储物品信息的传输速度，及时而又准确地了解仓储信息，如仓库利用水平、进出库的频率、仓库的运输情况、顾客的需求以及仓库人员的配置等。

三、仓储合理化

1. 仓储合理化的概念

仓储合理化就是用最经济的办法实现仓储的功能。仓储的功能是对需要的满足，实现被储物的“时间价值”，这就必须有一定储量。商品储备必须有一定的量，才能在一定时期内满足需要，这是仓储合理化的前提或本质。所以，合理储存的实质是，在保证储存功能实现前提下尽量少的投入，也是一个投入产出的关系问题。

2. 仓储不合理化的表现

不合理储存保管是在现有条件下可以达到的仓储水平而未达到，从而造成仓储资源浪费、储存时间增加、结构失衡等问题的储存保管形式。具体形式有：

（1）储存保管时间过长。从“时间效用”角度来考察，储存一定时间，效用可能增大，时间继续增加，效用增加就会减缓甚至出现效用降低。对绝大多数物品，过长的储存时间都会影响总效益。

（2）储存保管数量过大。储存数量的增加会引起储存损失增加，而管理能力却不能按比例增加，甚至还可能出现储存量增加到一定程度，损失陡增的现象。

（3）储存保管数量过低。储存数量过低，会严重降低储存对供应、生产、消费的保证能力，储存量低到一定程度，由储存带来的损失超过库损、利息支出损失等。

（4）储存保管条件不足或过剩。储存保管条件不足往往造成储存物品的损失；储存保管条件大大超过需求，使储存物品必须过高地负担储存成本，出现亏损。

（5）储备结构失调。储备结构失调包括以下几个方面：①储存物品的类型、品种、规格失调；②不同类型、品种、规格的物品的储存期失调、储存量失调；③储存物品的储存地域失调。

四、仓储合理化的措施

仓储合理化的含义是用最经济的办法实现储存保管功能，一般来说，有以下六个标志。

1. 质量标志

保管储存物品的质量，是完成储存保管功能的根本要求。在储存中增加了多少时间效用或者得到了多少利润，都是以保证质量为前提的。因此，储存保管合理化的主要标志中，为首的应当是反映使用价值的质量。

2. 数量标志

在保证功能实现前提下，有一个合理的数量范围。目前管理科学的方法已能在各种约束条件下，对合理数量范围做出决策，但是较为实用的还是在消耗稳定、资源及运输可控的约束条件下，所形成的储存数量的控制方法。

3. 时间标志

在保证功能实现前提下，寻求一个合理的储存时间。这是和数量有关的问题，储存量越大而消耗速率越慢，则储存的时间必然长，相反则必然短。在具体衡量时往往用周转速度指标来反映时间标志，如周转天数、周转次数等。

4. 结构标志

结构标志是从储存物品不同类型、品种、规格等的储存数量比例关系对储存合理性的判断，尤其是相关性很强的各种物资之间的比例关系更能反映储存合理与否。

5. 分布标志

分布标志是不同地区储存的数量比例关系，以此判断和当地需求比，对需求的保障程度，也可判断对整个物流的影响。

6. 费用标志

仓租费、维护费、保管费、损失费、资金占用利息支出等，从实际费用上判断储存合理与否。

任务四　畜产品的包装

一、包装的概念与功能

（一）包装的概念

从狭义的角度看，包装有静态与动态之分，静态的包装指为在流通过程中保护产品，方便储运，促进销售，按一定的技术方法所用的容器、材料和辅助物等的总体名称；动态的包装指为达到上述目的在采用容器、材料和辅助物的过程中施加一定技术方法等的操作活动。盛装没有进入流通领域物品的用品不能称之为包装，只能称为“包裹”“箱子”“盒子”“容器”等。

包装除了有包裹承装的功能外，对物品进行修饰，获得受众的青睐才是包装的重要作用。从广义的角度看，一切进入流通领域的拥有商业价值的事物的外部形式都是包装。在生产和流通过程中，包装一般处于生产过程的末尾和物流过程的开头，贯穿于整个物流过程。它是物流活动的基础。没有包装几乎不可能实现物流的其他活动(散货物流除外)。包装的材料、形式、方法以及外形设计会对其他物流环节产生重要的影响。

（二）包装的功能

1. 保护功能

保护功能是包装有保护物品不受损伤的功能，包装的主要目的有四个方面。

(1)防止物品的破损变形。为了防止物品的破损变形，物品包装必须承受在运输配送、储存保管、装卸搬运等过程中的各种冲击、振动、颠簸、压缩、摩擦等外力的作用，形成对外力的保护。

(2)防止物品发生化学变化。为防止物品受潮、发霉、变质、生锈等化学变化，物品包装必须能在一定程度上起到阻隔水分、潮气、光线以及空气中各种有害气体的作用，避免外界不良因素的影响。

(3)防止有害生物对物品的影响。鼠、虫及其他有害生物对物品有很大的破坏性。包装封闭不严，会给细菌、虫类造成侵入之机，导致变质腐败，特别是对畜禽加工产品危害性更大。

(4)防止异物流入，污物污染，物品丢失、散失。

2. 便利、效率功能

包装具有便利流通、方便消费的功能。主要表现在三个方面。

(1)便利配送运输。包装的规格、形状、重量与物品运输关系密切。包装尺寸与运输车辆、船舶、飞机等运输工具箱的仓容积相吻合，方便了运输，提高了运输效率。

(2)便利装卸搬运。物品经过适当的包装后为装卸搬运作业提供了方便，物品的包装便于各种装卸搬运机械的使用，有利于提高装卸搬运机械的生产效率。包装的规格尺寸标准化后为集合包装提供了条件，从而能极大地提高装载效率。

(3)储存保管。从装卸搬运角度上看，物品进、出库时，在包装规格尺寸、重量、形态上适合仓库内的作业，为仓库提供了装卸搬运的方便。从储存保管角度来看，物品的包装为储存保管作业提供了方便条件，便于维护物品本身原有使用价值；包装物的各种标志使仓库的管理者易于识别、易于存取、易于盘点，有特殊要求的物品易于引起注意。从物品验收角度看，易于开包，便于重新打包，为验收提供了方便性。

3. 定量功能

包装具有单位定量或单元化的功能。包装有将商品以某种单位集中的功能，以达到方便物流和方便商业交易等目的。从物流方面来考虑，包装单位的大小要和装卸、保管、运输条件的能力相适应；应当尽量做到便于集中输送以获得最佳的经济效果，同时又要求能分割及重新组合以适应多种装运条件及分货要求。从商业交易方面来考虑，包装单位大小应适合于交易进行的批量，零售商品应适合于消费者的一次购买。

4. 商品功能

包装具有创造商品形象的功能。商品的包装就是企业的面孔，好的商品包装能够在一定程度上提高企业的市场形象。

5. 促销功能

包装具有广告效力，唤起消费者购买欲望。合理的包装有利于促进商品的销售，包装的外部形态是商品很好的宣传品，对客户的购买有一定的刺激作用。

二、包装合理化

(一)包装合理化的概念

包装合理化一方面包括包装总体的合理化，这种合理化往往用整体物流效益与微观物流效益的统一来衡量；另一方面也包括包装材料、包装技术、包装方式的合理组合及运用。

(二)包装不合理的表现

不合理包装是在现有的条件下可以达到的包装水平而未达到，从而造成了包装不足、包装过剩、包装污染等问题。目前一般存在的不合理包装形式有以下几种。

1. 包装不足

包装不足将造成流通过程的损失及降低物流效率，主要包括四个方面。

(1)包装强度不足，导致包装防护性不足，造成被包装物的损失。

(2)包装材料水平不足，由于包装材料选择不当，材料不能很好地承担运输防护及促进销售的作用。

(3)包装容器的层次及容积不足，缺少必要层次与所需体积不足造成损失。

(4)包装成本过低，不能保证有效的包装。

2. 包装过剩

包装过剩主要包括四个方面。

(1)包装物强度设计过高，如包装材料过大，包装方式超过强度要求，使包装防护性过高。

(2)包装材料选择不当，选择过高，如可以用纸板却不用而采用镀锌、镀锡材料等。

(3)包装技术要求过高，如包装层次过多、包装体积过大。

(4)包装成本过高，大大超过减少损失可能获得的利益，同时包装成本在商品成本中比例过高，损害了消费者利益。

3. 包装污染

包装污染主要包括两个方面。

(1)包装材料中大量使用的纸箱、木箱、塑料容器等，要消耗大量的自然资源。

(2)商品包装的一次性、豪华性，甚至采用不可降解的包装材料，对环境造成污染。

三、合理包装

包装合理化是指适应和克服流通过程中的各种障碍，适应物流发展而不断优化，取得最佳经济效益和社会效益，充分发挥包装实体有用功能。包装合理化具体表现在以下几个方面。

1. 智能化

物流信息化发展和管理的一个基础是包装智能化，包装上的信息量不足或错误会直接影响物流各个活动的进行。随着物流信息化程度的提高，包装上除了表明内装物的数量、重量、品名、生产厂家、保质期及搬运储存所需条件等信息外，还应粘贴商品条形码、流通条码等，以实现包装智能化。

2. 标准化

包装标准是针对包装质量和有关包装质量的各个方面，由一定的权威机构所发布的统一的规定。包装标准化可以减少包装的规格型号，提高包装的生产效率，便于被包装物品的识别和计量，包括包装规格尺寸标准化、包装工业产品标准化和包装强度标准化等三个方面内容。

3. 绿色化

绿色包装是指无污染或少污染的符合环保要求的各类包装物品，主要包括纸包装、可降解塑料包装、生物包装和可食用性包装，是包装业发展的主流。

4. 单位大型化

随着交易单位的大量化和物流过程中的装卸机械化，包装大型化趋势也在增强。大型化包装有利于机械的使用，提高物流活动效率。

5. 作业机械化

包装作业机械化是提高包装作业效率、减轻人工包装作业强度，实现省力的基础。包装作业机械化首先从单个包装开始，之后是装箱、封口、挂提手等与外装相关联的作业。

6. 包装轻薄化

由于包装只是起保护作用，对畜产品食用价值没有任何意义，因此，在强度、寿命、成本相同的条件下，更轻、更薄、更小的包装可以提高装卸搬运的效率。而且轻薄短小的包装一般价格比较便宜，如果是一次性包装还可以减少废弃材料的数量。

7. 成本低廉化

包装成本中占比例最大的是包装材料费用。因此，降低包装成本首先应该从降低包装材料费用开始，在保证功能的前提下，尽量降低材料成本。

【思政角】

转眼，已到耳顺之年，2019 年全国教书育人楷模、海南职业技术学院教授李琳娜踏上海南这片热土已整整 30 年。30 年，她实现了教书育人的理想，三尺讲台上只为桃李芬芳；30 年，她升华了职业教育的情怀，携手校企培育人才服务农畜产品电商物流产业发展。

李琳娜认为，“懂农村、懂农业、懂农民”是农村电商人才培养的职业素养核心和课程基础。为此，李琳娜开始带领学生深入农村，和学生们离开校园，坐班车、走山路，在崎岖的山路和泥泞的乡道中跋涉，深入贫困农户家中。在农户家中，他们细数农户家中的自有产品。这家有 5 只鸡，那家有 7 只鹅；这家收了 10 斤的野菜，那家产了 8 斤的绿茶……李琳娜和学生们细细盘点着每家每户的收成，并帮助农户建起微营销平台，把小产品送进城、大产品送出岛。

为了做好农村电商的基层组织工作，李琳娜让学生们与贫困户结对子，帮助贫困户梳理家庭农畜产品，极大地提升了贫困户产品的“进城率”。贫困户农产品的“进城率”提升了，他们的收入也随之增加，但新的问题也开始显现。一些农畜产品受限于保鲜技术，保质时间短，难以开拓更大的市场。李琳娜发现冷链保鲜技术不完备，几乎是海南省各市县农畜产品外销的一大“拦路虎”。

回学校后，李琳娜凭着一贯的“逢山开路，遇水架桥”的工作劲头，开始钻研冷链物流专业。不久后，李琳娜成为省级冷链物流专业带头人，和学生一起继续围绕鲜活农产品交易等，研究解决实际经营中的诸多问题。

李琳娜几年前就到了可以退休的年纪，但她依然选择退而不休，坚守在职业教育的岗位上。“职业教育发展的春天来了，我还有很多没完成的任务。”李琳娜说。“路漫漫其修远兮，吾将上下而求索”。李琳娜把自己的命运和职业教育的发展紧紧相连，一步一个脚印，踏出了电子商务及物流教育的远行之路。

【案例分析】

连云港外贸冷库

一、案例介绍

连云港外贸冷库于 1973 年由外经贸部投资兴建，是我国外贸系统的大型冷藏库之一，由

12 000 t的低温库(−18 ℃)和5 000 t的保鲜库(0 ℃)组成,配备双回路电源。另有3 000 m^2的普通仓库、100多t运力的冷藏车队、年加工能力为1 500 t的冷冻品加工厂。其经营范围为物资储存,商品储存、加工;食用油及制品、副食品、饲料、建筑材料、金属材料的销售、代购、代销、公路运输服务等。

冷库所处区位优越,在连云港港区内,门前公路东接港口,西接宁连、徐连、汾灌高速公路,距离连云港民航机场只有50 km,库内有铁路专用线与亚欧大陆桥东桥头堡相连,毗邻公路、铁路客运站,交通十分便捷。

设备完善的主库和从日本引进的组装式冷库构成了一流的冷冻冷藏条件,保鲜库为国内外客户储存苹果、蒜头、洋葱等果品、蔬菜类保鲜食品。冷冻品加工厂设备完善,质保体系严格,采用恒温避光作业,拥有蔬菜、水产品两条加工生产线,可常年同时加工鲜、冻农副产品及水产品,其富庶仓库在存放商品方面条件优越。

问题:1. 冷库的选址和设计中应注意哪些方面?

2. 冷库管理在冷冻链管理中的地位和作用是什么?

二、案例分析

(一)冷库的选址和设计

冷库的选址和设计主要包括以下方面。

1. 库址选择的基本条件

①经济分析;②交通条件;③周边环境;④地形地质;⑤水电供应。

2. 平面设计的基本要求

①货品流通顺畅、不交叉;生产和进出库运输畅通,作业不干扰,路线短;②符合厂(库)区总平面布局的要求,与其他生产环节和进库货品流向衔接协调;③高低温分区明确,尽可能各自分开;④在温度分区明确、内部间隔合理的前提下,缩小绝热围护层的面积;⑤库房立柱分布整齐,间距一致,结构简单;⑥库房维修方便,并留有库房扩建预留地。

连云港外贸冷库的选址充分考虑了冷库的交通条件和周边环境,所处区位优越,与港口、高速公路、机场、铁路等都很近,交通十分便捷。

(二)冷库管理在冷冻链中的作用

(1)冷库是冷冻链货品的储存和中转地点。

(2)冷库是冷冻链的控制和信息收集地。

(3)冷库包含冷冻链管理的大部分技术。

(4)冷库是冷冻链成本的重要组成部分。

【考核评价】

一、考核题目

现场走访并调查周边某一个畜产品物流(运输或仓储)企业的运营状况,通过对走访调查所收集的第一手资料进行整理和分析,回答如下。

(1)总结物流企业在运输或仓储方面取得的经验。

(2)找出畜产品物流企业不合理运输或仓储的具体表现。

(3)分析加强畜产品运输或仓储合理化的有效措施。

二、评价标准

(1)畜产品物流企业必须了解和掌握并尊重畜产品物流所具有的客观属性和基本特点。

(2)畜产品运输的方式或仓储的功能。

(3)畜产品运输不合理的具体表现;结合畜产品运输方面的成功案例,分析加强畜产品运输合理化的有效措施。

(4)畜产品仓储不合理的具体表现;结合畜产品仓储方面的成功案例,分析加强畜产品仓储合理化的有效措施。

【码上学习】

肉类的贮藏与保鲜技术

鲜蛋的贮藏技术

肉制品的包装

乳制品的包装

物流术语

项目九
养殖企业经济核算与经营效果分析

【先导案例】

2022年是党的二十大召开之年，也是实施“十四五”规划关键之年。2022年的全国两会在初春时节隆重召开。一年一度的两会是民智民意全面表达的发声筒，也是党和国家方针政策整体传达的扬声器，来自全国各地的代表为社会经济发展积极建言献策。那么，两会中关于畜牧行业的“发声”又有哪些值得关注的呢？

全国人大代表徐建贤建议，尽快建立起一套完善的农村金融体系，以促进农村经济结构的调整，缩小城乡差距，最终实现城乡协调发展。徐建贤带来的提案包括明确银行贷款方向，完善农业保险制度以降低贷款风险；创新担保方式，出台相关政策将农民手中所拥有的土地承包经营权、林权、房屋、农业产业建筑物，包括如猪栏、牛栏、鸡舍、鱼塘等，甚至将机械器具、牛、羊、猪等都纳入抵押范围，提高农民的融资能力，消除信用社“惧贷”心理；发挥政策性银行作用。

在全国人大代表的身份之外，徐建贤还是一位在养猪业打拼了十几年的资深养猪达人。在十几年的养猪经历中，徐建贤也见证了养殖业从粗放型到现代化的转变。

徐建贤表示，当前猪价行情持续低迷，上到养殖巨头亏损严重，下到中小养殖户面临生存问题，面对如此形势，他并没有失去信心。在徐建贤看来，疫情风险和市场风险是养殖行业近年来面临的主要挑战。他表示，做养殖业一方面必须要多研究市场，结合自己的实际情况去分析市场，从而去规避风险；另一方面，还是要做好防疫生产，优化管理，降低生产成本，才能形成竞争力。只要把生产做好，管理做细，成本压低，其他交给市场，养猪还是赚钱的行业。

两会中诸如此类有利于养殖企业发展的发声还有很多，养殖企业对于资产、成本、利润等等一些相关概念要有一定的理解，要熟悉掌握企业资产核算、畜产品成本核算、企业利润核算、经营效果分析等一系列方法，只有这样，才能将有利政策内化为养殖企业本身的优势。本章我们将学习有关养殖企业经济核算与经营效果分析的相关内容。

【学习目标】

了解养殖企业经济核算和经营效果分析的作用；理解资产、成本、利润的概念；熟悉经济核算和经营效果分析的内容；掌握企业资产核算的方法、畜产品成本核算的方法、企业利润核算的方法、经营效果分析的方法。

【学习内容】

任务一　养殖企业经济核算概述

一、经济核算的含义

养殖企业经济核算是指对生产过程中物化劳动和活劳动的消耗进行的记录、计算、控制和监督，对经营成果进行考核、对比、分析、评价，提出增收节支和改进经营管理的措施等工作的总称。也就是对养殖企业生产经营中的投入产出、所费所得进行计算、比较、分析、控制和监督等全部工作的总称。简单地说，经济核算工作就是记账、算账、分析、考核等工作。

经济核算的实质是对企业经济活动进行的定量分析，通常以货币作为统一的计量单位，主要借助于会计核算方法，对企业的经济活动经常、连续、全面和系统地进行计算、记录并加以分析，从而能比较准确地向有关各方提供所需要的信息。

经济核算是社会化大生产的客观要求，也是节约劳动时间规律和价值规律的要求，更是贯彻物质利益原则和按劳分配原则不可缺少的手段。经济核算是企业经营管理的一种重要方法。

二、经济核算的作用

1. 有利于企业员工树立降低成本、提高盈利的理念，努力提高企业经济效益

经济核算通过价格、成本、盈利等指标反映生产经营中的商品货币关系，有利于企业员工树立降低成本、提高盈利的理念，调动员工的生产积极性，使他们从自己切身利益上关心企业，努力降低生产消耗，提高经济效益。

2. 有利于正确而及时地反映和监督企业各项经济活动的情况，改善经营管理

经济核算为经营者正确而及时地掌握企业各项经济活动情况，提供可靠的经济信息，有利于检查监督企业各项经济活动的运行，找到企业经营管理的薄弱环节，从而改善经营管理状况。

3. 有利于推动企业先进科学技术和设备的应用

通过经济核算可以发现生产技术与设备中存在的问题，从而有利于推动企业采用先进科学技术和设备，提高生产效率和产品质量，降低各项消耗，达到高产、高效、优质、低耗之目的。

4. 有利于企业财产物资的安全、完整和合理利用

通过核算，真实地反映和监督各项财产物资的管理及使用情况，减少闲置，防止流失，打击经济领域中的不法行为，维护财经纪律和财务制度，保证经济工作的正常运行。

三、经济核算的内容

养殖企业的主要任务是生产经营，因此其经济核算的内容主要包括资产核算、成本费用核算、利润核算。

1. 资产核算

资产核算主要是对流动资产、长期投资、固定资产、无形资产、递延资产和其他资产的核算。

2. 成本费用核算

成本费用核算主要是对生产费用的发生和产品成本形成的核算。

3. 利润核算

利润核算主要是对产品销售利润、营业利润、利润总额等进行核算。

养殖企业经济核算采用一定的实物指标与价值指标，通过会计、统计、业务核算方法，以资产核算和负债核算为基础，以成本核算为中心，以利润核算为最终结果，共同组成畜牧业企业经济核算体系。

任务二 企业资产核算

一、资产的概念

资产是指企业过去的交易或事项形成的、由企业拥有或者控制的、预期会给企业带来经济利益的资源。根据资产的定义，资产具有以下几个方面的特征。

(1)过去：资产是由过去的交易或者事项形成的。

(2)现在：资产应为企业拥有或者控制的资源。

(3)未来：资产预期会给企业带来经济利益。

将一项资源确认为资产，需要符合资产的定义，并同时满足以下两个条件。

(1)与该资源有关的经济利益很可能流入企业。

(2)该资源的成本或者价值能够可靠地计量。

二、资产的分类与核算

资产按其流动性不同，分为流动资产和非流动资产；按是否有实体形态，资产分为有形资产和无形资产。

(一)流动资产的核算

1. 流动资产的概念及特点

流动资产是指可以在一年内或超过一年的一个营业周期内变现或者耗用的资产。流动资产是企业资产的重要组成部分。其价值的货币表现就是流动资金，即垫支在生产领域和流通领域的周转资金。流动资产主要有 3 个特点：第一，占有形态具有变动性；第二，占有数量具有流动性；第三，循环与营业周期具有一致性。流动资产要完成一个从“货币资金→生产资金→产品资金→货币资金”的循环过程，流动资产要通过货币阶段、储备阶段、在产品阶段和产成品阶段(图 9-1)。

2. 流动资产核算内容

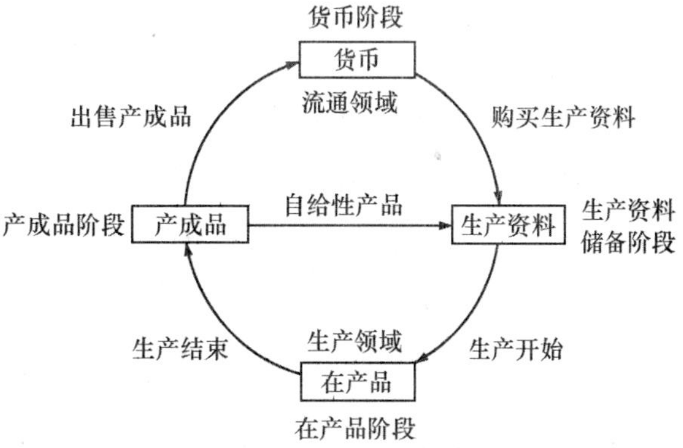

图 9-1 流动资产周转示意图

流动资产核算是指对企业流动资产进行记录、计算、对比、分析、检查等工作的总称。主要内容包括：各类流动资产的分类计价，反映流动资产的数额，确定企业合理的流动资产定额，编制、执行流动资产使用计划以及现金与银行存款的管理和结算；材料物资的采购、验收、领发、保管、使用、清查等制度的建立、执行；对产品正确分类、验质检量、销售和资金回笼；考核流动资产的使用效果等。按照流动资产的构成，流动资产的核算包括：货币资产核算、短期投资核算、往来款项核算、存货核算。

3. 流动资产核算方法

(1)货币资产的核算。货币资产，常称货币资金。货币资金是指企业在生产经营活动中，处于货币形态的那部分资金，按其存放的地点和用途的不同，可分为库存现金、银行存款和其他货币资金。

①库存现金是指存放在企业的现金，包括库存的人民币和各种外币。现金是流动性最大的一种货币资金，企业应加强现金管理，遵守国家关于库存现金核定限额的规定，超过限额应及时送存银行。

②银行存款是指企业存在银行和其他金融机构的货币资金。企业必须按照规定，在当地银行开立结算账户，进行银行存款的存、取核算和转账结算，银行转账结算的方式有七种：银行本票结算、银行汇票结算、商业汇票结算、支票结算、汇兑结算、委托收款结算、异地托收承付结算。

③其他货币资金，主要包括外埠存款、银行汇票存款、银行本票存款、信用卡存款和在途货币资金等。

(2)短期投资的核算。短期投资是指企业购入的各种能够随时变现，持有期不超过一年的有价证券及不超过一年的其他投资，包括各种股票、债券投资等。

(3)往来款项的核算。主要包括应收票据、应收账款、其他应收款和预付货款等。

①应收票据。企业因赊销商品或劳务而形成的票据，一般是指商业汇票。商业汇票是由收款人和付款人(或承兑申请人)签发，承兑人承兑，并于到期日向收款人或被背书人支付款项的票据。其按承兑人的不同，分为商业承兑汇票和银行承兑汇票。

②应收账款是指企业因销售商品或劳务应向购买单位收回而未收回的账款。

③其他应收款，主要指企业发生的各种应收的赔款、罚款、存出保证金、应向职工收取的各种垫付款项。

④预付货款是指企业按购货合同规定预付给销货单位的货款。

(4)存货的核算。存货是指企业在生产经营过程中为销售、生产或耗用而储存的各种物资，包括原材料及辅助材料(饲料、兽药等)、低值易耗品、在产品、幼畜和育肥畜、产成品等存货资产。其特点是不断处于销售和重置，或耗用和重置之中，价值一次转移，随着销售的实现一次得到补偿。

4. 流动资产使用效果的分析

(1)流动资产平均占用额。即一定时期流动资产余额的平均数。

$$\text{月度流动资产平均占用额}=\frac{\text{月初占用额}+\text{月末占用额}}{2}$$

$$\text{年度流动资产平均占用额}=\frac{\text{全年各月平均占用额之和}}{12}$$

流动资产平均占用额越少，流动资产的使用效益越好。

(2)流动资产周转速度。这一指标的含义是指在一定时间内流动资产的周转次数和周转一次所需要的天数(即周转周期)。其计算公式如下。

①流动资产的周转次数：

$$\text{周转次数}=\frac{\text{计算期销售收入总额}}{\text{计算期流动资产平均占用额}}$$

②流动资产的周转周期：

$$\begin{aligned}\text{周转周期(天数)}&=\frac{\text{计算期天数}}{\text{周转次数}}\\&=\frac{\text{流动资产平均占用额}\times\text{计算期天数}}{\text{计算期销售收入总额}}\end{aligned}$$

在一定时期内，周转速度越快，周转次数越多，周转周期越短，流动资产使用效果越好，因此，加快流动资产周转，是合理节约流动资产的关键环节。

(3)流动资产产值率。它是指畜牧企业全年总产值与年流动资产平均占用额之比率。

$$\text{流动资产产值率}=\frac{\text{年总产值}}{\text{年流动资产平均占用额}}\times 100\%$$

流动资产产值率表示了资产占用同生产成果的关系。说明在年流动资产平均占用额不变的情况下，流动资产提供的产值越多，其利用效果越好。

(4)流动资产利润率。这一指标是指年利润总额同年流动资产平均占用额的比率关系。

$$\text{流动资产利润率}=\frac{\text{年利润额}}{\text{年流动资产平均占用额}}\times 100\%$$

流动资产利润率是反映流动资产使用经济效果的综合性指标。当利润额一定的情况下，流动资产周转越快，占用量越少，利润率就越高。

5. 提高流动资产使用经济效果的途径

(1)在采购阶段，根据企业生产规模和生产计划，编制饲料采购计划。做到计划采购，合理储备，防止饲料和生产物资的积压，避免浪费。

(2)在生产阶段。推广和应用先进的科学技术，改良畜禽品种，改善生产条件，缩短畜禽饲养周期，加快畜群周转，提高饲料利用率和劳动生产率。

(3)在销售阶段,坚持以市场为导向,以销定产,促进产品销售。树立品牌意识,提高产品质量,合理运用营销组合策略,及时组织畜禽产品销售,缩短畜禽产品的销售时间。

(4)在结算阶段,坚持“钱货两清”的原则,把应收、暂付款迅速收回,加快资金的回收速度。按计划贷款,既要避免因借入资金的积压而增加贷款费用,又要防止因资金短缺而影响企业正常的生产经营活动,从而影响企业的经济效益。

(二)固定资产的核算

1. 固定资产的概念及确认条件

固定资产是指同时具有下列特征的有形资产:为生产商品、提供劳务、出租或经营管理而持有的;使用寿命超过一个会计年度。

从固定资产的定义看,固定资产具有以下三个特征。

(1)为生产商品、提供劳务、出租或经营管理而持有。企业持有固定资产的目的是生产商品、提供劳务、出租或经营管理,即企业持有的固定资产是企业的劳动工具或手段,而不是用于出售的产品。其中“出租”的固定资产是指企业以经营租赁方式出租的机器设备类固定资产,不包括以经营租赁方式出租的建筑物,后者属于企业的投资性房地产,不属于固定资产。

(2)使用寿命超过一个会计年度。固定资产的使用寿命,是指企业使用固定资产的预计期间,或者该固定资产所能生产产品或提供劳务的数量。通常情况下,固定资产的使用寿命是指使用固定资产的预计期间,比如自用房屋建筑物的使用寿命表现为企业对该建筑物的预计使用年限。对于某些机器设备或运输设备等固定资产,其使用寿命表现为以该固定资产所能生产产品或提供劳务的数量,如汽车或飞机等,按其预计行驶或飞行里程估计使用寿命。

(3)固定资产是有形资产。固定资产具有实物特征,这一特征将固定资产与无形资产区别开来。有些无形资产可能同时符合固定资产的其他特征,如无形资产为生产商品、提供劳务而持有,使用寿命超过一个会计年度,但是由于其没有实物形态,所以不属于固定资产。

固定资产在符合定义的前提下,应当同时满足以下两个条件,才能加以确认。

(1)与该固定资产有关的经济利益很可能流入企业。资产最重要的特征是预期会给企业带来经济利益。企业在确认固定资产时,需要判断与该项固定资产有关的经济利益是否很可能流入企业。如果与该项固定资产有关的经济利益很可能流入企业,并同时满足固定资产确认的其他条件,那么企业应将其确认为固定资产;否则不应将其确认为固定资产。

(2)该固定资产的成本能够可靠地计量。成本能够可靠地计量是资产确认的一项基本条件。企业在确定固定资产成本时必须取得确凿证据,但是,有时需要根据所获得的最新资料,对固定资产的成本进行合理的估计。比如,企业对于已达到预定可使用状态但尚未办理竣工决算的固定资产,需要根据工程预算、工程造价或者工程实际发生的成本等资料,按估计价值确定其成本,办理竣工决算后,再按照实际成本调整原来的暂估价值。

2. 固定资产的分类

根据不同的管理需要和核算要求以及不同的分类标准,可以对固定资产进行不同的分类,在实际工作中,通常是结合固定资产的经济用途、使用情况和产权关系等因素对固定资产综合分为以下七类。

(1)生产用固定资产，是指直接参加生产经营过程或直接服务于生产经营过程的在用固定资产。包括房屋、建筑物、动力设备、传导设备、工作机器及设备、工具、仪器及生产用具、运输设备、管理用具及其他生产经营用固定资产。

(2)非生产用固定资产，是指用于生产经营活动以外的各种在用固定资产。包括用于住宅、公用事业、文化生活、卫生保健以及其他非生产经营场所使用的房屋、建筑物、设备和用具等。

(3)租出固定资产，是指企业在经营租赁方式下出租给外单位使用的固定资产。

(4)未使用固定资产，是指尚未使用的新增固定资产，调入尚待安装的固定资产，正在改建扩建中的固定资产，经批准停止使用的固定资产。

(5)不需用固定资产，是指本单位不需用，经批准处理的固定资产。

(6)租入固定资产，是指企业除短期租赁和低价值资产租赁租入的固定资产，在租赁期内，应作为使用权资产进行核算与管理。

(7)土地，是指过去已经单独入账的土地。因征地而支付的补偿费，应计入与土地有关的房屋、建筑物价值内，不单独作为土地价值入账。企业取得的土地使用权，应作为无形资产管理，不作为固定资产管理。

3. 固定资产的计价

正确确定固定资产的价值，是进行固定资产核算和管理的需要。固定资产计价的方法包括对原始价值进行计价，对重置完全价值进行计价，对净值进行计价。

(1)对原始价值进行计价，原始价值指企业购建某项固定资产并使其达到可供使用状态前所发生的一切合理必要的支出。

(2)对重置完全价值进行计价，重置完全价值指在现时的生产技术和市场状况下重新购建同样固定资产所需要的全部支出。

(3)对净值进行计价，净值指固定资产原始价值或重置完全价值减去累计已提折旧后的净额。

固定资产计价是以货币为计量单位来计量固定资产价值的过程，计价的正确与否不仅关系到固定资产的管理及核算水平，同时还关系到企业的收入与费用是否配比合理以及经营成果的核算是否真实。

4. 固定资产的折旧

固定资产折旧是指固定资产在使用过程中损耗的价值。引起固定资产损耗的原因有两种：一是由于固定资产在生产经营中使用和受自然力影响而引起的使用价值和价值的损失，称之为有形损耗；二是由于劳动生产率提高或科学技术的进步引起原有固定资产提前淘汰而造成的损失，称为无形损耗。

目前科学技术的发展缩短了固定资产更新换代的周期，为了加速固定资金的周转，本着多提取快收回的原则，计提固定资产的折旧采取下面几种方法。

(1)平均年限法。平均年限法是按固定资产预计使用年限平均计算折旧的方法。

$$\text{固定资产年折旧率}=\frac{1-\text{预计净残值率}}{\text{预计使用年限}}\times 100\%$$

$$固定资产月折旧率=\frac{固定资产年折旧率}{12}$$

$$固定资产月折旧额=固定资产原值\times月折旧率$$

$$预计净残值率=\frac{预计净残值}{固定资产原值}\times100\%$$

$$预计净残值=预计残值-预计清理费用$$

固定资产的净残值率按照固定资产原值的3%～5%确定。

例:某商品猪场修建一栋猪舍,其原值为50 000元,确定净残值率为4%,预计使用10年,试计算其年折旧率、年折旧额、月折旧率和月折旧额。

解:

$$年折旧率=\frac{1-预计净残值率}{预计使用年限}\times100\%=\frac{1-4\%}{10}\times100\%=9.6\%$$

$$年折旧额=原值\times年折旧额=50\ 000\times9.6\%=4\ 800(元)$$

$$月折旧率=年折旧率\div12=9.6\%\div12=0.8\%$$

$$月折旧额=原值\times月折旧率=50\ 000\times0.8\%=400(元)$$

(2)工作量法。工作量法是按固定资产的预计全部工作量来计算折旧的方法。

①按行驶里程计算折旧。

$$单位里程折旧额=\frac{固定资产原值\times(1-预计净残值率)}{规定总行驶里程}$$

$$月折旧额=单位里程折旧额\times本月实际行驶的里程数$$

此方法适用于运输工具计提折旧。

②按工作时间计算折旧。

$$单位工作小时折旧额=\frac{固定资产原值\times(1-预计净残值率)}{规定总工作小时}$$

$$月折旧额=单位工作小时折旧额\times本月实际工作小时$$

此方法一般适用于某些价值较大、又不经常使用的大型专用设备计提折旧。

③按产量计算折旧。

$$单位产量折旧额=\frac{固定资产原值\times(1-预计净残值率)}{预计总产量}$$

$$月折旧额=单位产量折旧额\times本月实际产量$$

此方法一般适用于价值比较大的种畜、产畜和役畜计提折旧。

例:某畜禽养殖场自筹资金购置一套配合饲料加工机械,该机械原值50万元,预计净残值率4%,预计工作32 000 h报废,该机械本月实际工作60 h,试计算每小时应计提折旧额和本月应计提的折旧额。

解：

$$单位工作小时折旧额=\frac{原值\times(1-预计净残值率)}{规定总工作小时}=\frac{500\ 000\times(1-4\%)}{32\ 000}=15(元)$$

$$月折旧额=单位工作小时折旧额\times本月实际工作小时=15\times 60=900(元)$$

(3)双倍余额递减法。这是一种加速折旧的方法。不考虑固定资产净残值，用双倍直线折旧率乘以固定资产期初账面净值，来计算各期固定资产折旧额。

$$双倍直线年折旧率=2\times\frac{1}{折旧年限}\times 100\%$$

$$年折旧额=年初固定资产账面净值\times双倍直线年折旧率$$

为简便起见，现行会计制度规定，固定资产计提折旧采用双倍余额递减法时，应当在其固定资产折旧年限到期前两年，将固定资产账面净值扣除预计净残值后的净额平均摊销。

例：某畜禽企业购置一套自动化电子设备原值 46 000 元，预计净残值 1 000 元，预计使用 5 年报废更新，试用双倍余额递减法计算各年折旧额。

解：各年折旧额，见表 9-1。

$$双倍直线年折旧率=2\times\frac{1}{折旧年限}\times 100\%=\frac{2}{5}\times 100\%=40\%$$

表 9-1 各年折旧额计算表 元

年次	期初账面价值	双倍折旧率	年折旧额	累计折旧额	期末账面价值
1	46 000	40%	46 000×40%=18 400	18 400	27 600
2	27 600	40%	27 600×40%=11 040	29 440	16 560
3	16 560	40%	16 560×40%=6 624	36 064	9 936
4	9 936	—	(9 936−1 000)÷2=4 468	40 532	5 468
5	5 468	—	(9 936−1 000)÷2=4 468	45 000	1 000

(4)年数总和法。年数总和法是指用固定资产原值减去预计残值后的净额，乘以一个逐年递减的分数(称为折旧率)，计算固定资产折旧额的一种方法，是一种加速折旧的方法。残值是指固定资产报废时预计可收回的价值；净残值是指固定资产报废时，残值减去应支付的固定资产清理费用后的那部分价值。折旧率是根据固定资产使用年限计算出来的一个递减分数，分数的分子表示固定资产尚可使用的年数，分母表示使用年数的逐年数字的总和。年数总和法由此得名。其计算公式为：

$$年折旧率=\frac{尚可使用年限}{预计使用年限的年数总和}\times 100\%$$

$$年折旧额=(固定资产原值-预计净残值)\times年折旧率$$

例：以前例资料为例，采用年数总和法计算各年折旧率和折旧额。

解：各年折旧率、折旧额，见表 9-2。

表 9-2　各年折旧率、折旧额表　　元

年份	原值－净残值	尚可使用年限	年折旧率	年折旧额	累计折旧额
1	45 000	5	5/15	15 000	15 000
2	45 000	4	4/15	12 000	27 000
3	45 000	3	3/15	9 000	36 000
4	45 000	2	2/15	6 000	42 000
5	45 000	1	1/15	3 000	45 000

其中：折旧率的分母为 5＋4＋3＋2＋1＝15；分子第一年为 5，第二年为 4，第三年为 3，第四年为 2，第五年为 1。

双倍余额递减法和年数总和法属于加速折旧的方法，主要适用于升级换代快的固定资产。

5. 固定资产使用效果的分析

(1)固定资产利用率。固定资产利用率是表明固定资产实际利用程度的指标。

$$固定资产利用率=\frac{企业在用全部固定资产原值}{企业拥有全部固定资产原值}\times 100\%$$

(2)固定资产产值率。这是指企业在一定时期内(一般以年计算)实现的总产值与固定资产平均原值的比率，也可用百元固定资产提供的产值来表示。

$$年固定资产产值率=\frac{全年总产值}{全年固定资产平均原值}\times 100\%$$

$$百元固定资产提供的产值=\frac{全年总产值}{百元年固定资产平均原值}\times 100$$

固定资产产值率越大，固定资产的利用效果就越好；反之则差。

(3)固定资产利润率。这是指企业在一定时期(一般以年计算)内所获得的利润总额与拥有的固定资产平均原值的比率。

$$年固定资产利润率=\frac{全年利润总额}{全年固定资产平均原值}\times 100\%$$

固定资产利润率越大，固定资产利用效果越好。利润的多少直接反映企业经营管理水平的高低。

6. 提高固定资产利用效果的途径

这是一项综合性的管理工作，提高固定资产利用效果的途径可归纳为以下几个主要方面：①根据需要合理购置，不要积压浪费。②搞好日常维修保养工作，使其经常保持良好的技术状态。③科学使用、综合利用，扩大作业项目，一机多用，均衡利用。④定期盘查，及时处理无用的固定资产，尽量减少占用。⑤随着科技的发展和生产的需要，不断更新固定资产，以提高产品产出率，降低生产成本。

（三）无形资产、递延资产和其他资产的核算

1. 无形资产

无形资产是指企业拥有或者控制的没有实物形态的可辨认非货币性资产。包括专利权、商标权、著作权、土地使用权、非专利技术、特许权等。无形资产具有以下特点：①具有资产基本特征；②不具有实物形态；③具有可辨认性；④属于非货币性资产。商誉无法与企业自身分离而存在，不具有可辨认性，不属于无形资产。

2. 递延资产

递延资产是指不能全部计入当年损益，应在以后年度内分期摊销的各项费用。包括开办费、土地开发费、固定资产修理支出、租入固定资产改良支出以及摊销期限在一年以上的其他待摊费用。

企业设置“递延资产”账户，对递延资产的发生和摊销情况进行核算。递延资产是一种长期待摊费用，在以后年度分期摊入管理费用或制造费用。

3. 其他资产

其他资产是指不能参加企业生产经营活动的长期资产。包括特准储备物资、银行冻结存款、冻结物资、涉及诉讼中的财产等。

其他资产对大部分企业来说很少发生，在会计核算上，没有设置专门的账户进行核算。其他资产应在资产负债表中分项列示，单独反映。

任务三　畜产品生产成本与利润的核算

一、畜产品生产成本的核算

（一）畜产品成本核算的有关概念

1. 畜产品成本

畜产品成本是指畜牧养殖企业或其他生产经营单位为生产一定种类和数量的畜产品所发生的直接材料费、直接人工费、直接其他费用和制造费用的总和，又称畜产品制造成本。

2. 生产费用

生产费用是指企业在一定时间内发生于生产中的各项耗费和支出的总和。包括生产中所消耗的原材料、燃料、动力、支付的工资、提取的福利费、折旧费、修理费和其他支出。

要正确核算产品成本，必须分清产品成本和生产费用之间的关系。二者既有联系又有区别。其主要联系是：产品成本和生产费用都是在生产经营中为生产一定的畜产品而发生的耗费和支出，它们在经济内容上是一致的。但是它们又有一定的区别，表现在：①包括的内容不同。畜产品成本只包括畜产品生产过程中所发生的费用，不包括与产品生产过程无关的费用；费用则是企业在生产经营过程中所发生的全部耗费和支出，既包括形成畜产品成本的费用，又包括不形成畜产品成本的费用，可见，一定时期的产品成本，并不等于该时期的费用发生额。

②归集的方法和原则不同。产品成本是以“对象”(即成本核算的对象)为基础，按权责发生制的原则归集该对象所发生的各项费用，即凡是应由本期产品负担的费用，不论是否在本期发生，都应计入本期产品成本，如预提费用；凡是不应由本期产品负担的费用，虽然在本期发生，也不应计入本期产品成本，如待摊费用。费用的归集，则是以“时期”为基础，归集企业在一定时期内所发生的各项费用。归集的原则是本期是否已支付或发生，凡是本期实际已经支付或发生的，都应计入本期费用总额。

3. 期间费用

期间费用是指不能直接归属于特定产品成本的费用，主要包括：管理费用、财务费用、销售费用。这些费用容易确定其发生的期间，而不能直接判断其应归属的产品，与生产无直接联系，因而在发生的当期从当期的损益中扣除，都不计入产品成本。

4. 产品成本核算

产品成本核算以一定的产品或劳务为对象，对所发生的生产费用进行归集和分配，以确定产品实际总成本和单位成本的程序和方法。

产品成本核算是成本管理的基础。正确地组织产品成本核算对提供真实的成本信息，为产品定价、存货计价、计算盈亏、加强成本管理、提高经济效益具有重要意义。搞好畜产品成本的经济核算，是加强畜牧业经济核算的中心环节。

(二)成本核算的原则

1. 分期性原则

企业生产经营活动在时间上是持续不断的，为了取得一定期间内的成本信息，必须把持续不断的生产经营活动人为地划分为若干个期间。在实际工作中成本核算的分期与会计报告期一致，但不一定与成本计算期一致。

2. 配比性原则

配比性是企业在确定本期收入时，还得确认应由本期成本负担的费用，以便将收入和费用相配比，正确确定某一会计期间的盈亏。

3. 适应性原则

适应性是指产品成本计算必须适应企业的生产特点。构成企业成本计算方法的因素有成本计算对象、成本计算期、费用归集的程序和方法、产成品和在产品的成本划分，这些因素与企业生产特点决定的生产类型有密切关系，从企业生产实际出发，选择与其相适应的成本计算方法，是正确组织企业成本核算的重要原则。

4. 一贯性原则

一贯性是指企业成本核算方法前后各期保持一致。在成本核算中保持一贯性原则，能够保证各期成本信息的口径一致，相互可比，并可避免弄虚作假，人为调节各期成本水平，以保证成本核算的正确性。

5. 重要性原则

重要性是指组织成本核算时，应按其重要程度，确定核算重点，对重点力求精确。

6. 实际成本计价原则

按实际成本计价是指耗用资产按其取得时的实际成本计算，或享受服务按应负担的实际支出计算。

7. 效益性原则

成本核算中，坚持效益性原则就是要讲求效益分析。即成本核算工作所花的劳动，要为管理提供有用的信息，并提高经济效益。

（三）成本核算的基本要求

1. 正确划分应计入产品成本和不应计入产品成本的费用界限

凡是构成产品实体的费用应按实际发生额直接计入成本计算对象，如直接材料、直接人工等。凡是有助于产品的制造完成而共同发生的费用，须按一定标准分配计入各成本计算对象，如制造费用等。在一个会计期间发生的管理费用、财务费用和销售费用，应单独核算转入利润，不计入产品成本。与本企业生产经营活动无关的各项支出，均不得计入企业产品成本。哪些费用应计入产品成本，哪些费用不应计入产品成本，国家都有明确规定，企业必须严格遵守。把不应该计入产品成本的费用计入产品成本，是破坏国家财经纪律的非法行为。

2. 正确划分各个月份的费用界限

企业必须按月结算费用并据以计算产品成本。对于应计入产品成本的费用，必须分清由本期产品负担，还是由以后各期产品成本负担，凡应由本期产品成本负担的费用，都应全部计入本期产品成本；不由本期产品成本负担的费用，应根据权责发生制原则，在以后各期分配计入。

3. 正确划分各种产品的费用界限

为了正确地计算各种产品的成本，应由本期产品成本负担的费用还必须在各种产品之间划分。凡能分清应由某种产品成本负担的费用，直接计入该种产品的成本；不能分清由哪种产品负担的费用，应采用适当方法加以分配计入各种产品成本。

4. 正确划分完工产品与在产品的费用界限

月末将各项费用计入各种产品成本之后，还应当采用适当的分配方法在完工产品与月末在产品之间进行分配，以便正确计算完工产品成本和月末在产品成本。

5. 正确地确定财产物资的计价和价值的结转方法

为了正确地计算产品成本，对于各种财产物资的计价和价值的结转，以及各项费用的分配，应规定科学、合理、简便、易行的方法。

（四）成本核算的项目

据现行财务制度的规定，企业采用制造成本法计算产品成本。在制造成本法下，成本核算的项目如下。

1. 直接材料

直接材料指企业生产过程中直接用于产品生产实际消耗的各种原材料，如饲料费、辅助材料如兽药疫苗、外购半成品购入的仔畜雏禽、燃料、动力等。

2. 直接人工

企业生产过程中直接从事产品生产人员的工资、奖金、各项补贴以及按国家规定提取的职工福利费。

3. 制造费用

企业各个生产单位(分厂、车间)为组织和管理生产所发生的各种间接费用,包括管理人员工资及福利费、固定资产的折旧费、修理费、办公费、水电费、差旅费、机物料消耗、劳动保护费等。

在实际计算产品成本时,直接材料费和直接人工费直接计入产品成本,制造费用采用一定的标准分配计入产品成本。制造费用的分配可采用的标准:生产工时、定额工时、机器工时、直接人工费、实际产量等。

(五)成本核算的程序

(1)正确确定产品成本核算的对象。

(2)严格审查和控制发生的各项费用,分清产品成本费用和非产品费用的界限,确定应计入产品成本的费用。

(3)正确归集和分配成本费用,将计入本期产品成本的各种费用,在各种产品之间按照成本项目进行归集和分配,计算出各种产品成本。

(4)将计入各种产品的成本,在本期完工产品和期末在产品之间进行分配和归集,计算出完工产品总成本和单位成本。

产品成本计算的过程实际上是在生产中发生的各项费用的归集和分配,再归集和再分配的过程。

(六)成本核算的方法

畜产品成本核算的方法有分群核算和混群核算两种。随着畜牧业生产的商品化、自动化、专业化程度的日益提高,目前主要采用分群核算的方法计算畜产品成本。分群核算时将不同的群别作为成本计算的对象,具体的计算方法如下。

1. 养猪业产品成本的计算

主要是基本猪群、2～4 个月幼猪、4 个月以上的幼猪、育肥猪的产品成本计算。

(1)基本猪群的产品成本计算。基本猪群包括种公猪、基本母猪、检定母猪和 2 个月以内的仔猪。基本猪群的主产品为母猪繁殖的仔猪,副产品为厩肥和 2 个月以内仔猪死亡后所得的残值。基本猪群需要计算的成本指标包括:2 个月以内仔猪增重单位成本、2 个月以内仔猪活重单位成本和基本猪群饲养日成本。其计算公式如下:

$$2\text{个月以内仔猪增重单位成本}=\frac{\text{基本猪群饲养费用}-\text{副产品的价值}+\text{死亡产畜价值}}{\text{出生活重量}+\text{出生后2个月内增重量}}$$

$$2\text{月内仔猪活重单位成本}=\frac{\begin{matrix}\text{期初存栏2月}\\\text{内仔猪价值}\end{matrix}+\begin{matrix}\text{基本猪群}\\\text{饲养费用}\end{matrix}-\begin{matrix}\text{副产品}\\\text{价值}\end{matrix}+\begin{matrix}\text{死亡产}\\\text{畜价值}\end{matrix}}{\begin{matrix}\text{期末存}\\\text{栏活重}\end{matrix}+\begin{matrix}\text{期内离群活重}\\\text{(不包括死畜重)}\end{matrix}}$$

$$\text{基本猪群饲养日成本}=\frac{\text{基本猪群饲养费用}}{\text{基本猪群饲养头日数}}$$

(2)2～4 个月幼猪、4 个月以上幼猪和育肥猪的产品成本计算。它们的主产品是增重,副

产品有厩肥、猪鬃和死畜的价值,需要分别计算这两个猪群的增重成本、活重成本和饲养日成本。其计算公式如下:

$$\text{幼猪和育肥猪增重单位成本}=\frac{\text{该群饲养费用}-\text{副产品价值}}{\text{该群增重量}}$$

$$\text{该群的增重量}=\begin{matrix}\text{该群期末}\\\text{存栏活重}\end{matrix}+\begin{matrix}\text{本期离群活重}\\\text{(包括死畜重)}\end{matrix}-\begin{matrix}\text{期初存栏、期内}\\\text{转入和购入活重}\end{matrix}$$

$$\begin{matrix}\text{幼猪和育肥猪}\\\text{活重单位成本}\end{matrix}=\frac{\begin{matrix}\text{期初存栏价值}\\\text{(期初活重总成本)}\end{matrix}+\begin{matrix}\text{该群饲养费用}\\\text{(本期增重总成本)}\end{matrix}+\begin{matrix}\text{购入转入}\\\text{的总成本}\end{matrix}-\begin{matrix}\text{副产品}\\\text{的价值}\end{matrix}}{\begin{matrix}\text{该群期末}\\\text{存栏活重}\end{matrix}+\begin{matrix}\text{期内离群活重}\\\text{(不包括死畜重)}\end{matrix}}$$

$$\text{某猪群饲养日成本}=\frac{\text{该猪群饲养费用}}{\text{该猪群饲养头日数}}$$

2. 养牛业产品成本的计算

养牛业包括养奶牛和养肉用牛。现以养奶牛为例来说明养牛业的产品成本计算。

基本牛群的主产品是牛奶和繁殖的犊牛,副产品是厩肥和脱落的牛毛。基本牛群的全部饲养费用减去副产品价值,即为主产品成本。由于基本牛群的主产品有牛奶和犊牛 2 种,因此还需要把主产品的全部成本在两种主产品之间进行分配。根据测算,母牛在生产犊牛前 100 d 内消耗在犊牛发育上的饲料单位,相当于母牛正常生长状况下生产 100 kg 牛奶消耗的饲料单位,所以通常将一头犊牛折合为 100 kg 牛奶。其单位成本的计算公式如下:

$$\text{每千克牛奶成本}=\frac{\text{基本牛群饲养费用}-\text{副产品价值}}{\text{牛奶总产量}+\text{出生犊牛头数}\times 100}$$

$$\text{每头犊牛成本}=100\times\text{每千克牛奶成本}$$

$$\text{牛奶总成本}=\text{牛奶总产量}\times\text{每千克牛奶成本}$$

$$\text{犊牛总成本}=\text{出生犊牛头数}\times\text{每头犊牛成本}$$

犊牛群和幼牛群的主产品是增重(或生长量),副产品是厩肥及死畜的皮毛等。计算这两个牛群的成本,要分别计算增重成本、活重成本和饲养日成本,其计算方法与幼猪和育肥猪基本相同。

3. 养羊业产品成本的计算

养羊业包括养绵羊、养山羊、养奶山羊等。奶山羊的产品成本计算与奶牛基本相同。山羊的产品成本计算与绵羊相似。现以养绵羊为例来说明养羊业的产品成本计算。

基本羊群的主产品是羊毛和羊羔,副产品是羊奶、羊粪和对外配种收入,本年生幼羊和往年生幼羊的主产品是增重和羊毛,副产品是死亡幼羊的皮张等;去势羊和非种用公羊的主产品是羊毛,副产品是羊粪。各羊群的饲养费用减去副产品价值,就是各羊群的主产品总成本,总成本除以主产品总产量即为主产品的单位成本。

4. 养禽业产品成本的计算

养禽业包括养鸡、养鸭、养鹅等。进行养禽业的生产成本计算,应按家禽类别和群别分别计算各类和各群家禽的主产品成本。

（1）基本禽群的成本计算。基本禽群的主产品是禽蛋，副产品是羽毛和禽粪。从基本禽群的全部饲养费用中减去副产品价值，即为主产品总成本，除以禽蛋产量，即为主产品的单位成本。其计算公式如下：

$$\text{每千克禽蛋成本}=\frac{\text{基本禽群饲养费用}-\text{副产品价值}}{\text{禽蛋总产量}}$$

（2）幼禽和育肥禽的成本计算。幼禽和育肥禽的主产品是增重，副产品是育肥禽所产的蛋、羽毛及禽粪。从幼禽和育肥禽的全部饲养费用中减去副产品价值后，再除以增重，即为增重单位成本。由于幼禽和育肥禽数量大，增重称量比较麻烦。为了简化手续，一般只计算每只幼禽和育肥禽的成本。其计算公式如下：

$$\text{每只幼禽或育肥禽成本}=\frac{\text{该禽群期初的全部价值}+\text{购入和转入的价值}+\text{本期饲养费用}-\text{副产品的价值}}{\text{期末存栏只数}+\text{期内离群只数（不包括死禽）}}$$

（3）人工孵化成本计算。人工孵化生产过程是从种蛋入孵至雏禽孵出一昼夜为止。其主产品是孵出一昼夜成活的雏禽，副产品是废蛋。从全部孵化的费用中减去副产品价值后，再除以成活一昼夜的雏禽只数，即为每只雏禽的成本。其计算公式如下：

$$\text{每只雏禽成本}=\frac{\text{全部孵化费用}-\text{副产品价值}}{\text{成活一昼夜的雏禽只数}}$$

二、企业利润的核算

（一）利润的概念

利润是企业在一定时期的经营成果，是企业一定时期从事生产经营活动、投资活动及其他非经营活动取得的收益，在数量上等于企业全部收入抵补全部支出后的余额。如果企业在一定时期的全部收入不足以抵补全部支出，就表现为亏损。

（二）利润的构成与核算内容

利润包括收入减去费用后的净额、直接计入当期利润的利得和损失等。利得，是指由企业非日常活动所形成的、会导致所有者权益增加的、与所有者投入资本无关的经济利益的流入。损失，是指由企业非日常活动所发生的、会导致所有者权益减少的、与向所有者分配利润无关的经济利益的流出。

1. 营业利润

营业利润＝营业收入－营业成本－税金及附加－销售费用－管理费用－研发费用－财务费用＋其他收益＋投资收益（－投资损失）＋净敞口套期收益（－净敞口套期损失）＋公允价值变动收益（－公允价值变动损失）－信用减值损失－资产减值损失＋资产处置收益（－资产处置损失）

（1）营业收入是指企业经营业务所实现的收入总额，包括主营业务收入和其他业务收入。

（2）营业成本是指企业经营业务所发生的实际成本总额，包括主营业务成本和其他业务成本。

(3)研发费用是指企业计入管理费用的进行研究与开发过程中发生的费用化支出,以及计入管理费用的自行开发无形资产的摊销。

(4)其他收益主要是指与企业日常活动相关,除冲减相关成本费用以外的政府补助,以及其他应计入其他收益的内容。

(5)投资收益(或投资损失)是指企业以各种方式对外投资所取得的收益(或损失)。

(6)公允价值变动收益(或公允价值变动损失)是指企业交易性金融资产等公允价值变动形成的应计入当期损益的利得(或损失)。

(7)信用减值损失是指企业计提各项金融资产信用减值准备所确认的信用损失。

(8)资产减值损失是指企业计提有关资产减值准备所形成的损失。

(9)资产处置收益(或资产处置损失)反映企业出售划分为持有待售的非流动资产(金融工具、长期股权投资和投资性房地产除外)或处置组(子公司和业务除外)时确认的处置利得或损失,以及处置未划分为持有待售的固定资产、在建工程、生产性生物资产及无形资产而产生的处置利得或损失,还包括非货币性资产交换中换出非流动资产产生的利得或损失。

2. 利润总额

利润总额=营业利润+营业外收入-营业外支出

其中,营业外收入是指企业发生的与日常活动无直接关系的各项利得,营业外支出是指企业发生的与日常活动无直接关系的各项损失。

3. 净利润

净利润=利润总额-所得税费用

其中,所得税费用是指企业确认的应从当期利润总额中扣除的所得税费用。

(三)营业外收入与营业外支出

1. 营业外收入核算内容

(1)非流动资产毁损报废收益,指因自然灾害等发生毁损、已丧失使用功能而报废非流动资产所产生的清理收益。

(2)与企业日常活动无关的政府补助,指企业从政府无偿取得货币性资产或非货币性资产,且与企业日常活动无关的利得。

(3)盘盈利得,指企业对现金等资产清查盘点时发生盘盈,报经批准后计入营业外收入的金额。

(4)捐赠利得,指企业接受捐赠产生的利得。

2. 营业外支出核算内容

(1)非流动资产毁损报废损失,指因自然灾害等发生毁损、已丧失使用功能而报废非流动资产所产生的清理损失。

(2)捐赠支出,指企业对外进行捐赠发生的支出。

(3)盘亏损失,主要指对于财产清查盘点中盘亏的资产,查明原因并报经批准计入营业外支出的损失。

(4)非常损失，指企业对于因客观因素(如自然灾害等)造成的损失，扣除保险公司赔偿后应计入营业外支出的净损失。

(5)罚款支出，指企业支付的行政罚款、税务罚款，以及其他违反法律法规、合同协议等而支付的罚款、违约金、赔偿金等支出。

(四)所得税费用

企业的所得税费用包括当期所得税和递延所得税两部分，其中，当期所得税是指当期应交所得税。递延所得税包括递延所得税资产和递延所得税负债。

1. 应交所得税

应交所得税是指企业按照企业所得税法规定计算确定的针对当期发生的交易和事项，应交纳给税务部门的所得税金额，即当期应交所得税。

应纳税所得额是在企业税前会计利润(即利润总额)的基础上调整确定的，计算公式为：

应纳税所得额＝税前会计利润＋纳税调整增加额－纳税调整减少额

纳税调整增加额主要包括企业所得税法规定允许扣除项目中，企业已计入当期费用但超过税法规定扣除标准的金额，包括以下几种：

(1)超过工资总额14％部分的职工福利费。

(2)超过工资总额2％部分的工会经费。

(3)超过工资总额8％部分的教育经费。

(4)超过规定标准的业务招待费(营业收入0.5％，发生额60％)。

(5)超过利润总额12％部分的公益性捐赠。

(6)超过年营业收入15％部分的广告费和业务宣传费。

(7)税收滞纳金、罚金、罚款等。

纳税调整减少额主要包括按企业所得税法规定允许弥补的亏损和准予免税的项目，如前5年内未弥补亏损和国债利息收入等。

企业当期应交所得税的计算公式为：

应交所得税＝应纳税所得额×所得税税率

2. 所得税费用

企业根据企业会计准则的规定，计算确定的当期所得税和递延所得税之和，即为应从当期利润总额中扣除的所得税费用。即：

所得税费用＝当期所得税＋递延所得税

递延所得税＝(递延所得税负债的期末余额－递延所得税负债的期初余额)－(递延所得税资产的期末余额－递延所得税资产的期初余额)

(五)衡量经营效果的经济指标

在经济核算分析和考核企业盈利效果时，如果只用利润的绝对数额进行比较，往往会因为没有考虑投入而不能得出真正准确的结论。而利润率与利润额不同，它是相对指标，不仅有较大的适应性，而且有较大的综合性，能够更好地反映企业生产经营活动的盈利状况和盈利能力。

企业运用的利润率指标，一般有以下5种。

1. 营业收入利润率

营业收入利润率是指一定时期内获得的产品营业利润，与同一时期所取得的产品营业收入的比率。

$$营业收入利润率=\frac{产品营业利润}{产品营业收入}\times 100\%$$

营业收入利润率反映了每取得一定的产品营业收入，可得到多少利润，是考察企业经营管理质量的一个综合性指标。

2. 营业成本利润率

营业成本利润率又称成本利润率，是指一定时期内产品营业利润与同一时期内发生的产品营业成本的比率。

$$营业成本利润率=\frac{产品营业利润}{产品营业成本}\times 100\%$$

营业成本利润率反映了每消耗1元成本，可以获得多少利润。产品成本越低，营业成本利润率就越高，经济效果就越大。

3. 产值利润率

产值利润率是指一定时期内利润总额与同一时期内所实现的总产值的比率。

$$产值利润率=\frac{利润总额}{总产值}\times 100\%$$

这一指标有时用百元产值可获得利润多少来表示，用以分析生产增长和利润增长之间的比例关系。

4. 资金利润率

资金利润率是指一定时期内利润总额与同一时期内资金平均占用额之比，包括总资金利润率、固定资产利用率、流动资产利润率。

(1)$$总资金利润率=\frac{利润总额}{固定资产原值平均总额+流动资产平均占有额}\times 100\%$$

(2)$$固定资产利润率=\frac{利润总额}{固定资产原值平均总额}\times 100\%$$

(3)$$流动资产利润率=\frac{利润总额}{流动资产平均占用额}\times 100\%$$

资金利润率把利润与占用的资金联系起来，反映了资金占用的利用效果，既反映了占有百元资金可提供多少元利润，也可用来计算企业投资的回收年限，具有极大的综合性。

5. 人均利润率

人均利润率是指企业的利润总额与职工人数的比率。

$$人均利润率=\frac{利润总额}{平均职工人数}\times 100\%$$

人均利润率反映了企业职工人均实现利润的情况，是反映企业劳动力资源利用状况的一个指标。

三、财务报表及其分析

（一）财务报表的含义及编制的意义

财务报表是反映企业资产、负债和所有者权益的构成和变动结果、财务成果的形成和分配、流动资金的变动及其原因等财务状况的报表。

正确而及时地编制财务报表，对于各方面财务信息的使用者都有重要的意义。具体体现在：①企业的领导和员工通过财务报表可以了解企业资金的筹集、动用以及企业总的财务状况，正确评价取得的成绩和存在的问题，不断改善经营管理，提高经济效益；②财税部门利用企业的财务报表可以检查、分析企业各项税费上交完成的情况，也可以检查企业注册资金的到位情况及投资人出资构成情况；③债权人可利用企业的财务报表分析企业的盈利能力和偿债能力，检查企业各项贷款的使用情况及资产保证程度，监督企业按期归还借款；④企业投资人出于自身利益的需要，必然关心财务报表中予以披露的各项财务信息，如企业的盈利情况，利润分配情况，偿债能力等。

为了充分发挥财务报表的作用，保证财务报表的质量，编制财务报表必须做到：数字真实、计算准确、内容完整、报送及时。

（二）财务报表的种类

1. 资产负债表

资产负债表是反映企业在某一特定日期的财务状况的报表，是对企业特定日期的资产、负债和所有者权益的结构性表述。它反映企业在某一特定日期所拥有或控制的经济资源、所承担的现时义务和所有者对净资产的要求权。

资产负债表结构原理：资产＝负债＋所有者权益

资产负债表格式：账户式结构（不采用报告式）

资产：按流动性强弱排列顺序，流动性强的资产排在前面。

负债及所有者权益：一般按要求清偿时间的先后顺序排列。

账户式资产负债表中的资产各项目的合计等于负债和所有者权益各项目的合计，即资产负债表，左方和右方平衡，因此通过账户式资产负债表，可以反映资产、负债、所有者权益之间的内在关系，即“资产＝负债＋所有者权益”。

通过资产负债表，可以反映企业在某一特定日期所拥有或控制的经济资源、所承担的现时义务和所有者对净资产的要求权，帮助财务报表使用者全面了解企业的财务状况、分析企业的偿债能力等情况，从而为其作出经济决策提供依据。

资产负债表的“上年年末余额”栏内各数字应根据上年年末资产负债表的“期末余额”栏内所列数字填列。如果上年度资产负债表列报项目与本年度不相一致，应按照本年度规定对上年年末资产负债表各项目进行调整（按本年调上年）。“期末余额”栏数据主要通过以下几种方式取得：①根据总账余额；②根据明细账余额；③根据总账和明细账余额；④根据有关科目余额减去其备抵科目余额后的净额。表 9-3 是某猪场已编制成的资产负债表。

表 9-3 资产负债表会企 01 表

2021 年 12 月 31 日

绘制单位:×××　　　　单位:万元

资产	期末余额	上年年末余额	负债和所有者权益（或股东权益）	期末余额	上年年末余额
流动资产:			**流动负债:**		50 000
货币资金	256 316	20 400	短期借款		
交易性金融资产			交易性金融负债		
衍生金融资产			衍生金融负债		
应收票据			应付票据		
应收账款	14 000	15 000	应付账款	51 400	3 500
应收款项融资			预收账款		
预付款项	98 754		合同负债	2 400	1 000
其他应收款		18 754	应付职工薪酬	12 000	
存货	64 508	111 900	应交税费	16 460	6 000
合同资产	800	600	其他应付款		
持有待售资产			持有待售负债		
一年内到期的非流动资产			一年内到期的非流动负债		
其他流动资产			其他流动负债		
流动资产合计:	434 378	166 654	**流动负债合计:**	82 260	60 500
非流动资产:			**非流动负债:**		
债权投资			长期借款	500 000	500 000
其他债权投资			应付债券		
长期应收款			租赁负债	20 000	20 000
长期股权投资			长期应付款	10 828	
其他权益工具投资			预计负债		
其他非流动金融资产			递延收益		
投资性房地产			递延所得税负债		
固定资产	293 000	171 600	其他非流动负债		
在建工程			**非流动负债合计:**	530 828	520 000
生产性生物资产	500 000		**负债合计:**	613 088	580 500
油气资产			**所有者权益(或股东权益):**		
使用权资产	520 000	520 000	实收资本(或股本)	1 033 000	180 000
无形资产		1 000	其他权益工具		
开发支出			资本公积	8 754	8 754
商誉			减:库存股		
长期待摊费用			其他综合收益		
递延所得税资产			专项储备	90 000	90 000
其他非流动资产			盈余公积	2 536	
非流动资产合计	1 313 000	692 600	未分配利润		
			所有者权益(或股东权益)合计:	1 134 290	278 754
资产总计:	1 747 378	859 254	**负债和所有者权益(或股东权益)总计:**	1 747 378	859 254

2. 利润表

利润表，又称损益表，是反映企业在一定会计期间的经营成果的报表。它是在会计凭证、会计账簿等会计资料的基础上进一步确认企业一定会计期间经营成果的结构性表述，综合反映企业利润的实现过程和利润的来源及构成情况，是对企业一定会计期间经营业绩的系统总结。

利润表主要由表首、表体两部分组成。表首部分应列明报表名称、编制单位名称、编制日期、报表编号和计量单位；表体部分是利润表的主体，列示了形成经营成果的各个项目和计算过程。

利润表表体部分的基本结构主要根据“收入 － 费用 ＝ 利润”平衡公式，按照各具体项目的性质和功能作为分类标准，依次将某一会计期间的收入、费用和利润的具体项目予以适当地排列编制而成。

利润表的表体结构有单步式和多步式两种。单步式利润表是将当期所有的收入列在一起，所有的费用列在一起，然后将两者相减得出当期净损益。我国企业的利润表采用多步式格式，即通过对当期的收入、费用、支出项目按性质加以归类，按利润形成的主要环节列示一些中间性利润指标，分步计算当期净损益，以便财务报表使用者理解企业经营成果的不同来源。

利润表的主要作用是有助于使用者分析判断企业净利润的质量及其风险，评价企业经营管理效率，有助于使用者预测企业净利润的持续性，从而作出正确的决策。

通过利润表，可以反映企业在一定会计期间的收入实现情况，费用耗费情况和对利润的影响程度；便于分析判断企业资金周转情况及盈利能力和水平，进而判断企业未来的盈利增长和发展趋势，作出相应经济决策。

利润表中一般应单独列报的项目主要有营业利润、利润总额、净利润、其他综合收益的税后净额、综合收益总额和每股收益等。利润总额项目为营业利润加上营业外收入减去营业外支出。净利润项目为利润总额减去所得税费用。

利润表各项目需填列“本期金额”和“上期金额”两栏。其中“上期金额”栏内各项数字，应根据上年该期利润表的“本期金额”栏内所列数字填列。“本期金额”栏内各期数字，一般都按照相关科目的发生额分析填列。

我国一般企业利润表的主要编制步骤和内容如下。第一步，以营业收入为基础，减去营业成本和相关费用，加上各种收益，计算出营业利润。第二步，以营业利润为基础，加上营业外收入，减去营业外支出，计算出利润总额。第三步，以利润总额为基础，减去所得税费用，计算出净利润(净亏损)。第四步，以净利润为基础，计算出每股收益。第五步，以净利润和其他综合收益为基础，计算出综合收益总额。

利润表的“本期金额”栏的填列方法，一般应根据损益类有关科目和所有者权益类有关科目的发生额填列。表 9-4 是某猪场已编制成的利润表。

表 9-4　利润表会企 02 表

2021 年 12 月 31 日

绘制单位：×××　　　　　　　　　　　　　　　　　　　　　　　　　　　　单位：万元

项目	本年金额	上年金额(略)
一、营业收入	130 000	
减：营业成本	73 862	
税金及附加	9 200	
销售费用	4 000	
管理费用	9 012	
研发费用	231	
财务费用	500	
其中：利息费用	700	
利息收入	200	
加：其他收益		
投资收益(损失以“－”号填列)		
净敞口套期收益(损失以“－”号填列)		
公允价值变动收益(损失以“－”号填列)		
资产减值损失(损失以“－”号填列)	800	
信用减值损失(损失以“－”号填列)	212	
资产处置收益(损失以“－”号填列)	671	
二、营业利润(亏损以“－”号填列)	34 878	
加：营业外收入	4 319	
减：营业外支出	3 245	
三、利润总额(亏损以“－”号填列)	35 952	
减：所得税费用	898	
四、净利润(净亏损以“－”号填列)	26 964	
五、其他综合收益的税后净额		
六、综合收益总额		
七、每股收益		

(三)财务报表的分析

编制财务报表不是财务工作的最终目标，财务人员应对财务报表上的数据加以分析研究，借以评价企业经营管理的业绩和财务状况的好坏的程度，同时根据分析的结果预测发展趋势，为制订下一年度财务管理计划和经营决策提供依据。所以财务报表的分析是财务信息使用者不可缺少的重要环节。

财务报表分析的方法主要有趋势分析法和比率分析法。趋势分析法是指对不同时期财务报表反映的指标进行比较分析，揭示变动的趋势；比率分析法是指在同一时期财务报表反映的指标中，取两个或两个以上的相互关联的指标进行对比，并求出比值，用以分析企业某一方面的情况。

财务报表分析应注意的问题：财务报表的各种分析方法，可以为各方面的财务信息使用者提供企业各个侧面的信息。要正确理解这些信息的经济意义是比较复杂的。在运用这些分析结果的时候，要注意到社会的经济状况、本行业的经营特点以及该企业在同行业中所处地位；还要注意到企业的历史、现状和发展趋势。要注意到企业采用的会计方法对会计资料的影响，注意到企业规模对会计资料的影响，总之，各种比较和比率的计算得到的结果不能作为唯一用来判断企业经营情况的依据，分析者必须综合地考虑多方面的因果关系，才能做出正确的判断。

任务四　养殖企业经营效果分析

一、企业经营效果分析的概述

（一）企业经营效果分析的概念

企业经营效果分析是依据各种经济资料，运用经济指标和科学方法，对生产经营活动及其成果进行的分析、研究和评价，以使企业更进一步改善生产经营水平，提高经济效益的一种管理活动。

（二）企业经营效果分析的作用

1. 通过经营效果分析改善企业经营管理

通过经济活动分析判别企业的生产经营活动是否符合经济规律，取得的效果如何，从中总结经验，找到不足，提出改进措施，不断提高企业经营管理水平。

2. 通过经营效果分析可以实行有效的计划管理

通过经济活动分析可以检查计划的执行情况，检验和评价计划的先进性，为调整和编制下期计划提供科学依据，并对企业经济活动做出全面评价。

3. 通过经营效果分析促进企业挖掘内部潜力

通过经济活动分析，寻找差距，努力降低各种消耗，促进人、财、物等资源的有效利用，取得更大的经济效益。

4. 通过经营效果分析增加企业市场竞争力

通过经济活动分析，可使职工更加关心企业的生产经营，积极参与企业管理，增强产品市场竞争力，不断提高经济效益。

（三）企业经营效果分析的种类

（1）按分析的内容划分，可分为全面分析、部门分析和专题分析。

（2）按分析的时间划分，可分为事前分析和事后分析（包括日常分析、定期分析和不定期分析）。

（3）按分析的人员划分，可分为专业分析和群众分析。

(四)企业经营效果分析的程序

1. 确定分析对象

根据企业的现状、分析的目的、要求和范围,正确选择经济指标作为具体分析的对象。

2. 收集有关资料

根据分析的对象和要求收集资料,包括各种计划、会计、统计和业务核算资料,各种经济指标的历史资料和国内先进水平的经济资料,有关生产技术方面的资料,各种报表、工作总结和会议记录资料以及市场调查、专题调查资料等。

3. 资料的整理和分析

根据分析的目的和要求,对收集到的资料进行审核、归类分组和计算,并编成分析表,然后进行分析、比较,经过对比,揭露矛盾,深入分析各项因素对经济活动的影响。

4. 评定分析结果,提出改进措施

根据分析结果,对经济活动做出评价,对存在的问题提出改进措施,经过群众讨论落实,组织各方面的力量贯彻执行,这是经济活动分析的积极结果,也是进行分析的目的。

二、经营效果分析的基本方法

(一)对比分析法

对比分析法又称比较法,这是分析养殖企业经营活动时最常用的一种方法,也是最基本的一种方法。它是通过两个或两个以上相互关联的经济指标进行对比,包括实际与计划对比,本期与前期对比,本期与上年同期对比,本期与历史最高水平对比,本单位与同行业先进单位对比等,借以找出差距,分析原因,提出措施,改善经营管理,提高经济效益。

采用对比分析时必须注意经济指标在内容、计量、时间和计算方法等方面具有可比性。对比指标在形式上,一般表现为相减或相除的关系,当两个指标相减时,其差额以绝对数表示;当两个指标相除时,其比值以相对数表示。

(二)结构分析法

结构分析法又称比例分析法。它的特点是将分析对象的总体作为100%,借以分析这一总体中的各个构成部分在总体中所占的比例,使分析的问题更加明确。其计算公式如下:

$$\text{结构相对数}=\frac{\text{部分}}{\text{总体}}\times 100\%$$

结构分析法是反映经济现象的一种分析方法,在企业经济活动中,为了区分总体中主要的和一般的问题,便于抓住主要矛盾,采取对策,常用结构分析法。

(三)因素分析法

因素分析法,又称连环替代法,它是通过对组成某一经济指标的各个因素所进行的分析,以确定其对该指标的影响程度。进行因素分析,首先要将各因素进行排序,在给定其他因素不变的情况下，逐一分析每一因素变化对总体的影响程度，接着采用逐个替代方法，直至将各因素都分析完毕，最后分析、比较各个因素，从中找出影响总体的主要因素、次要因素，为经济活动提供决策依据。

例：牛奶的总产量受饲养头数和平均单产的影响，试分析表 9-5 两个因素对总产量的影响情况。

表 9-5　某奶牛场牛奶产量计划完成情况

产品	年平均头数		平均每头年产奶量/kg		总产量/kg	
	计划	实际	计划	实际	计划	实际
牛奶	124	128	5 800	6 328	719 200	809 984

根据资料表明，该奶牛场牛奶产量超额完成 90 784 kg。具体分析饲养头数和平均单产对超额产量的影响程度如下。

计划产奶量：124×5 800＝719 200(kg)

第一次替代：128×5 800＝742 400 (kg)

128×5 800－124×5 800＝23 200(kg)

(因饲养头数的增加使实际比计划增加的产奶量)

第二次替代：128×6 328＝809 984(kg)

128×6 328－128×5 800＝67 584(kg)

(因平均单产的增加使实际比计划增加的产奶量)

由此可以看出，饲养头数增加对超产的影响程度为：$\frac{23\ 200}{90\ 784}\times 100\%\approx 25.6\%$；平均单产提高对超产的影响程度为：$\frac{67\ 584}{90\ 784}\approx 74.4\%$。因此，该牛场产奶量超额完成 90 784 kg，其中：67 584 kg(占 74.4%)是由于平均单产提高带来的，是主要因素；23 200 kg(占 25.6%)是由于饲养头数增加带来的，是次要因素。

(四)动态分析法

动态分析法是采用动态数列对经济活动进行比较分析，以反映企业经济发展水平和速度的方法。动态分析法常用的分析指标有增长量、发展速度、增长速度、平均发展速度和平均增长速度等。

$$增长量＝报告期水平－基期水平$$

$$发展速度＝\frac{报告期水平}{基期水平}\times 100\%$$

$$增长速度＝\frac{增长量}{基期水平}\times 100\%＝\frac{报告期水平－基期水平}{基期水平}\times 100\%$$

或

$$增长速度＝发展速度(\%)－100\%$$

$$平均发展速度＝\sqrt[期数]{\frac{期末指标数值}{期初指标数值}}$$

$$平均增长速度=平均发展速度(\%)-100\%$$

动态指标在使用时必须划分经济发展的不同阶段，按各个阶段的起止期限说明经济发展的递增和递减变化情况。

（五）平衡分析法

平衡分析法是将企业中人、财、物等具有平衡关系的经济指标，进行平衡比较，以便及时发现不平衡状况，采取措施，组织新的平衡，保证生产持续稳定发展。如分析设备能力和生产任务之间的平衡关系，可以挖掘设备能力，有利于提高设备利用率；分析饲料采购和供应的平衡关系，避免积压浪费，保证生产正常进行；分析劳动力配备与生产任务之间的平衡关系，可以及时合理地调配和使用劳动力，节约活劳动消耗；分析产品销售量和生产量之间的平衡关系，有利于实现以销定产。所以平衡分析法，是企业经济活动分析中常用的方法。

三、企业经营效果分析的内容

养殖企业经营涉及的方面很多，因此，经营效果分析的内容也很多，现介绍主要的经营效果分析内容。

（一）资源利用的分析

1. 饲料消耗分析

应从饲料消耗定额、饲料利用率和饲料日粮三方面分析。首先统计各生理阶段畜禽的饲料消耗量，然后与各自的饲料定额对比，分析饲料运输、加工、储存、保管和饲喂等环节上的浪费情况。

考核饲料消耗的指标很多，主要有：

$$料肉比=\frac{饲养期间的饲料消耗}{饲养期间的总产肉量}$$

$$料蛋比=\frac{饲养期间的饲料消耗}{饲养期间的总产蛋量}$$

$$料奶比=\frac{饲养期间的饲料消耗}{饲养期间的总产奶量}$$

$$单位产品的饲料成本=\frac{该饲养阶段的总饲料费用}{生产肉(蛋、奶)总量}$$

2. 草原利用分析

草原利用分析包括草原利用率分析和草原生产力分析，常用的指标如下。

$$每公顷草原载畜量=\frac{家畜总头数(头)}{草原面积(hm^2)}$$

$$单位面积草原的畜产品产量=\frac{畜产品总产量(kg)}{草原面积(hm^2)}$$

3. 劳动力利用分析

劳动力利用分析包括劳动力结构分析、劳动力分配情况分析、劳动力利用率分析、劳动生产率分析。常用的指标参见项目六任务一。

4. 资产利用情况分析

资产利用情况分析包括资产结构分析、固定资产利用的分析、流动资产利用的分析，常用的指标参见本项目任务一。

(二)质量的分析

质量的分析包括饲养管理质量和畜产品质量。

(1)饲养管理质量指标。主要包括受胎率、产仔率、死亡率、成活率、育成率、产蛋率、断奶重、育肥期等。

(2)产品质量。畜产品的质量主要是指外在的色泽、新鲜度、清洁度及其化学组成、肉质结构、卫生指标、药物残留等，如瘦肉率、乳脂率、正品率等。

(三)生产经营成果的分析

生产经营成果分析的内容包括如下。

(1)经营成果数量的分析，主要是计算产品销售收入、利润总额等。

(2)用本期的经营成果量与上期(基期)的经营成果量对比，分析其增减额和升降率。

(3)用生产经营成果与资产、劳力、草原、成本等占用量进行对比，计算其比率，分析经济效果。

(4)对影响经营成果的因素进行分析。经营成果的大小，既受产量因素的影响，又受价格因素的影响。当产量和单位成本不变时，其盈利增减幅度就是其价格升降幅度。

$$价格对盈利的影响程度=实际产量\times价格升降幅度$$

(5)产品成本与盈利之间的关系分析。它们的关系是：在产量和价格不变条件下，产品成本提高，则盈利下降；反之，则盈利提高。

$$成本对盈利的影响程度=实际产量\times(单位产品价格-单位成本)$$

(四)投资效果的分析

投资效果可用下列经济指标分析评价。

1. 资金占用量

每头基础母畜占用投资额越少，投资效果越好。

2. 单位投资所得产品或产值

单位投资所得产品越多，表明资金利用越充分，发挥的效用越大。

3. 投资对提高劳动生产率的程度

一些设备的投资，可以改善人的劳动条件，降低活劳动消耗。

4. 投资回收期

一般情况下，投资回收期越短，投资效果越好。其计算公式：

$$投资回收期(年)=\frac{投资总额}{年平均盈利额}$$

5. 投资比较值

投资总额与定额回收期内回收资金的差额称投资比较值。

$$投资比较值=投资总额-年平均盈利额\times 定额回收期$$

当投资比较值小于0时,则表明在定额回收期内,不仅能全部收回投资,还能取得盈利。如比较值小于0,并趋向越来越小,其投资效果更佳。

当投资比较值大于0时,则表明在定额回收期内不能收回投资。

当投资比较值等于0时,则表明在定额回收期内全部回收投资。

(五)市场营销效果的分析

在市场经济条件下,经济活动分析应延伸至市场。主要有以下几个方面。

1. 产品销售量分析

(1)实际销售量与计划销售量的对比分析,一是分析其增减额;二是分析其增减率。

(2)本期实际销售量与上期(基期)销售量的对比分析,从而分析销售的发展变化情况。

2. 产品市场占有率分析

企业将产品推销至市场,在市场同类产品中所占的比例,能表明其适销对路的程度、产品的质量以及营销能力等。其计算公式:

$$某产品市场占有率=\frac{某企业该产品销售量}{该行业同类产品销售量}\times 100\%$$

3. 产品价值实现情况的分析

产品价值的实现,涉及如下问题。

(1)生产的产品能否全部销售?通过计算产品销售率和仓库积压率来衡量。

$$产品销售率=\frac{产品销售量}{产品总产量}\times 100\%$$

产品销售率越高,表明产品价值实现程度越高。

$$产品仓库积压率=\frac{产品积压量}{产品总产量}\times 100\%$$

产品仓库积压率越高,表明产品价值实现程度越低。

(2)产品销售价格能否如数补偿生产和流通中的耗费?在产品数量既定的条件下,有三个因素影响效益的升降:①产品质量,市场营销中实行优质优价原则。②产品价格,价格升降,销售收入随之增减。③产品销售成本,成本增,效益降;成本降,效益增。

【思政角】

AI养猪,到底怎么养?AI养猪,用上了面部识别功能。借助"猪脸识别"技术,"AI大脑"

不但认得每一头猪。还知道这头猪需要吃多少，因为养殖巡检机器人，可以迅速测出每一头猪的体重，不再费时又费力为猪称重。传统模式下猪吃食基本靠"抢"，抢不过的饿瘦了，特别能抢得肥胖症。但有了"识猪＋测猪重"两大功能，"AI大脑"能做到胖猪少喂点，瘦猪多喂点，结合饲喂机器人等设备"精准到克"饲喂每一头猪。如此一来，每头猪都能获得均衡营养，猪出栏时的体重差异可以缩小到5%之内。在养殖场里，传统的肉眼数猪，可以说是"养猪界"的最大难题。准确度差不说，效率更低到要耗费数天才能完成。而农牧专用农业摄像头"走一趟"猪栏就能知道猪数。整个过程只需数秒钟，准确率却高达100%。AI养猪还可以通过"声纹识别"技术识别并分析猪的叫声和咳嗽声，结合猪的运动量、采食量、体温等数据发现哪只猪胃口差了、懒得动了。它是不是生病了？判定之后第一时间通知猪场兽医或饲养员介入。这些科技感十足的养猪画面背后，是产业增长方式的重塑与变革。

2019年中央1号文件明确提出：加快突破农业关键核心技术、培育一批农业战略科技创新力量，推动智慧农业等领域自主创新的要求。有越来越多的科技公司与传统农牧企业已经行动起来，利用数字科技帮助农牧业降本增效，实现生产方式的转型升级。单纯追求数量增产的温饱型生产方式正被对品质、安全、健康有更高要求的小康型生产方式替代。

数字科技企业与养殖企业的共建合作，正是我国农牧业转型升级的一个缩影。

【案例分析】

某猪场某年生产成本核算和利润核算

一、案例介绍

表9-6是某猪场猪群变动报告表，表9-7是饲养费用及期初存栏价值表。

表9-6　某猪场某年4—6月份猪群变动报告

项目	基本猪群		2个月以内仔猪		2～4个月幼猪		4个月以上的幼猪和育肥猪	
	头数	重量/kg	头数	重量/kg	头数	重量/kg	头数	重量/kg
期初存栏	60		36	180	300	4 500	375	22 500
本期增加：								
繁殖			750	750				
转入					645	6 450	450	13 500
购入								
增重				6 240		13 800		21 000
小计			750	6 990	645	20 250	450	34 500
本期减少：								
转出			645	6 450	450	13 500		
出售					315	7 500	525	48 000
淘汰								
死亡	2		75	225	30	450		
小计	2		720	6 675	795	21 450	525	48 000
期末存栏	58		66	495	150	3 300	300	9 000

表 9-7　某猪场某年 4—6 月份饲养费用及期初存栏价值表

组别	饲养费用/元	期初存栏			副产品价值/元	备注
		头数	活重/kg	价值/元		
基本猪群	34 680	60		150 000	1 350	基本猪群死亡2头，原价共计5 000元
2 个月以内仔猪	46 800	36	180	2 880		
2～4 个月幼猪	112 680	300	4 500	54 000	3 300	
4 个月以上的幼猪和育肥猪	135 900	375	22 500	270 000	3 750	

该猪场 6 月份出售 2～4 个月的幼猪 150 头，总活重 3 600 kg，每千克售价为 16 元；出售 4 个月以上的育肥猪 225 头，总活重 20 480 kg，每千克售价为 14 元。另外，销售饲料取得收入 12 660 元，饲料成本 7 200 元。据有关账户记载本月发生产品销售费用 6 200 元，产品销售税金及附加 13 800 元，管理费用 13 528 元，财务费用 750 元，营业外收入 1 800 元，营业外支出 320 元。

问题：1. 试计算该猪场某年各猪群的增重单位成本和活重单位成本。

2. 试计算该猪场本月实现的营业利润、利润总额以及税后利润（企业所得税税率为 25%）。

二、案例分析

1. 根据表 9-6 和表 9-7 资料计算该养猪场各群猪的增重单位成本和活重单位成本

(1)计算 2 个月以内仔猪增重单位成本和活重单位成本。

2 个月以内仔猪增重单位成本表示 2 个月以内仔猪每千克增重所花费的全部饲养费用。

$$增重单位成本=\frac{34\ 680+46\ 800+5\ 000-1\ 350}{750+6\ 990}=10.99(元/kg)$$

2 个月以内仔猪活重单位成本表示 2 个月以内仔猪每千克活重所花费的全部饲养费用。

$$活重单位成本=\frac{2\ 880+34\ 680+46\ 800+5\ 000-1\ 350}{495+6450}=12.67(元/kg)$$

(2)计算 2～4 月幼猪的增重单位成本和活重单位成本。

2～4 月幼猪的增重单位成本表示 2～4 月幼猪每千克增重所花费的全部饲养费用。

$$增重单位成本=\frac{112\ 680-3\ 300}{3\ 300+21\ 450-4\ 500-6\ 450}=7.93(元/kg)$$

2～4 月幼猪的活重单位成本表示 2～4 月幼猪每千克增重所花费的全部饲养费用。

$$活重单位成本=\frac{54\ 000+112\ 680-3\ 300}{3\ 300+13\ 500+7\ 500}=10.09(元/kg)$$

其中，由 2 个月以内仔猪转入成本＝转入仔猪活重×仔猪活重单位成本

$$=6\ 450\times12.67$$

$$=81\ 722(元)$$

(3)计算 4 个月以上幼猪及育肥猪的增重单位成本和活重单位成本。

4 个月以上幼猪及育肥猪的增重单位成本和活重单位成本，对于生产育肥猪的养猪场来说，是衡量养猪场饲养管理水平高低的重要指标。

$$增重单位成本=\frac{135\ 900-3\ 750}{9\ 000+48\ 000-22\ 500-13\ 500}=6.29(元/kg)$$

$$活重单位成本=\frac{270\ 000+135\ 900+136\ 215-3\ 750}{9\ 000+48\ 000}=9.45(元/kg)$$

其中，由2～4月幼猪转入成本＝转入幼猪活重×仔猪活重单位成本

＝13 500×10.09

＝136 215(元)

2. 计算该猪场本月实现的营业利润、利润总额以及税后利润

①产品销售收入＝3 600×16＋20 480×14＝344 320(元)

②产品销售成本＝3 600×10.09＋20 480×9.45＝229 860(元)

③产品销售利润＝344 320－229 860－6 200－13 800＝94 460(元)

④其他业务利润＝12 600－7 200＝5 460(元)

⑤营业利润＝94 460＋5 460－13 528－750＝85 642(元)

⑥营业外收支净额＝1 800－320＝1 480(元)

⑦利润总额＝85 642＋1 480＝87 122(元)

⑧应缴企业所得税＝87 122×25%＝21 780.5(元)

⑨税后利润(净利润)＝87 122－21 780.5＝65 341.5(元)

【考核评价】

一、考核题目

(1)某乳品加工厂购置一台小型消毒奶生产线，原值为80万，预计净残值率为4%，预计使用8年，试用平均年限法计算其年折旧率、年折旧额、月折旧率、月折旧额。

(2)假设某养猪场2021年4月份至6月份各猪群的变动情况如表9-8所示。

表9-8　某猪场猪群变动报告(2021年4—6月份)

项目	基本猪群		2个月以内仔猪		2～4个月幼猪		4个月以上的幼猪和育肥猪	
	头数	重量/kg	头数	重量/kg	头数	重量/kg	头数	重量/kg
期初存栏	40		24	120	200	3 000	250	15 000
本期增加：								
繁殖			500	500				
转入					430	4 300	300	9 000
购入								
增重				4 160		9 200		14 000
小计			500	4 660	430	13 500	300	23 000
本期减少：								
转出			430	4 300	300	9 000		
出售					210	5 000	350	32 000
淘汰								
死亡	2		50	150	20	300		
小计	2		480	4 450	530	14 300	350	32 000
期末存栏	38		44	330	100	2 200	200	6 000

假设该养猪场同期内有关明细账上登记的饲养费用、期初存栏价值、副产品价值等资料如表 9-9 所示。

表 9-9 饲养费用及期初存栏价值(2021 年 4—6 月份)

组别	饲养费用/元	期初存栏			副产品价值/元	备注
		头数	活重/kg	价值/元		
基本猪群	18 000	40		80 000	900	基本猪群死亡2头原价共计4 000元
2 个月以内仔猪		24	120	1 680		
2～4 月幼猪	50 080	200	3 000	15 280	2 200	
4 个月以上幼猪和育肥猪	60 400	250	15 000	67 500	2 500	

根据表 9-8 和表 9-9 资料，计算该养猪场各猪群的增重单位成本、活重单位成本。

二、评价标准

资料一：

1. 固定资产的概念和特点。
2. 作为固定资产入账管理时必须同时具备的两个条件。
3. 固定资产计价的三种方式。
4. 固定资产折旧的含义以及引起固定资产折旧的两种原因。
5. 计提固定资产折旧的四种方法。
6. 计提固定资产折旧的平均年限法及其计算公式。

资料二：

1. 畜产品成本及成本核算的概念。
2. 畜产品成本核算的原则和基本要求。
3. 构成畜产品成本项目。
4. 畜产品成本＝直接材料费＋直接人工费＋分配来的制造费用。
5. 畜产品成本核算的程序(四步)。
6. 畜产品成本核算的方法有分群核算和混群核算，目前主要采用分群核算的方法计算畜产品成本。
7. 养猪场产品成本的计算主要计算基本猪群、2～4 个月幼猪、4 个月以上幼猪和育肥猪的产品成本。
8. 2 个月以内仔猪、2～4 个月幼猪、4 个月以上幼猪和育肥猪的总成本构成项目。
9. 2 个月以内仔猪、2～4 个月幼猪、4 个月以上幼猪和育肥猪的单位增重成本和单位活重成本计算公式和计算过程。

【码上学习】

如何做好养殖企业的成本核算管理

项目十
养殖企业客户关系管理

【先导案例】

推动数字经济与实体经济深度融合，是传统企业发展的新动能和必然趋势。数字经济正在成为重塑全球经济结构、改变全球竞争格局的关键力量。

在后流量时代，"粗放式广告投入"不再是企业增长的灵丹妙药，用户精细化运营才能"劳有所得"。私域流量"品牌自主经营阵地"的运营和维护，成为企业最需要具备的核心能力之一。私域流量的核心是"以人为本"，重视客户关系管理，在"有人"的基础上最大化实现"用户触达"。这就意味着企业需要打通线上线下全链路累积的数据资产，用数据驱动运营，在用户洞察的基础上精耕细作，创造一个更加友好、品牌与用户相互信任的生态环境。

根据数据显示，2021 年中国在线直播用户规模达到 6.35 亿人，预计 2022 年将达 6.60 亿人。"直播"无疑是被新冠肺炎疫情"带火"的企业增长全新赛道，也将成为传统企业数字化转型的另一个锚点。风口之下盲目奔跑的企业直播，如何平稳地度过"阵痛期"，促进"业绩销售"，而不止于"流量热度"，成为每一个企业都在思考的问题。

除了数字经济催生的"私域流量池"和"企业直播"之外，传统的品牌营销手段也因为数字化新浪潮迎来了"春天"。"海量数据"+"精准分析"组成的"最强大脑"让企业整合媒介资源，将强有力的品牌理念最大规模地触达消费者成为可能。

对于养殖企业的发展也是同样，需要"以人为本"，重视客户关系管理，在"有人"的基础上最大化实现"用户触达"。本章我们将学习有关养殖企业客户关系管理的相关内容。

【学习目标】

了解客户关系管理产生的原因、客户关系管理的内涵和意义；熟悉客户关系管理的内容，掌握客户关系管理的策略。

【学习内容】

任务一　客户关系管理概述

随着经济全球一体化和互联网技术的发展，客户资源成为企业发展的生命线。信息技术的发展，使企业从"以产品为中心"的经营理念向"以客户为中心"的经营理念转变得以实现。

市场的激烈竞争，使得如何吸引客户、保留客户、提高客户的满意度和忠诚度已经成为企业生存的关键。因此,养殖企业也应该与时俱进,改变传统的商业模式,树立“以客户为中心”的管理理念,深入了解客户需求,及时将客户意见反馈到产品、服务设计中,为客户提供更加个性化、专业化的服务,加强与客户之间的互动关系,以增强企业的市场竞争力。

一、客户关系管理的产生

客户关系管理是营销管理的自然演变,它的产生主要归因于以下三个因素。

(一)需求的拉动

很多企业在信息化方面虽已做了大量工作,收到了很好的经济效益,但是销售、营销和服务部门的信息化程度却越来越不适应业务发展的需要。主要表现在:其一,企业的销售、营销和客户服务部门都很难获得所需要的客户互动信息;其二,来自销售、客户服务、市场、生产、库存等部门的信息各自分散在企业内部,这些零散的信息使他们无法对客户全面了解,各部门难以在统一的信息基础上面对客户。越来越多的企业要求提高销售、营销和服务等各种日常业务的自动化和科学化,需要各部门将全面的各项信息和活动进行集成,建立一个以客户为中心的企业,实现对面向客户活动的全面管理,这是客户关系管理应运而生的需求基础。

(二)技术的推动

20 世纪 90 年代末期,互联网的应用越来越普及,CTI、客户信息处理技术(如数据仓库、商业智能、知识发现等技术)得到了长足的发展,结合新经济的需求和新技术的发展,1999 年,Gartner Group Inc 提出了 CRM 概念(customer relationship management,客户关系管理),CRM 市场一直处于一种爆炸性增长的状态。

(三)管理理念的更新

经过二十多年的发展,现在是一个变革和创新的时代,比竞争对手领先一步,而且仅仅一步,就可能意味着成功。一些先进企业的管理理念正经历着从以产品为中心向以客户为中心的转移和更新,在引入客户关系管理的理念和技术时,不可避免地要对企业原来的管理模式进行进一步的改变,变革、创新的思想将有利于企业员工接受变革,而客户关系管理的内容为这种变革提供了具体的思路和方法。

二、客户关系管理的含义及核心思想

(一)客户

1. 客户的概念和类型

客户又称顾客,是指与企业进行交易的个人或组织。按照企业与客户之间所处的状态,可以将养殖企业的客户分为如下四类。

(1)潜在客户。潜在客户是指对企业的产品或服务有需求和购买动机,有可能但还没有产生购买的人群,如已经怀孕的母亲很可能就是婴幼儿奶粉的潜在客户。

(2)目标客户。目标客户是指企业经过挑选后确定的力图开发为现实客户的人群。潜在客户与目标客户的区别在于,潜在客户是指有可能购买但还没有购买的客户,目标客户则是企业主动“瞄上”的尚未有购买行动的客户，属于企业“单相思”的对象。有时潜在客户和目标客户是可以重叠或者部分重叠的。

(3)现实客户。现实客户是指已经购买了企业的产品或者服务的人群。按照客户与企业之间关系的疏密，可以将“现实客户”分为初次购买客户、重复购买客户和忠诚客户三类。初次购买客户(新客户)是对企业的产品或者服务进行第一次尝试性购买的客户。重复购买客户是对企业的产品或者服务进行了第二次及第二次以上购买的客户。忠诚客户是对企业的产品或者服务持续性地、指向性地重复购买的客户。

(4)流失客户。流失客户是指曾经是企业的客户，但由于种种原因，现在不再购买企业的产品或服务的客户。

2. 客户的重要性

客户是企业生存和发展的基础，现代企业之间的竞争归根结底是对客户资源的竞争。一个企业无论有多好的设备、多好的技术、多好的品牌、多好的机制、多好的团队，如果没有客户及客户的忠诚，那么一切都将为零。客户为企业创造的价值体现在以下五个方面。

(1)客户是企业利润的源泉。只有客户购买了企业的产品或者服务，才能使企业的利润得以实现。

(2)良好的客户关系能够给企业带来一定的聚客效应。由于人们的从众心理，是否已经拥有大量的客户会成为人们选择企业的重要考虑因素。尤其是满意和忠诚的客户会给企业带来其他新的客户。

(3)客户的信息价值。企业是为客户服务的，检验服务优劣好坏的标准就是客户评价。客户的意见、建议为企业的正确经营指明了方向，也为企业节省了收集信息的费用，而且为企业制定经营策略提供了真实、准确的一手资料，因此客户给企业提供的信息是一笔巨大的财富。

(4)口碑价值。客户的口碑价值是指由于满意的客户向他人宣传本企业的产品或者服务，从而吸引更多新客户的加盟，从而使销售增长、效益增加所创造的价值。客户主动的推荐和口碑传播会使企业的知名度和美誉度迅速提升，充分发挥和利用客户的口碑价值，还可以降低企业的广告和宣传费用。

(5)对付竞争的利器。企业拥有的客户越多，其规模效应越大，则企业的成本就可能越低，这样企业就能以等量的费用比竞争对手更好地为客户提供更高价值的产品和服务，提高客户满意度，从而在激烈的竞争中处于领先地位，有效地战胜竞争对手。

(二)客户关系

客户关系是指客户与企业之间的相互影响与作用，或客户与企业之间的某种性质的联系，或客户与企业之间的关联。企业的客户群体由许多不同的客户关系构成，不同客户要求不同的关系策略，每一个客户关系在其生命周期内都能给企业带来一定价值，而企业与所有客户的关系价值总和就形成了企业的利润。

企业的客户关系从对应的主体来讲，涉及企业的外延客户和内涵客户。所谓外延客户，是指市场中广泛存在的、对企业产品或服务有不同需求的个体或群体消费者；内涵客户，是指企业的供应商、分销商等合作伙伴。从对应的内容来讲，则涉及客户的接触、联络、交流、反馈、合作、评估和调整等直接方面，以及新的测量统计、需求挖掘、联动客户等间接方面。

(三)客户关系管理

1. 客户关系管理的定义

客户关系管理是企业利用相应的信息技术以及互联网技术来协调企业与客户之间在销售、营销和服务上的交互,从而提升其管理方式,向客户提供创新式的个性化的客户交互和服务的过程。其最终目标是吸引新客户、保留老客户以及将已有客户转为忠实客户。

2. 客户关系管理的实质

(1)客户关系管理是一种管理理念。其核心思想是将企业的客户(包括最终客户、分销商和合作伙伴)作为最重要的企业资源,通过完善的售后服务和深入的客户分析来满足客户的需求,力求实现客户的终生价值。

(2)客户关系管理是一种旨在改善企业与客户之间关系的新型管理机制。它实施于企业的产品开发、市场营销、销售、服务和技术支持等与客户相关的领域。通过向企业的销售、市场和客户服务的专业人员提供全面、个性化的客户资料,并强化跟踪服务、信息分析的能力,使他们能够协同建立和维护一系列与客户和生意伙伴之间卓有成效的"一对一"关系,从而使企业得以提供更快捷和周到的服务,提高客户满意度,吸引和保持更多的客户,从而增加营业额;并通过信息共享和优化商业流程,有效降低企业的经营成本。

(3)客户关系管理是一种企业发展的整体战略。它的核心价值在于对客户的识别、保留和发展的整个生命周期里,对价值的评判始终是贯穿其中的核心问题。这种价值评判包括两个方面,一是企业为客户提供价值的评判;二是客户对企业的价值贡献的评价。客户关系管理的实施过程实质是对企业的客户资产(无形资产)的增值管理。

三、养殖企业加强客户关系管理的意义

研究表明:客户满意度提高 5%,企业的利润将加倍;一个非常满意客户的购买意愿是一个满意客户的 6 倍;2/3 的客户离开其供应商是因为客户关怀不够;93%的 CEO 认为客户管理是企业成功和更富竞争力的最重要因素。根据对那些成功地实现客户关系管理的企业调查表明:忠诚客户增加一成,企业的利润就可能增加 25%~85%;意大利经济和社会学家帕累托的 20/80 的营销法则也表明,企业经营利润额的最大来源是 20%的客户重复购买。

以上数据表明,客户关系管理主要表现在如下几个方面。

(一)可以降低企业维系老客户和开发新客户的成本

客户关系管理使企业与客户保持良好、稳定的关系,客户对企业的产品和服务比较了解、信任。一方面,可以节省向老客户进行宣传、促销等活动的费用;另一方面,好的客户关系会使老客户主动为企业进行有利的宣传,通过老客户的口碑效应企业能更有效地吸引新客户加盟,同时减少企业为吸引新客户所需支出的费用,从而降低了开发新客户的成本。

(二)可以降低企业的交易成本

客户关系管理还使企业和客户之间较易形成稳定的伙伴关系和信用关系,能够大大降低搜寻成本、谈判成本和履约成本,从而降低企业与客户的整体交易成本。

(三)可以促进增量购买和交叉购买

客户关系管理可以增加客户对企业的信任度,因而客户增量购买(即客户增加购买产品的金额)的可能性就增大,反之,客户可能缩减其购买量。客户关系管理还可以使客户交叉购买(即客户购买该企业生产的其他产品或拓展与企业的业务范围)的可能性增大。

(四)可以给企业带来源源不断的利润

客户关系管理使企业拥有相对稳定的客户群体和客户关系,因而能够稳定销售、降低企业的经营风险,并且提高效率、促进销售、扩大市场占有率,给企业带来源源不断的利润。此外,好的客户关系,使客户对企业抱有好感,那么客户就会降低对产品价格或服务价格的敏感度,使企业能够获得较高的利润。

(五)可以通过个性化的服务来提高客户的满意度与忠诚度

通过数据挖掘、数据库、电话集成技术完成客户信息分类及客户偏好信息的收集与分析,企业可以发现和更好地了解客户的类型和状况,从而为客户提供个性化的服务;客户关系管理还可以提高为客户创新服务的效率,为客户提供最合适的服务,从而提高客户满意度减少客户的流失;从客户的抱怨中发现自己的不足,及时调整或改进经营策略,从而提高客户的忠诚度。

(六)可以整合企业对客户服务的各种资源

企业进行客户关系管理可以整合企业的所有资源,使以往各自为战的销售人员、市场推广人员、电话服务人员和售后维修人员等协调合作,成为围绕着“满足客户需求”这一核心宗旨的强大团队,从而为增强企业利润提供了坚实的基础和可靠的保证。

综上所述,CRM 的实施给客户和企业带来的好处是令人十分激动的,既可以提高工作效率,又可以开拓市场,还可以更充分利用客户资源创造更高的效益。

任务二　客户关系管理的内容

一、客户关系管理的目标

(一)提高效率

通过采用信息技术,可以提高业务处理流程的自动化程度,实现企业范围内的信息共享,提高企业员工的工作能力,并有效减少培训需求,使企业内部更高效地运转。

(二)拓展市场

通过新的业务模式(电话、网络)扩大企业经营活动范围,及时把握新的市场机会,占有更多的市场份额。

（三）保留并发展客户

客户可以选择自己喜欢的方式同企业进行交流，方便地获取信息并得到更好的服务。客户的满意度得到提高，可帮助企业保留更多的老客户，吸引新客户。调查表明：当客户与一家企业建立业务关系时，他们期望获得特定的价值回报。只有当这些期望获得满足时，他们才会保持并发展这种关系。企业不但要提供足够的价值来吸引客户，而且为了能留住客户，他们就必须比竞争对手更彻底地满足客户的期望。

二、客户关系管理的内容

客户关系管理的内容有多个方面，基础性工作包括顾客分析、企业对顾客的承诺、客户信息交流等；主体工作则包括建立和保持客户关系、客户档案管理、客户反馈管理、客户服务与教育、企业与顾客的合作等。

（一）客户分析

客户分析的目的是具体了解企业的客户。要满足客户需求，首先必须了解客户的真正需求，所以说客户分析是进行客户关系管理的基础。在客户分析中主要回答谁是企业的客户、客户的基本类型及个人购买者、中间商和制造商等客户的不同需求特征和购买行为，并在此基础上分析客户差异对企业利润的影响等问题。

（二）企业对客户的承诺

对客户承诺的目的在于明确企业提供什么样的产品和服务。在购买任何产品和服务时，客户总会面临各种各样的风险，包括经济利益、产品功能和质量以及社会和心理方面的风险等。因此，要求企业做出某种承诺，以尽可能地降低客户的购物风险，获得最好的购买效果。企业对客户承诺的宗旨是使客户满意，所以首先要根据客户需要提出承诺。同时，企业对客户的承诺还必须考虑竞争等其他因素，特别是成本和企业的能力，盲目地追求高承诺会产生适得其反的效果。企业不但要善于提出承诺，向目标客户传达承诺，更重要的是做到言行一致，兑现承诺。从一定意义上说，客户关系管理的过程就是实现企业承诺的过程。

（三）客户信息交流

客户信息交流指企业与客户之间交换信息的各种形式，不仅仅是单纯地输出企业信息以影响消费者行为。客户信息交流是一种双向的信息交流，其主要功能是实现双方的互相联系、互相影响。从实质上说，客户关系管理过程就是与客户交流信息的过程，实现有效的信息交流是建立和保持企业与客户良好关系的基本途径。例如，在客户关系管理中进行客户反馈管理，对于衡量企业预期目标的实现和正确处理客户的意见等都具有重要作用。为了实现有效的信息交流，需要明确信息交流的基本原理、交流的作用与对象、交流的过程与交流手段等。

（四）以良好的关系留住客户

面对日益激烈的市场竞争，为了保证企业的长期稳定发展，越来越多的企业开始重视客户关系，并且把良好的客户关系看作企业最宝贵的资产。为了获得和不断增值这种资源，建立与保持客户的长期稳定关系。首先，需要良好的基础，即取得客户的信任；其次，要区别不同类型的客户关系及其特征，并经常进行客户关系情况分析；最后，通过建立客户管理制度和客户组织等途径，保持企业与客户的长期友好关系。

（五）客户档案管理

客户档案管理是客户关系管理中的一项经常性工作，很多企业的客户关系管理都是从建立客户档案入手的。在客户档案管理中，首先需要明确客户档案的基本内容，并根据档案管理对象的具体情况采用科学的方法进行档案分类；其次是选择建立档案的形式。国内外企业建立的档案形式主要有三种类型：客户名录、客户资料卡和客户数据库。无论选择哪一种档案形式，都需要解决如何收集信息以建立档案及不断丰富更新档案的问题。

（六）客户反馈管理

对于企业所做出的一切营销努力，客户总会做出有意识或无意识、主动或被动的反应，这就是客户反馈。客户反馈对于衡量企业承诺目标实现的程度、测试企业各种营销策略的有效性、及时发现在为客户服务中的问题等方面具有重要作用。因此，客户反馈管理是客户管理中的一项必不可少的工作。对于任何企业来说，要真正做到客户满意，都必须充分认识客户反馈对企业决策的重要意义。掌握和利用客户反馈的具体途径，及时收集客户反馈，以作为制定各种企业决策的重要依据。投诉是客户反馈的主要途径，如何正确处理客户的意见和投诉，对于消除客户不满、维护客户利益、赢得客户信任都是十分重要的。

（七）客户服务与教育

现代营销已经进入客户服务的时代，是否能够提供满意的客户服务，已成为企业竞争成败的关键。为了提供高质量的客户服务，需要全面了解客户服务的层次和多种形式，并制订完整的客户服务计划；为客户提供系列化的、具有竞争力的服务；建立服务品质的评价标准和控制系统，并不断改进和完善服务。开展客户教育是为客户服务的最新发展，并以其在客户服务中的特殊作用引起企业界的关注。通过多种形式的客户教育，可以使客户更好地了解企业的承诺，掌握本企业产品和服务涉及的有关知识和使用技能等，降低客户购买和使用产品中的各种风险，为建立企业与客户的良好关系打下良好基础。

（八）开展与客户合作

从为客户服务发展到开展与客户合作是一种新的观念和尝试。合作的基础是实现双方利益的最大化。企业与客户的合作方式可以是多方面的，包括在生产、营销以及在消费领域的合作等。合作对客户的益处是得到更好的满足个性化的服务；企业则可以通过合作充分开发和利用客户资源，提供适应客户需要的产品和优质服务，并在合作中加强与客户的联系，巩固企业与客户的良好关系。良好的客户关系是建立在客户的信任基础上的。所以，建立良好的客户关系的过程就是逐步加强客户对企业的信任程度，并使这种信任发展为忠诚的过程。在建立企业与客户的良好关系过程中，可采取以下措施。

1. 提供客户满意的产品和服务

优质适用的产品和良好的服务是建立客户关系的基本条件。为此，企业营销人员要通过具体了解每个客户的需求特征，使企业提供的产品和服务具有针对性，更好地满足客户个性化的需求，赢得客户在认识上的信任，以逐渐成为企业忠实的客户。

2. 提供附加利益

在向客户提供某种产品的基础上，企业还应注意提供客户需要的各种附加利益，以使客户的购买投资得到预期回报，实现利益最大化。在产品特征相近的情况下，提供附加利益还可以使企业形成区别于竞争者的优势，使客户感到企业时刻在为他们的利益着想，逐步赢得客户的好感并加深信任。目前，企业为客户提供的各种附加利益越来越多，如对所购产品进行定期检查、维修以及使用培训、选购咨询、产品更新改造、用途开发等。通过这些附加利益，不仅客户感到满意，也使企业产品和服务的效能得到最好发挥，实际使双方共同受益。

3. 建立有效、畅通的联系纽带

在产品和服务赢得客户信任、偏好的同时，良好关系的形成还取决于企业与客户之间联系的方便性和有效性，因此要建立某种双方得以互相联系的纽带。一方面，企业销售人员要能够找到客户和潜在客户，并具有一定联系手段和技巧，需要建立客户档案，提供客户、潜在客户名单、联系方式、负责人等方面的信息，同时针对客户特点选用访问、电话、信函等多种方式与客户取得联系，引起客户注意。另一方面，企业要为客户提供找到企业、提出各种要求的渠道，并保持渠道畅通，使其感到随时可以得到来自企业的帮助，可以依靠供应商解决问题。

4. 抓住时机、吸引客户的注意

通过客户分析发现不同客户目前最需要得到什么，及时进行联系，才能引起客户的注意和好感。例如，对于企业的潜在客户提供技术、实用性咨询，对于刚刚购买企业产品的客户，提供使用便利的指导，对于老客户提供重复购买的便利、优惠和定期送货等。

5. 激发客户建立关系的愿望

建立客户关系不能只靠企业一厢情愿，而是要有双方的共同愿望。实际调查结果表明，有时客户也会愿意与企业建立关系，其主要原因是希望从关系中得到优惠和特殊关照。所以，企业可以通过奖励购买行为建立双方良好关系。如再购买折扣、为老客户提供额外服务和奖品、实行产品以旧换新折价，都是建立客户关系的有效方法。

此外，客户建立关系的愿望还来自希望减少购买风险。客户购买产品时总会面临一些未知数，如产品退换问题、按时供货问题等。因此，企业销售人员要重视了解不同客户意识到的风险有哪些，有针对性地提出承诺，并切实履行，尽量减少他们的顾虑。与企业交易的安全感是客户与企业建立关系的最主要动力之一。

6. 制订合理的价格

企业制订合理价格的一个有效方法是实行动态报价。这主要有两种形式，一种动态报价列出包括一个或一套产品和各种服务的系列价格，由客户根据需要进行选择，他们要求的服务越少，则价格越低，这不仅使客户根据需要得到必要的产品和服务，也使企业的服务成本得到合理补偿；另一种动态报价是付款时间、方式折扣的系列价格，如 10 d 之内付款折扣 20%，10～20 d 之内付款折扣 10%，20 d 以上付全价。

三、客户关系管理的实施

客户关系管理的实施，要求以“客户为中心”来构建企业，完善对客户需求的快速反应组织形式，具体步骤如下。

（一）转变企业的观念

当今我们正处在电子商务时代，企业的传统资源，如产品的质量和价格，在激烈的市场竞争中已无法再为企业带来新的竞争力，客户才是企业最为重要的资源。树立以客户为中心的经营理念是实施 CRM 的关键。

（二）构建客户智能平台

客户智能平台，也称客户支持平台，是客户关系管理体系的核心部分，着重于客户数据的采集和分析，通过对各个渠道的客户历史数据以及在线数据的采集和分析，协助企业更好地了解客户，并将获得的客户知识运用到客户服务、市场营销、生产计划等各个方面。这一过程主要包括客户研究与客户挖掘、客户响应与交易记录、客户追踪与客户评价等内容。在这一过程中，要站在客户角度进行观察，从而发现他们想要获得什么，甚至预测他们现在不想获得什么，但将来却想要获得什么，同时对客户进行差异分析。

（三）构建客户交互平台

客户交互平台是为企业运用客户知识提供个性化服务、提高客户满意度、增加市场营销机会、提高管理水平的平台。具体包括：销售自动化、市场营销自动化、智能电话服务中心、呼叫中心、个性化服务等。

（四）构建企业生产平台

企业生产平台是实现以客户为中心的客户关系管理体系的物质基础，具体包括：研发、采购、库存、生产、分销、财务以及人力资源。这些环节均以满足客户为中心，其体制与内容以对市场和客户变化快速反应为核心和出发点。

（五）绩效的分析与衡量

建立一套标准化的衡量模式，衡量实施成效。目前 CRM 的技术，已经可以在出差错时，顺着活动资料的模式分析，找出问题出在哪个部门，甚至哪个人员。企业在 CRM 上的人力与财力投资通常是非常大的。因此，企业在进行这样的投资前，必须要衡量成本与效益。更重要的是现阶段的客户关系是否需要改变。

四、实施客户关系管理的思路

（一）必须以营销思想与信息技术为两翼

1. 客户关系管理必须以营销思想为支撑

不论时代怎么发展、科学技术如何进步，客户关系管理都必须以客户为中心，以营销思想为支撑，优化企业组织体系和业务流程，通过了解和掌握客户需求，为客户提供个性化的优质服务以满足客户需要，并且不断提高客户的满意度和忠诚度，从而提高企业的经营效率，实现销售收入的增长、市场份额的增加，以及企业赢利能力和竞争能力的提升。

2. 客户关系管理必须以信息技术为支撑

虽然过去传统的客户关系管理可以不依赖信息技术，但在信息技术如此发达和重要的今天，客户关系管理必须以信息技术等现代科技为支撑，充分利用数据库、数据挖掘、商业智能技术、应用集成技术、移动与互联网技术等现代技术手段，不断改进和优化与客户相关的全部业务流程，实现电子化、自动化运营。无论采用什么样的信息技术，客户关系管理目标在于建立并保持与客户之间的关系，挖掘市场机会，规避经营风险，获得稳定的利润。

3. 客户关系管理是一种企业文化

企业不能把客户关系管理变成“个别人”的事情，只有所有部门和所有员工都认识到自己与客户之间的利益关系、利害关系，他们才能更好地贯彻客户关系管理的思想。

(二)主动地、有选择地建立客户关系

首先，当没有客户关系时，企业就要主动地、努力地去建立关系。客户关系的建立就是要让潜在客户和目标客户产生购买欲望并付诸行动，促使他们尽快成为企业的现实客户。其次，为了使建立客户关系不太难，也为了使日后的维护客户关系不太难，企业在建立客户关系之前必须有选择地建立关系。有选择地建立客户关系是指企业不能盲目地建立客户关系，而是要对目标客户加以选择。

(三)积极地维护客户关系

虽说建立客户关系也不易，但维护客户关系更难。这是因为，随着科学技术的发展，企业生产技术和生产效率得到了很大的提高，一方面产品或者服务极大丰富，另一方面产品或服务之间的差别越来越小，市场已开始由卖方市场向买方市场发展，客户的选择余地越来越大，流失的风险越来越小也变得越来越容易，而留住客户却是越来越难。

客户关系的维护是企业通过努力来巩固和发展与客户长期、稳定关系的动态过程。客户关系维护的目标，就是要实现客户的忠诚，特别是要实现优质客户的忠诚，避免优质客户的流失。

(四)及时、努力地挽救客户关系

通常客户关系的建立阶段、提升阶段、维护阶段随时都可能发生客户关系的破裂，也就是说出现客户关系的夭折或终止。如果企业没有尽快及时地恢复客户关系，就可能造成客户的永远流失。相反，如果企业能够及时地采取有效措施，就有可能使破裂的关系得到恢复，挽回已经流失的客户，促使他们重新购买企业的产品或服务，这样才能使他们继续为企业创造价值。

五、实施客户关系管理应注意的问题

一些企业对客户关系管理认识的狭隘性影响了它的有效实施。这些认识误区可以概括为以下几点。

(一)客户关系管理能取代一切

这种观点认为，企业只要关注客户关系管理就行了，无须在生产、研发上花费力气，将客户

关系管理体系深化。其实，客户关系管理体系的精神是企业供应链以客户关系为核心和出发点，并非其他环节不重要。

（二）客户关系管理只是销售部门的事

实践证明只靠销售部门是难以建立企业的客户关系管理体系的，CRM实质是一种整合营销，它要求各部门的支持和配合。

（三）将客户关系管理等同于“客户第一”和“服务第一”

客户关系管理是企业新的经营理念，新的运营模式，它不同于“客户第一”和“服务第一”。后者是“点”式经营，专注于销售的某个具体环节；前者是“面”式经营，专注于企业供应链的整合过程。企业引入客户关系管理将改造原有流程，一切以客户需求为出发点，客户关系管理将拉动整个企业运营模式和流程的变革，规划、研发、生产、财务等所有部门必须变革原有的运作模式和思维，一切围绕客户做决策。

任务三　客户关系管理的策略

一、加强客户关系管理信息化建设

（一）客户信息的重要性

1. 客户信息是企业决策的基础

信息是决策的基础，如果企业想要做“事前诸葛亮”，想要维护好不容易与客户建立起来的关系，就必须充分掌握客户的信息，就必须像了解自己的产品或服务一样了解客户，像了解库存变化那样了解客户的变化。

任何一个企业总是在特定的客户环境中经营发展的，有什么样的客户环境，就应有与之相适应的经营战略和策略。所以，企业必须全面、准确、及时地掌握客户的信息。

2. 客户信息是客户分级的基础

企业只有收集全面的客户信息，特别是客户与企业的交易信息，才能够知道自己有哪些客户，才能知道他们分别有多少价值，才能识别哪些是优质客户，哪些是劣质客户，才能识别哪些是贡献大的客户，哪些是贡献小的客户，从而能根据客户带给企业价值的大小和贡献的不同，对客户进行分级管理。

例如，美国联邦快递公司根据客户的信息和历史交易信息来判断每位客户的盈利能力，把客户分为“好”“不好”和“坏”三种，并且为三种不同价值的客户提供不同的服务。

3. 客户信息是客户沟通的基础

随着市场竞争的日趋激烈，客户情报越显珍贵，拥有准确、完整的客户信息，既有利于了解客户、接近客户、说服客户，也有利于客户沟通。如果企业能够掌握详尽的客户信息，就可以做到“因人而异”地进行“一对一”的沟通，就可以根据每个客户的不同特点，有针对性地实施营销活动，如发函、打电话或者上门拜访，从而避免大规模的高额广告投入，使企业的营销成本降到最低点，而成功率却达到最高点。

4. 客户信息是客户满意的基础

在激烈竞争的市场上，企业要满足现有客户和潜在客户及目标客户的要求、期待和偏好，就必须掌握客户的需求特征、交易习惯、行为偏好和经营状况等信息，从而制订和调整营销策略。

如果企业能够掌握详尽的客户信息，就可以在把握客户需求特征和行为偏好的基础上，有针对性地为客户提供个性化的产品或者服务，满足客户的特殊需要，从而提高他们的满意度，这对于保持良好的客户关系，实现客户忠诚将起到十分重要的作用。

如果企业能够及时发现客户的订货持续减少的信息，就可以赶在竞争对手之前去拜访客户同时采取必要的措施进行补救，从而防止客户的流失。

如果企业能够及时掌握客户对企业的产品或服务的抱怨信息，就可以立即派出得力的人员妥善处理和解决，从而消除他们的不满。

如果企业知道客户的某个纪念日，就可以在这个日子送上适当的礼物、折扣券、贺卡或电影票等小礼物，会给客户带来意外的惊喜，从而使客户对企业产生依赖感。

例如，日本花王公司就随时将收集到的数据、意见或问题输入客户数据库，已经建立了8 000多页的客户资料，每年公司凭借这些资料开展回报忠诚客户的活动，以此来巩固与老客户的关系，并且吸引新客户。

（二）客户信息的内容

1. 个人客户信息

个人客户的信息应当包括如下内容。

(1)基本信息：姓名、户籍、籍贯、血型、身高、体重、出生日期、性格特征，身份证号码、家庭住址、电话、传真、电子邮箱，所在单位的名称、职务，单位地址、电话、传真等。

(2)消费情况：消费的金额、频率、每次消费的规模、消费的档次、偏好等。

(3)职业和教育状况。

(4)家庭和个性特征等。

2. 企业客户信息

企业客户的信息内容应当由以下几个方面组成。

(1)基本信息：企业的名称、地址、电话、创立时间、组织方式、业种、资产等。

(2)客户特征：规模、服务区域、经营观念、经营方向、经营特点、企业形象、声誉等。

(3)业务状况：销售能力、销售业绩、发展潜力与优势、存在的问题及未来的对策等。

(4)交易状况：订单记录、交易条件、信用状况及出现过的信用问题、与客户的关系及合作态度、客户对企业及竞争对手的产品服务评价、客户建议与意见等。

(5)负责人信息：所有者、经营管理者、法人代表及其姓名、年龄、学历、个性、兴趣、爱好、家庭、能力、素质等。

（三）收集客户信息的渠道

收集客户的信息只能从点点滴滴做起，可通过直接渠道和间接渠道来完成。

1. 直接渠道

直接收集客户信息的渠道，主要是指客户与企业的各种接触机会。如客户从购买前的咨询到售后服务，包括处理投诉或退换产品，这些都是直接收集客户信息的渠道。具体包括五个方面。

(1)在调查中获取客户信息。即调查人员通过面谈、问卷调查、电话调查等方法得到第一手的客户资料，也可以通过仪器观察被调查客户的行为并加以记录而获取信息。

(2)在营销活动中获取客户信息。如通过发布广告、与客户的业务往来函电、实行会员制度、成立客户联谊会或俱乐部，或通过博览、展销会、洽谈会等活动中直接获取客户信息，达成购买意向。

(3)在服务过程中获取客户信息。对客户的服务过程也是企业深入了解客户、联系客户、收集客户信息的最佳时机。在服务过程中，客户通常能够直接并且毫不避讳地讲述自己对产品的看法和期望，对服务的评价和要求，对竞争对手的认识，以及其他客户的意愿和销售机会，其信息量之大、准确性之高是在其他条件下难以实现的。服务记录、客户服务部的热线电话记录以及其他客户服务系统能够收集到的客户信息。

此外，客户投诉也是企业了解客户信息的重要渠道，企业可将客户的投诉意见进行分析整理，同时建立客户投诉的档案资料，从而为改进服务、开发新产品提供基础数据资料。

(4)在终端收集客户信息。终端是直接接触最终客户的前沿阵地，通过面对面的接触可以收集到客户的第一手资料。目前零售终端普遍都设置了结账扫描仪，并且利用前端收款机收集、存储大量的销售数据，而会员卡的发放也可以帮助企业记录单个客户的购买历史。

(5)网站和呼叫中心是收集客户信息的新渠道。随着电子商务的开展，客户越来越多地向网站去了解企业的产品或者服务，即时完成订单等操作，因此，企业可以通过客户访问网站进行注册的方式，建立客户档案资料。

此外，客户拨打客服电话，呼叫中心可以自动将客户的来电记录在计算机数据库内。另外，在客户订货时，通过询问客户的一些基本送货信息，也可以初步建立起客户信息数据库，然后逐步补充。

2. 间接渠道

间接收集客户信息的渠道，是指企业从公开的信息中或者通过购买获得客户信息，一般可以通过以下渠道获得。

(1)各种媒体。国内外各种权威性报纸、杂志、图书和国内外各大通讯社、互联网、电视台发布的有关信息，这些往往都会涉及客户的信息。

(2)工商行政管理部门及驻外机构。工商行政管理部门一般掌握客户的注册情况、资金情况、经营范围、经营历史等，是可靠的信息来源。

(3)国内外金融机构及其分支机构。一般来说，客户均与各种金融机构有业务往来，通过金融机构调查客户的信息，尤其是资金状况是比较准确的。

(4)国内外咨询公司及市场研究公司。国内外咨询公司及市场研究公司具有业务范围广、速度较快、信息准确的优势，可以充分利用这个渠道对指定的客户进行全面调查，从而获取客户的相关信息。

(5)从已建立客户数据库的公司租用或购买。小公司由于实力有限或其他因素的限制，自己无力去收集客户信息，对此可通过向已经建立客户数据库的公司租用或者购买来获取客户信息，比自己去收集客户信息的费用要低得多。

(6)其他渠道。如从战略合作伙伴或者老客户，以及行业协会、商会等获取相关的客户信息。另外，还可以与同行业不具有竞争威胁的企业交换客户信息。

总之，客户信息的收集有许多途径，在具体运用时要根据实际情况灵活选择，有时也可以将不同的途径结合在一起综合使用。应当强调的是，企业必须对客户负责，严格保密客户的信息。

(四)运用数据库管理客户信息

数据库是信息的中心存储库，是由一条条记录所构成，记载着有相互联系的一组信息，许多条记录连在一起就是一个基本的数据库。

客户数据库是企业运用数据库技术，收集现有客户、目标客户的综合数据资料，追踪掌握他们的情况、需求和偏好，并且进行深入的统计、分析和数据挖掘，而使企业的营销工作更有针对性的一项技术措施，是企业维护客户关系、获取竞争优势的重要手段和有效工具。

客户数据库能反映出每个客户的购买频率、购买量等重要信息，并保存每次交易的记录及客户的反馈情况，通过对客户进行定期跟踪，可使企业对客户的资料有详细全面的了解，利用数据挖掘技术和智能分析可以发现盈利机会，继而采取相应的营销策略。具体来说，运用数据库管理客户信息可以实现如下几个方面的功能：①运用数据库可以深入分析客户的消费行为。②运用数据库可以对客户开展一对一的营销。③运用数据库可以实现客户服务及管理的自动化。④运用数据库可以实现对客户的动态管理。

二、开发新客户

开发新客户可以丰富企业的客户层次，增强企业的应变能力，因此企业应该结合自己的产品特点和优势，仔细选择资料中的客户，挑选出可能适合自己的客户群。

(一)客户的选择

客户的选择是指企业对服务对象的选择，即究竟选择什么样的对象与之建立客户关系。

1. 选择关系客户的原因

在买方占主导地位的市场条件下，一般来说，客户可以自由选择企业，而企业是不能够选择客户的，大多数时候企业只能将客户当上帝来看待，祈求客户的光顾与购买。但是，从另一个角度来看，即使在买方市场条件下，作为卖方的企业还是应当主动去选择自己的客户，原因包括以下几点。

(1)不是所有的购买者都会是企业的客户。一方面，每个客户都有不同的需求，需求的个性化决定不同的客户购买不同的产品；另一方面，企业的资源是有限的，无法提供市场上需要的所有产品或者服务；此外，竞争者的客观存在，也决定了任何一家企业不可能“通吃”所有的购买者，不可能为所有的购买者提供产品或服务。因此，企业如果准确选择客户，就可以避免花费在非客户上的成本，从而减少企业资源的浪费。

(2)不是所有客户都能够给企业带来收益。客户天生就存在差异，有优劣之分，不是每个客户都能够带来同样的收益，都能给企业带来正价值，有些客户反而是“麻烦的制造者”，可能会给企业带来负面的风险，该风险甚至会超过其为企业带来的价值。总之，客户数量已经不再是衡量企业获利能力的唯一指标，客户质量的重要性已经在一定程度上高过了客户数量的重要性，客户质量在很大程度上决定着企业盈利的大小。

(3)没有选择好客户可能造成企业定位的模糊。客户之间的需求也是有差异的，企业如果没有选择好自己的客户，就不能为确定的关系客户开发恰当的产品或者提供恰当的服务。另外，形形色色的客户共存于同一企业，可能会造成企业定位的模糊，导致客户对企业印象产生混乱。相反，如果企业主动选择特定的客户，明确客户定位，就能够树立鲜明的企业形象。

(4)选择正确的客户是成功开发、实现客户忠诚的前提。实践证明，客户忠诚度高的企业更关注对新客户的选择。仔细挑选特定的客户是企业在处理客户关系上争取主动的一种策略，是成功建立、提升和维护客户关系的基础，是企业对客户关系进行有效管理的前提条件，同时也能增加企业的赢利能力。

2. 选择什么样的关系客户

关系客户的选择是指企业在客户细分的基础上，对各细分客户群的赢利水平、需求潜力、发展趋势等情况进行分析、研究和预测，最后根据企业状况、市场状况以及竞争状况，选择和确定一个或几个细分客户群作为自己的服务对象。

通常，企业应选择以下几种客户作为关系客户。

(1)购买欲望强烈、购买数量大的客户。

(2)能够保证企业赢利，对价格敏感度低，付款及时，有良好信誉的客户。

(3)服务成本较低，经营风险小，有良好发展前景的客户。

(4)愿意与企业建立长期的伙伴关系的客户。

3. 选择关系客户的指导思想

企业选择关系客户的指导思想包括选择与企业定位一致的客户，选择“好客户”，选择有潜力的客户，选择“门当户对”的客户，选择与“忠诚客户”相似的客户。

(二)客户的开发

1. 营销导向的开发策略

所谓营销导向的开发策略，就是企业通过适当的产品、适当的价格、适当的分销渠道和适当的促销手段，吸引目标客户和潜在客户产生购买欲望并付诸行动的过程。

营销导向的开发策略特点是“不求人”，是企业靠自身的产品、价格、分销、促销的特色来吸引客户，其效果是由客户自己完成开发、主动和自愿地被开发，并且具有较高的客户满意度，所以该策略是客户开发策略的最高境界，也是获得客户的理想途径。具体通过有吸引力的产品或服务、有吸引力的价格或收费、有吸引力的购买渠道和有吸引力的促销方案来实现。

2. 推销导向的开发策略

所谓推销导向的开发策略，就是企业在自己的产品、价格、渠道和促销没有明显特色或者缺乏吸引力的情况下，通过人员推销的形式，引导或者劝说客户购买，从而将目标客户开发为现实客户的过程。

推销导向的开发策略，首先要能够寻找到目标客户，其次要想办法说服目标客户采取购买行动。

寻找客户是推销的起点，常用的寻找客户的方法包括逐户访问法、会议寻找法、到俱乐部寻找法、在亲朋故友中寻找、资料查询法、咨询寻找法、“猎犬”法、介绍法、“中心开花法”、电话寻找法、信函寻找法、短信微信寻找法、网络（博客、微博、微信）寻找法以及挖竞争对手的客户等。

三、强化企业与客户的互利关系

强化企业与客户的互利关系，企业可以从两方面着手，一方面企业要切实为客户着想、提高客户的满意度和忠诚度；另一方面以战略规划推动企业的客户管理工作。企业应该制订详细的发展战略计划书，列明推进的时间，正式提交给大客户管理层，使客户方能够对公司的整年发展计划有全盘了解。

（一）客户分级管理

所谓客户分级管理，就是根据客户的信用度和客户对企业的贡献率等指标把客户群分为关键客户（A 类客户）、普通客户（B 类客户）、小客户（C 类客户）三个类别，即 ABC 客户分类法（图 10-1）。对不同类别的客户，应采取不同的管理方法，并建立科学动态的分类管理机制。

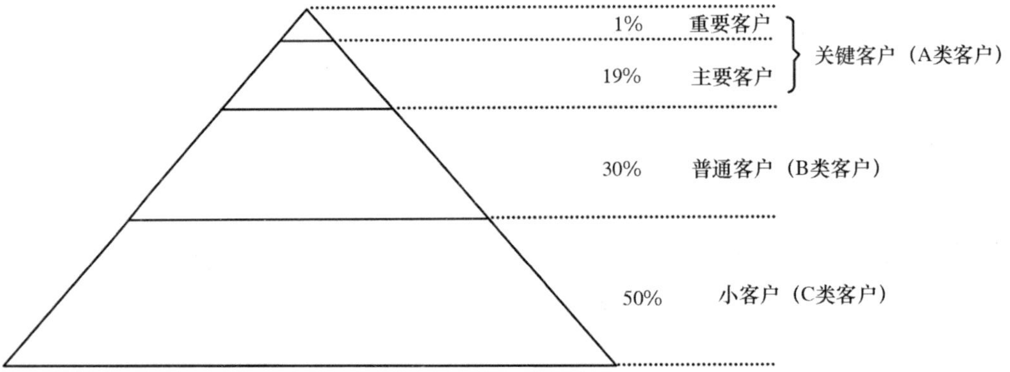

图 10-1 ABC 客户分类法

1. 实施客户分级管理的作用

（1）可以增强企业的客户服务水平。这是众多企业实施企业客户管理系统的一个主要目标。系统整合与记录企业各个部门所接触的客户资料，通过对这些客户信息的分析和挖掘，深入了解客户的需要，发现企业的高价值客户，从而向客户提供更加具有针对性、更加专业化的服务。

（2）可以增强企业的市场营销管理的能力。企业客户关系管理系统可以帮助企业制订合适的市场营销计划，并对各种推广渠道（传统营销、电话营销、网络营销）所接触的客户进行记录、分类和辨识，加强企业对潜在客户以及现实客户的管理，同时对企业的各项营销活动效果进行评价，提高企业的市场营销管理的能力。

（3）可以提高企业的销售收入。这是诸多实施客户关系管理系统的企业所期望的一个重要目标，客户关系管理体系通过企业的门户网站、第三方电子商务平台以及微信、微博等方式，充分利用信息资源得到各级客户销售记录的实时信息，并利用该信息为企业带来更高的价值。

2. 影响客户分级的因素

（1）客户的信用状况。即企业统计客户最近一年的付款情况是否及时，有否拖延及拖延的天数与原因，然后根据这些因素，来判定客户的级别。

（2）客户的下单金额。统计企业近一年或者两年的客户下单金额，然后，按照其下单量从大到小，进行排列。下单量可以从下单的金额，也可以从下单的数量进行考核。

（3）客户的发展前景。这主要针对新客户，企业通过考察、了解等手段，挖掘客户的潜在价值，然后，去人为地判断其重要性。新客户因为没有历史交易的情况，所以很难用具体的数据来支持企业的决策，只有通过这主观的判断，才可以指定客户的优先级别。

（4）客户对企业利润的贡献率。这种方法，不但从客户下单的金额考虑，还涉及其购买产品的成本与利润问题。统计一年客户的销售订单量及其购买产品的利润率问题，然后算出其给企业创造了多少的利润。再以这个利润的大小进行优先级的排名。

（5）综合加权。以上几个指标都只是从一个方面进行衡量，不免有点偏颇。如客户虽然信用状况很好，但是，有可能其一年才下 100 元的订单，就算其信用状况再好，其也没有给企业创造多少的利润；再如，客户的下单量虽然比较大，但是，其购买的产品都是低利润的产品或者其信用状况不是很好，老是拖欠，那也不一定是高价值的客户。

3. 客户分级管理的措施

客户分级管理是在客户分级的基础上，依据客户级别高低的不同设计不同的客户服务项目。不是对所有客户都平等对待，而是区别对待不同贡献的客户，将重点放在为企业提供80%利润的关键客户上，为他们提供上乘的服务，给他们特殊的礼遇和关照，努力提高他们的满意度，从而维系他们对企业的忠诚。同时，积极提升各级客户在客户金字塔中的级别，放弃不具赢利能力的客户，尤其是劣质客户，合理分配企业资源。

（1）关键客户的管理。重要客户和主要客户构成了企业的关键客户，他们是企业的核心客户，一般占企业客户总数的 20%，企业 80%的利润靠他们来贡献，是企业的重点保护对象。关键客户管理的目标是提高关键客户的忠诚度，并且在“保持关系”的基础上，提升关键客户给企业带来的价值。为此，要做好以下三方面的工作。

①成立为关键客户服务的专门机构。目前，许多企业对关键客户都比较重视，经常由企业高层亲自出面处理与这些客户的关系，但是这样势必分散高层管理者的精力。因此企业通常的做法是成立一个专门服务于关键客户的机构，对关键客户实行系统化、规范化的管理。关键客户服务机构的主要工作包括如下。

第一，负责联系关键客户，一般来说，要给重要的关键客户安排一名优秀的客户经理并长期固定地为其服务，规模较小的关键客户可以几个客户安排一个客户经理。第二，为企业高层提供准确的关键客户信息，包括获取关键客户相关人员的个人资料，并协调技术、生产、企划、销售、运输等部门，根据关键客户的不同要求设计不同的产品和服务方案。第三，利用客户数据库分析每位关键客户的交易历史，注意了解关键客户的需求和采购情况，及时与关键客户就市场趋势、合理的库存量进行商讨，在销售旺季到来之前，要协调好生产及运输等部门，保证在旺季对关键客户的供应，避免因缺货而导致关键客户的不满。第四，关心关键客户的利益得失，把服务做在前面，并且注意竞争对手对他们的“引诱”，千方百计地保持关键客户，决不能让他们转向竞争对手。第五，要关注关键客户的动态，并强化对关键客户的跟踪管理，对出现衰退和困难的关键客户要进行深入分析,必要时伸出援手。

对关键客户的服务与管理是一项涉及部门多、要求非常细的工作,只有调动企业的一切积极因素,创造客户导向特别是关键客户导向的组织文化,才能做好这项工作。

②集中优势资源服务于关键客户。由于关键客户对企业的价值贡献最大,因而对服务的要求也比较高,但是目前有些企业没有为关键客户提供特殊服务,而是让关键客户与小客户享受同等待遇,使得关键客户的不满情绪不断增长。

为进一步提高企业的赢利水平,按帕累托定律的反向操作就是:要为 20%的客户花上 80%的努力。即企业要将有限的资源用在前 20%的最有价值的客户上,用在能为企业创造 80%利润的关键客户上。

为此,企业应该保证足够的投入,优先配置最多最好的资源,加大对关键客户的服务力度,采取倾斜政策加强对关键客户的营销工作,向关键客户提供"优质、优先、优惠"的个性化服务,从而提高关键客户的满意度和忠诚度。

除了为关键客户优先安排生产、提供能令其满意的产品外,还要主动提供售前、售中、售后的全程、全面、高档次的服务,包括专门定制的服务,以及针对性、个性化、一对一、精细化的服务,甚至可以邀请关键客户参与企业产品或服务的研发、决策,从而更好地满足关键客户的需要。

③通过沟通和感情交流,密切双方的关系。

第一,有目的、有计划地拜访关键客户。一般来说,有着良好业绩的企业营销主管每年大约有 1/3 的时间是在拜访客户中度过的,其中关键客户正是他们拜访的主要对象。对关键客户的定期拜访,有利于熟悉关键客户的经营动态,及时发现并解决问题,有利于与关键客户搞好关系。

第二,经常性地征求关键客户的意见。企业高层经常性地征求关键客户的意见,将有助于增加关键客户的信任度。例如,每年组织一次企业高层与关键客户之间的座谈会,听取关键客户对企业的产品、服务、营销、产品开发等方面的意见和建议,以及对企业下一步的发展计划进行研讨等,都有益于企业与关键客户建立长期、稳定的战略合作伙伴关系。

第三,及时、有效地处理关键客户的投诉或抱怨。处理投诉或抱怨是企业向关键客户提供售后服务的必不可少的环节之一,企业要积极建立有效机制,优先、迅速、有效以及专业地处理关键客户的投诉或抱怨。

第四,充分利用包括网络在内的各种手段与关键客户建立快速、双向的沟通渠道,不断地、主动地与关键客户进行有效沟通,真正了解他们的需求,甚至了解他们的客户的需求或能影响他们购买决策的群体的偏好,只有这样才能够密切与关键客户的关系,促使关键客户成为企业的忠诚客户。

第五,增进与关键客户的感情交流。企业应利用一切机会,如关键客户开业周年庆典,或关键客户获得特别荣誉时,或关键客户有重大商业举措时,表示祝贺与支持,这些都能加强企业与关键客户之间的感情。当关键客户有困难时,如果企业能及时伸出援手,也可以提升关键客户对企业的感情。

企业与客户之间的关系是动态的,企业识别关键客户也应该是一个动态的过程。一方面现有的关键客户可能因为自身的原因或企业的原因而流失,另一方面又会有新的关键客户与企业建立关系。因此,企业应对关键客户的动向做出及时反应,既要避免现有关键客户的流失，又要及时对新出现的关键客户采取积极的行动。

（2）普通客户的管理。对于普通客户的管理，主要强调提升级别和控制成本两个方面。

①针对有升级潜力的普通客户，努力培养其成为关键客户。企业要增加从普通客户上获得的价值，就要设计鼓励普通客户消费的项目，如对一次性或累计购买达到一定标准的客户给予相应级别的奖励，或者让其参加相应级别的抽奖活动等，以鼓励普通客户购买更多数量的产品或服务。

企业还可根据普通客户的需要扩充相关的产品线，或者为普通客户提供"一条龙"服务，以充分满足他们的潜在需求，这样就可以增加普通客户的购买量，提升他们的层级，使企业进一步获利。

②针对没有升级潜力的普通客户，减少服务，降低成本。针对没有升级潜力的普通客户，企业可以采取"维持"战略，在人力、物力、财力等限制条件下，不增加投入，甚至减少促销努力，以降低交易成本，还可以要求普通客户以现款支付甚至提前预付。另外，还可以缩减对普通客户的服务时间、服务项目、服务内容，或对普通客户只提供普通档次的产品或一般性的服务，甚至不提供任何附加服务。

（3）小客户的管理。对于低价值的小客户，企业通常的做法会有两种：一种是"坚决剔除"，不再与他们联系和交易；另一种是"坚决保留"，信奉"客户就是上帝"，无论小客户多么难缠，都不遗余力地与其保持关系。这两种做法都过于极端，不可取。

①判断有没有升级的可能。企业应在认真分析小客户价值低的原因之后，判断和甄别这类客户是否有升级的可能。

如果这类小客户有升级的可能，企业就应加强对他们的培育，帮助其成长，挖掘其潜力，可通过客户回访、邮寄赠品或刊物等不同的手段与这类小客户建立特殊的关系。通过这样密切的联系往往可以促使小客户上升为普通客户甚至关键客户，那么伴随着小客户的成长，企业利润就可以不断得到提升。

如果这类小客户没有升级的可能，企业也不能说淘汰就淘汰，而要搞清楚是不是非淘汰不可。

②判断是不是非淘汰不可。开发一个新客户的成本远远大于维系一个老客户的成本，因此，企业必须珍惜并慎重对待现有的每一个客户。

虽然一些小客户给企业带来的利润很少甚至根本没有利润，但是他们仍然为企业创造和形成了规模优势，在降低企业成本方面功不可没。因此，保持一定数量的低价值客户是企业实现规模经济的重要保证，是企业保住市场份额、保持成本优势、遏制竞争对手的重要手段。所以，企业在决定淘汰小客户时，要权衡利弊得失，纵观全局，认真研究是不是非淘汰不可。

③有理有节地淘汰。对于没有价值的小客户一般可以通过提高价格和降低成本的方式逐步淘汰。

（二）加强与客户的沟通

沟通是指两个或两个以上的人之间交流信息、观点和理解的过程。在客户服务中，很多时候，客服人员都不能真正理解对方的意思，从而引起客户的不满与抱怨。客户服务人员必须不断完善自己的沟通技巧。

1. 客户沟通的基本技能

(1)掌握客户的特点。只有了解不同人在沟通过程中的不同特点,才有可能用相应的方法与其沟通,最终使沟通效果臻于完美;只有掌握了不同的人在沟通中的特点后,才能选择与其接近的方式与其沟通;还应了解对方的声音、语速等,尽可能与对方保持一致,才能产生较好的沟通效果。

(2)有效的语言沟通。客服人员的语言是否热情、礼貌、准确、得体,直接影响到客户的购买行为,并影响客户对企业的印象。客服人员的语言应具备以下特点:①语言有逻辑性,层次清楚,表达明白。②突出重点和要点。③真实、准确。④说话文明。⑤话语因人而异。⑥调整自己的音量和讲话速度。

(3)适度的身体语言。所谓身体语言,不仅包括沟通者的动作、神态、表情,它还反映在说话的音色和音量以及必要的抑扬顿挫上,不同的声音带来不同的效果。因此,在和客户沟通的过程中,一定要注意调节自己的音色,让自己的声音能够包含更为丰富多彩的内容。另外,客服人员的眼神、表情等肢体语言也会给客户传递更多的信息和情感,所以要巧妙地运用各种身体语言,赢得客户的信任。

2. 客户沟通时的倾听技能

在与客户沟通过程中,潜心地倾听往往比滔滔不绝地谈话更为重要。学会倾听才能探索到客户的心理活动,观察和发现其兴趣所在,从而确认客户的真正需要,以此不断调整自己的服务。

(1)要集中精力、专心致志地听,这是倾听技能中最重要、最基本的方面。

(2)善于使用并观察肢体语言。

(3)着重听取关键词。透过关键词,可以看出对方喜欢的话题,以及说话者对人的信任。另外,找出对方话中的关键词,也可以帮助我们决定如何响应对方的说法。

(4)尽量避免打断客户的谈话。随意打断客户谈话不仅会打击客户表达观点和意图的热情和积极性,甚至还会引起客户的反感。

(5)清楚地听出对方的谈话重点。与客户沟通过程中,清楚地听出客户谈话的重点,了解客户的真正意图。

(6)肯定对方的观点、适时的积极回应。在谈话中,一定要用心去接受客户的观点,给予积极的肯定和赞美,这是获得对方好感的一大绝招。

3. 客户沟通时的提问技巧

提问是非常重要的一种沟通行为,客服人员的服务技能究竟怎样、服务经验是否丰富,关键看他提问的质量。

(1)开放式提问。所谓开放式问题,就是不限制客户回答问题的答案,完全让客户跟着自己的喜好,围绕谈话主体自由发挥。如“您能谈谈当时的具体情况吗?或者您能回忆一下当时的具体情况吗?”一句话问出来,客户就滔滔不绝了,可能会告诉你非常多的信息。

进行开放式提问有助于让谈话的气氛轻松,令客户感到自然并畅所欲言,又有助于客服人员根据客户谈话了解更多有效的客户信息,收集信息全面。但是开放式提问容易浪费时间、容易偏离谈话主题和目标。

(2)封闭式提问。封闭式提问限定了客户的答案,客户只能在有限的答案中进行选择。比如,你读过公司内部杂志或简讯吗?客户只能回答有或者没有。使用封闭式提问,客户往往会感觉比较紧张和被动，甚至还会产生被审问的感觉。封闭式问题的使用完全是为了帮助客户进行判断。

一般而言，客服人员发现话题跑偏时可问一个封闭式问题；发现对方比较紧张时，可问一个开放式问题，使气氛轻松自如。

向客户提问时应注意：保持礼貌和谨慎、少说为什么、少问带有引导性的问题以及避免多重提问。

4. 客户沟通时的回答技巧

沟通中客服人员的回答主要是消除客户的疑虑，纠正客户的错误看法，用劝导的方式，说明、解释并引导客户对问题的认识。

(1)及时调整谈话速度。要根据客户是否能理解谈话的主旨，以及对谈话中重要情况的理解程度，来调整说话速度。在向客户解释一些主要情况和重要问题时，说话的速度要适当放慢，使客户易于领会。要随时注意客户的反应，根据客户的理解程度来调整谈话的速度，避免长篇大论。

(2)讲究否定的艺术。在沟通中，最忌讳与客户争论。在任何情况下，都不要直截了当地反驳客户，断然地否定很容易使客户产生抵触。如果在特定的情况下，客服人员可以采用"尽管很对，但是……"的方法，首先明确表明同意客户的看法，然后再用婉转的语言提出自己的观点，客户往往比较容易接受。

(3)保持沉着冷静。任何时候都要冷静地回答客户，即使是在客户完全错误的情况下也应沉得住气。有时候客户带有很多偏见和成见，很多看法带有强烈的感情色彩，这时候用讲道理的方法是改变不了对方的成见的。沉着冷静的举止不仅会强化客户的信心，而且在一定程度上会使沟通的气氛朝着有利于客服人员的方向发展。

(三)提高客户的满意度

客户满意度是客户期望值与客户体验的匹配程度。客户满意度的大小受到以下四个因素的影响。

1. 产品和服务让渡价值的高低

客户对产品或服务的满意度会受到产品或服务的让渡价值高低的重大影响。如果客户得到的让渡价值高于他的期望值，他就倾向于满意，差额越大越满意；反之，如果客户得到的让渡价值低于他的期望值，他就倾向于不满意，差额越大就越不满意。

2. 客户的情感

客户的情感同样可以影响其对产品和服务的满意度。这些情感可能是稳定的，事先存在的，比如情绪状态和对生活的态度等。非常愉快的时刻、健康的身心和积极的思考方式，都会对所体验的服务的感觉有正面的影响。反之，当客户正处在一种恶劣的情绪当中，消沉的情感将被他带入对服务的反应，并导致他对任何小小的问题都不放过或感觉失望。

3. 对服务成功或失败的归因

这里的服务包括与有形产品结合的售前、售中和售后服务。归因是指一个事件感觉上原因。当客户被一种结果(服务比预期好得太多或坏得太多)震惊时，他们总是试图寻找原因，而他们对原因的评定能够影响其满意度。

4. 对公平性的判断

公平性是客户在心理上进行比较后的一种主观判断。客户希望得到公平的感受，期望自己的投入可以得到相应的回报，认为自己应该受到重视，并被礼貌地对待。客户会将产品或服务的诸多方面与参照对象进行比较，如果发现综合产出与综合投入的比率较高，其满意度也就较高。

(四)培养客户的忠诚度

客户忠诚度是一个量化概念，是指由于质量、价格、服务等诸多因素的影响，使客户对某一企业的产品或服务产生感情，形成偏爱并长期重复购买该企业产品或服务的程度。

客户忠诚是指客户对企业的产品或服务的依恋或爱慕的感情，它主要通过客户的情感忠诚、行为忠诚和意识忠诚表现出来。其中情感忠诚表现为客户对企业的理念、行为和视觉形象的高度认同和满意；行为忠诚表现为客户再次消费时对企业的产品和服务的重复购买行为；意识忠诚则表现为客户做出的对企业的产品和服务的未来消费意向。这样，由情感、行为和意识三个方面组成的客户忠诚营销理论，着重于对客户行为趋向的评价，通过这种评价活动的开展，反映企业在未来经营活动中的竞争优势。

客户忠诚具体体现在如下四个方面。

(1)客户忠诚是指客户在进行购买决策时，多次表现出来的对某个企业产品和品牌有偏向性购买行为。

(2)忠诚的客户是企业最有价值的客户。

(3)客户忠诚的小幅度增加会导致利润的大幅度增加。

(4)客户忠诚营销理论的关心点是利润。建立客户忠诚是实现持续的利润增长的最有效方法。企业必须把做交易的观念转化为与客户建立关系的观念，从仅仅集中于对客户的争取和征服转变为集中于客户的忠诚与持久。

(五)正确认识和处理客户的投诉

1. 客户投诉的含义

客户投诉是消费者对企业的产品质量问题、服务态度等各方面的原因，向企业主管部门反映情况，检举问题，并要求得到相应的补偿的一种手段。其方式主要有当面投诉、信函投诉和电话投诉等。

客户投诉是每一个企业都会遇到的问题，它是客户对企业管理和服务不满的表达方式，也是企业有价值的信息来源，它为企业创造了许多机会。因此，如何利用处理客户投诉的时机而赢得客户的信任，把客户的不满转化为客户满意，锁定他们对企业和产品的忠诚，获得竞争优势，已成为企业经营管理的重要内容之一。

2. 阻碍客户投诉的因素

虽然客户投诉是司空见惯的事情，但并非所有不满意的客户都会进行投诉。研究表明，通常情况下，70%～95%的不满意客户不会向经营性组织机构投诉。具体而言，有如下情况：对服务不满意的客户，96%会静静地离开，91%永远不会再回来，80%的此类客户将不满意的服务活动向 8～10 位朋友诉说，20%的此类客户更会向 20 位朋友讲述。

那么，为什么客户会选择沉默呢？

(1)企业没有为客户提供适当的投诉渠道。由于企业没有向客户明确告知的义务和客户的权益,造成客户在问题发生后,不知道损失该由谁承担;或者没有清楚告知客户如果发生问题,应该通过何种渠道、向企业哪个部门反映,使受到损失的客户束手无策;或者提供的渠道使客户觉得不方便,如经常无人接听电话。

(2)客户心理上存在障碍。客户认为投诉了也不会有什么结果,企业不会理睬他的投诉,更不会公正处理,所以投诉也是徒劳。在客户不满意时,这种想法也会阻碍客户投诉行为的实施。另外,客户心理上的担忧也会影响客户投诉。在产品或者服务的提供方处于某种强势的情况下,客户会担心由于投诉遭到报复。比如病人对护士的恶劣服务,不敢投诉,是害怕投诉换来更加恶劣的服务。

(3)客户认为投诉不值。在影响不满意客户不投诉的原因中,客户认为投诉不值得的比例最高,因为客户认为投诉要花费时间成本、精力成本、货币成本,甚至心理成本。尤其是在企业投诉处理效率不高、造成损失不大的情况下,客户会认为投诉成本过高而放弃投诉。

3. 清除客户投诉的障碍

企业主动清除客户投诉的障碍,鼓励和引导不满意客户投诉,为不满意客户投诉提供方便是十分必要的。

(1)鼓励客户评价与投诉。为了鼓励客户直接向企业反映情况,企业应该制定明确的产品和服务标准及补偿措施,使客户明确判断自己购买的产品、接受的服务是否符合标准,是否可以进行投诉,如果投诉的话,可能获得什么结果。如联邦快递就保证,如果客户没有在递交邮件次日上午 10:30 前收到邮件,邮件费用全免。在此基础上,企业还应该增加接受和处理投诉的透明度,设立奖励制度鼓励客户投诉,督促员工积极接受并处理投诉,从而加强客户与企业、企业与员工、员工之间的理解。

(2)培训客户投诉。在鼓励客户投诉的基础上,企业还要采用各种方式培训客户如何投诉。例如,通过促销材料、产品包装、文具、名片等客户能够接触到的媒介,告知客户,企业接受客户投诉的部门联系方式和工作程序。

(3)方便客户投诉。企业应尽可能降低客户投诉的成本,减少其花在投诉上的时间、精力、货币与心理成本,使客户的投诉变得容易,方便而简捷,投诉系统不能向客户要求过多的文件证据和额外的努力。公司还要了解客户更乐意用什么方式投诉,是邮寄、电话、电子邮件、传真还是面对面投诉,然后提供给客户乐意接受的投诉渠道,告知客户投诉的程序,更方便客户投诉。

4. 客户投诉的处理程序

从某种意义上说,恰当地处理好客户投诉是最重要的售后服务。客户投诉的处理流程包括以下几个步骤。

(1)记录投诉内容。利用客户投诉登记表详细地记录客户投诉的主要内容,如客户姓名、性别、购买产品的时间、地点、产品或服务的类型、客户的使用方法、产生不满与抱怨的原因、客户希望以何种方式解决问题、客户的联系方式等。

(2)判断投诉是否成立。由于客户在投诉时总是会强调那些支持他的观点的情况,所以接待人员必须谨慎地确定有关的事实信息。在全面、客观认识情况的基础上了解客户投诉的内容,然后判定客户投诉的理由是否充分、投诉要求是否合理。如果投诉不能成立,即可以婉转的方式答复客户,取得客户的谅解,消除误会。

(3)确定投诉处理部门。根据客户投诉的内容,确定相关的具体受理单位和受理负责人。

(4)投诉处理部门分析投诉原因。要查明投诉的具体原因,以及造成客户投诉的部门具体负责人。

(5)提出处理方案。根据实际情况,参照客户的处理要求,提出解决投诉的具体方案,如退货、换货、维修和赔偿等。

(6)提交主管领导批示。对于客户投诉问题,领导应予以高度重视。主管领导应对投诉的处理方案一个一个过目,及时做出批示,根据实际情况,采取一切可能的措施,挽回已经出现的损失。

(7)实施处理方案。处理直接责任人,通知客户,并尽快地收集客户的反馈意见。对直接责任人和部门主管要按照有关规定进行处罚,依据投诉所造成的损失大小,扣罚责任人一定比例的绩效工资或奖金。同时对不及时处理问题造成延误的责任人也要进行追究。

(8)总结评价。对投诉处理过程进行总结与综合评价,吸取经验教训,提出改进措施,不断完善企业的经营管理和业务运作,以提高客户服务质量和服务水平,降低投诉率。解决客户投诉后,接待人员可以打电话或写信给他们,了解客户是否满意。一定要注意与客户保持联系,并定期拜访。

四、完善售后服务

(一)售后服务的概念和意义

售后服务,就是在商品出售以后所提供的各种服务活动。从销售工作来看,售后服务本身同时也是一种促销手段,通过售后服务可以提高企业的信誉,扩大产品的市场占有率。

售后服务是售后最重要的环节。售后服务已经成了企业保持或扩大市场份额的要件。售后服务的优劣能影响客户的满意程度。在购买时,商品的保修、售后服务等有关规定可使客户摆脱疑虑、摇摆的心态,下定决心购买商品。优质的售后服务是品牌经济的产物,在市场激烈竞争的今天,随着客户维权意识的提高和消费观念的变化,客户不再只关注产品本身,在同类产品的质量与性能都相似的情况下,更愿意选择这些拥有优质售后服务的公司。

(二)售后服务的内容

售后服务的内容主要包括:①代为客户安装、调试产品;②根据客户要求,进行有关使用等方面的技术指导;③保证维修零配件的供应;④负责维修服务,并提供定期维护、定期保养;⑤为客户提供定期电话回访或上门回访;⑥对产品实行“三包”,即包修、包换、包退(许多人认为产品售后服务就是为“三包”,这是一种狭义的理解);⑦处理客户来信来访以及电话投诉意见,解答客户的咨询;⑧征集客户对产品质量的意见,并根据情况及时改进。

(三)售后服务的要点

1. 耐心聆听

对客户所说的话要从头到尾耐心地听。一般人如果听到对方重复话题,不免都想阻止对方,于是就说“我知道了”,不想让对方再说下去。但是请你一定把这些反复的话当作重要的环节来耐心地听完。

2. 听出真意

在与客户谈话的过程中或者是与客户了解、商讨对策的过程中，你要注意去听，听出客户真正的用意在哪里，看他们有什么不满或者抱怨的情形。如果你遇到的客户表达可能不是特别好，或他讲话方面可能有一些结巴，但是你一定要有耐心，让客户把他的问题说出来，听出真意，说出不便说或不敢说的话才是重要的。

3. 引导客户出对策

当你用心去为客户服务，用心地关心客户，客户会谢谢你，还会给你更大的、更好的回馈，为你想出最好的解决烦恼的对策。

4. 通过服务树立企业形象

在产品同质化日益严重的今天，售后服务作为市场营销的一部分已经成为众厂家和商家争夺客户的重要领地，良好的售后服务是下一次销售前最好的促销，是提升客户满意度和忠诚度的主要方式，是树立企业口碑和传播企业形象的重要途径。

5. 提升客户满意度

售后服务作为客户提出来的要求，企业做得好坏程度将与客户的满意程度呈正比的关系。售后服务做得好，若能达到客户提出的要求，客户的满意度自然会不断提高；反之售后服务做得不好或者没有去做，客户的满意度就会降低，甚至产生极端的不满意。客户满意后通常会持续购买自己满意的产品，进行口碑宣传等积极方式进行传播，对提高产品的市场占有率和品牌的美誉度起到强而有力的作用。

市场的竞争归根结底是对客户的竞争，无论是出售产品还是出售服务，最终客户的满意度才是检验企业经营管理工作成败的标准。完善售后服务就是充分了解客户，研究客户心理，注重售后细节，改进工作缺点，提高服务质量，通过全程优质服务，以换取客户的品牌忠诚度。

企业建立的 CRM 应该借助于"客户关系管理"的本能，给客户提供优质的售后服务，把企业内部战略塑造出的核心竞争力和优势以最快的速度和最有效的方式，传递给客户，使客户能够感知这种核心竞争力和优势，并提高客户的满意度。

【思政角】

深耕行业 30 余年，用一身扎实的专业技能，凭一腔服务为先的热血，用自己一点一滴积累的经验，帮众多饲料厂及养殖户脱胎换骨创造财富，他来自畜牧养殖业，他的名字叫孙志亮。近两年，孙志亮除了走访客户面对面交流、解决问题之外，还新增了写文章、拍摄短视频和直播等互联网形式的服务，记者采访问到面对这些新形势，是怎么调整来让自己适应新变化的。孙志亮回答道：移动互联网时代，已经把人做成了媒体的主体，每个企业人都代表了公司的形象和品牌的影响力，作为我个人，要想更好地服务好客户，就必须顺应时代的发展，学先进、赶先进、创先进，像年轻人一样用现代的工具来快速地为客户服务，来提升我自己，更好地让客户接受我。

一个有信念者所开发出的力量，大于 99 个只有兴趣者。孙志亮之所以让这个名字成为畜牧养殖界的名片，离不开他对这个行业的一片赤诚，离不开他探索创新的精神，也离不开他 30 年脚踏实地默默探索。

【案例分析】

北京华都肉鸡公司客户关系管理分析

一、案例介绍

(一)企业背景(客户状况)

北京华都肉鸡公司拥有现代化饲料厂3座,肉鸡加工厂2个,熟食加工厂2个。北京华都肉鸡公司年屠宰加工能力3 600万只。采用国际先进的现代化屠宰加工工艺与中国传统的劳动力优势相结合,引进丹麦林可的全自动化流水线生产工艺,单班日屠宰加工肉鸡能力12万只。年产50万t全价优质配合颗粒饲料。科学的配方、先进的加工工艺、国际标准化管理、高品质原料质量、确保了饲料品质,为公司肉鸡饲养提供全价、安全的营养来源。

(二)客户识别

寻找有发展潜力的肯德基产业客户,针对北京华都肉鸡公司的产品消费对象,并对相关客户的信息进行归纳整理,整合出客户类型分为消费客户、中间客户、公利客户。找出对自身发展有利的消费者和产业客户,及时更新客户信息,并保证客户信息的安全完整性。

(三)客户区分(过程)

北京华都肉鸡公司利用的是ABC客户分类法,以客户给企业带来的利润和销售额以及客户为企业的生存和发展所做的贡献,将客户分为高端客户、大客户、中等客户、小客户。其中,高端客户占总客户比例最低,为1%左右,但是占据了企业收入及利润来源的50%左右。4%的客户为大客户,为企业贡献了20%左右的收入及利润。中等客户占据了客户数量的15%,为企业贡献了18%的收入及利润。其余为小客户的贡献,虽然数量比例最大,但是为企业所做的贡献很小。

(四)客户互动(步骤)

北京华都肉鸡公司首先通过与客户的互动,确定了互动对象,并将自己的产品介绍给客户。其次确定互动目标,扩大客户群,了解客户的需求。之后设计互动内容,提高客户对北京华都肉鸡公司的满意度,这是维系客户的重要途径。北京华都肉鸡公司互动的内容:宣传华都企业的文化,经营理念与政策,产品或者信息服务等,还可以向企业传递客户需求信息。拉近客户与企业的情感距离,维系老客户,发展新客户。

(五)客户个性

(1)识别客户个性化需求:客户需求特征表现为5W2H1F,根据北京华都肉鸡公司的客户特征,采用目的-手段链和市场调查的方法区分客户需求。

(2)分析客户价值差异:根据RFM分析法分析客户价值差异。

(3)弄清企业的优势和劣势:从企业自身能力、竞争对手和市场环境出发,扬长避短,用北京华都肉鸡公司有限的资源满足客户的最大需求。

(4)选择客户：根据客户的需求价值以及企业的现状选择客户。

(5)实施不同的营销模式：企业可以根据客户价值及需求差异大小实施不同的营销模式。

(六)客户满意或忠诚衡量

(1)客户满意衡量：代表了客户的鸡肉需求被满足的程度，可用如下公式来表示。

$$C=B/A$$

其中，C 为客户满意度；B 为客户对产品或服务所感知的实际体验；A 为客户对产品或服务的期望值。

若 B 小于 A，那么客户就会感到不满意；若 B 恰好等于 A，那么客户就会感到满意；若 B 大于 A，那么客户感到非常满意。

(2)客户忠诚衡量：对客户忠诚可以从时间、行为和情感几方面来衡量。

问题：1. 北京华都肉鸡公司是如何进行客户关系管理的？

2. 今后北京华都肉鸡公司应如何继续做好客户关系管理工作？

二、案例分析

(一)北京华都肉鸡公司在客户关系管理方面所做的工作

1. 客户识别

定义鸡肉客户信息→收集鸡肉客户信息→整合管理客户信息→更新鸡肉客户信息→客户信息安全性

2. 客户区分

确定区分客户的基础→区分不同的客户→分析不同客户的特征

3. 客户互动

确定互动对象(与哪些客户互动?)→确定互动目标(希望达到什么目的?)→设计互动内容(信息、情感、意见和建议)→设计互动预算(预算花多少钱?)→选择互动渠道与频率(怎么说?)→评估效果(达到预期目的了吗?)

4. 客户个性

识别客户个性化需求→分析客户价值差异→弄清企业的优势和劣势→根据客户的需求价值以及企业的现状选择客户→实施不同的营销模式

5. 客户满意或忠诚衡量

①对客户满意度进行了定量分析，并根据分析结果将客户满意分为非常满意、感到满意、不满意三种情况。②对客户忠诚可以时间、行为、情感几方面进行综合衡量。

(二)对北京华都肉鸡公司继续做好客户关系管理工作的建议

(1)提高核心产品的创新服务，采用有效的客户关怀手段，吸引新顾客，保留老顾客，更好地维护客户关系。

客户关怀手段指企业与客户交流的手段，主要有主动电话营销、网站服务、呼叫中心等。

在e时代企业只有做到CCPR(C:让客户更方便,C:对客户更亲切,P:个人化,R:立即反应),才能更好地维系客户关系。

(2)提高客户服务的可靠性、及时性、方便性,为客户提供增值服务。

增值服务是建立在基本服务基础之上,企业"额外"提供的服务,让客户大喜过望,有利于赢得客户高度满意并建立客户忠诚。

(3)加强企业与客户的情感,对客户的沟通倾听,解决客户问题,提供独特的关怀,提高客户的满意度和忠诚度。

大量的实践证明:忠诚的客户对企业提供的价值感到满意时,会向企业提出再次购买的要求并向其他客户推荐,导致企业收入和市场份额的增长。

【考核评价】

一、考核题目

世界上没有十全十美的人和产品,因此,任何饲料企业都会接到一些客户的抱怨和投诉。由于饲料企业的经营活动核心是"通过不断满足客户的需要来获取收益",所以,如何处理客户投诉,直接关系到企业能否更好地满足客户的需要,关系到企业收益的程度,从长远看,甚至关系到企业的可持续发展。处理客户投诉是客户管理的重要内容。客户投诉主要涉及产品质量、延迟交货、产品规格与所要求的不符、包装问题、服务水平等。出现客户投诉并不可怕,而且可以说它是不可避免的,问题的关键在于,饲料企业如何正确看待和处理客户的投诉并形成有效的解决方案,以便有效处理企业在经营过程中出现的失误和错误,达到补救和挽回客户,提高企业的信誉度,甚至化危机为契机吸引新客户。请为饲料企业设计和策划有效处理客户投诉的解决方案。

二、评价标准

1. 饲料企业常见的客户投诉有善意投诉和恶意投诉

善意的投诉是指客户在和饲料企业的经营往来中,因各种原因确实造成客户经营阻碍甚至损失,从而引起的客户对企业投诉的行为。善意的投诉原因有两个:一是企业过失造成的,二是客户自己过失造成的。

恶意的投诉是指客户在和饲料企业的经营往来中,为了寻找理由不付货款、少付货款、延迟付货款甚至是故意骗取赔偿,而对企业提出不合理要求的投诉。

"饲料霉变、生虫、有异味"之类的客户投诉,由于责任易区分,很少出现恶意投诉。但"动物的饲养效果不好"之类的客户投诉,由于动物的生长和生产性能的发挥受诸多因素的影响,恶意投诉发生的概率较高。

2. 饲料企业需要正确地认识客户投诉

客户投诉不是找事,有期望才有投诉。客户在投诉时想得到什么?据统计,当客户不满意时,4%的顾客会说出来,96%的客户会默默观察,当不满积累到一定程度时,他们就会离开。而企业吸引一个新客户的难度是留住一个老客户的6倍;当投诉未得到正确的处理时,对客户而言,对这家饲料企业的品牌忠诚度下降,不再向人推荐,严重的会选择用脚投票,甚至进行非常负面的宣传。

3. 饲料企业有效处理客户投诉的解决方案

①构建处理客户投诉的组织平台。

②有效处理客户投诉解决方案的原则。

③如何预防投诉的产生。

④有效处理客户投诉的程序。

⑤难缠客户的应对方法。

【码上学习】

客户关系管理系统的主要功能

参考文献

[1] 乔娟,潘春玲. 畜牧业经济管理. 3 版. 北京:中国农业大学出版社,2018.
[2] 靳胜福. 畜牧业经济与管理. 2 版. 北京:中国农业出版社,2012.
[3] 黄渝祥. 企业管理概论. 2 版. 北京:高等教育出版社,2000.
[4] 王秉秀. 畜牧业经济管理. 2 版. 北京:中国农业出版社,1998.
[5] 刘文龙,朱煜. 企业经济基础知识. 北京:中国石化出版社,2000.
[6] 张京和. 畜牧场经营与管理. 北京:中国农业大学出版社,2013.
[7] 李秉龙,薛兴利. 农业经济学. 4 版. 北京:中国农业大学出版社,2021.
[8] 郭羽诞. 新编现代西方经济学教程. 上海:上海财经大学出版社,1996.
[9] 葛素洁,杨洁. 现代企业管理学. 北京:经济管理出版社,2001.
[10] 刘庆山. 农业经济管理学. 天津:天津大学出版社,1994.
[11] 陈良珠. 畜产品市场学. 北京:中国农业出版社,1995.
[12] 张慧玲. 养殖企业经营管理. 北京:中国农业大学出版社,2015.
[13] 郭明瑞,房绍坤. 新合同法原理. 北京:中国人民大学出版社,2000.
[14] 周文昌. 经济法基础知识. 北京:中国财政经济出版社,1995.
[15] 张德. 人力资源开发与管理. 北京:清华大学出版社,1999.
[16] 徐国华,张德,赵平. 管理学. 北京:清华大学出版社,1999.
[17] 张卫星. 市场预测与决策. 北京:北京工业大学出版社,2002.
[18] 刘金花. 市场营销学. 北京:清华大学出版社,2002.
[19] 吴世经. 市场营销学. 成都:西南财经大学出版社,2007.
[20] 郭奉元. 现代推销技术. 北京:高等教育出版社,2001.
[21] 何利良. 市场营销. 北京:中国农业出版社,2010.
[22] 孙祥俊. 合同法疑难案例评析与法理研究. 北京:人民法院出版社,2000.
[23] 沙玉圣,辛盛鹏. 畜产品质量安全与生产技术. 北京:中国农业大学出版社,2008.
[24] 秦耀明. 兽药与饲料营销操典. 北京:中国农业科学技术出版社,2006.
[25] 皮骏. 客户关系管理教程. 2 版. 上海:复旦大学出版社,2016.
[26] 周贺来,陈国栋. 客户关系管理实用教程. 2 版. 北京:机械工业出版社,2011.
[27] 国家统计局农村社会经济调查司. 中国农村统计年鉴 2021. 北京:中国统计出版社,2021.
[28] 财政部会计资格评价中心. 经济法. 北京:经济科学出版社,2022.
[29] 财政部会计资格评价中心. 中级会计实务. 北京:经济科学出版社,2022.
[30] 中国注册会计师协会. 会计. 北京:中国财政经济出版社,2022.
[31] 中国注册会计师协会. 经济法. 北京:中国财政经济出版社,2022.
[32] 全国人大常委会. 中华人民共和国民法典. 北京:中国民主法制出版社,2020.
[33] 董明. 领导艺术. 北京:科学出版社,2019.